Helsper

Die Vorschriften der Evolution für das Recht

# Die Vorschriften der Evolution für das Recht

## Eine naturwissenschaftliche Analyse des Gestaltungsspielraums von Juristen und Politikern mit Folgerungen für das Steuer-, Subventions-, Krankenversicherungs-, Rentenrecht sowie das Recht der EG-Marktordnung

von

Dr. Helmut Helsper

Verlag Dr. Otto Schmidt KG · Köln

*CIP-Titelaufnahme der Deutschen Bibliothek*

*Helsper, Helmut:*
Die Vorschriften der Evolution für das Recht: eine naturwissenschaftliche Analyse des Gestaltungsspielraums von Juristen und Politikern mit Folgerungen für das Steuer-, Subventions-, Krankenversicherungs-, Rentenrecht sowie das Recht der EG-Marktordnung / von Helmut Helsper. – Köln: O. Schmidt, 1989

ISBN 3-504-06106-5



Gesamtherstellung: Bercker, Graphischer Betrieb GmbH, Kevelaer

Printed in Germany

# An die Leser

In der Welt des Rechts gibt es Seltsames zu beobachten: Immer mehr Juristen scheinen immer mehr Rechtsfälle immer akribischer zu lösen, aber mit der Zahl der gelösten Fälle wächst die Rechtsunsicherheit, was die Zahl der Rechtsfälle erhöht, die immer mehr Juristen immer akribischer lösen... Politiker, Ministerialbeamte und Verbandsvertreter tragen immer neuem Regelungsbedarf mit immer differenzierteren Vorschriften Rechnung, doch das Geregelte erzeugt vermehrten Regelungsbedarf, den Politiker, Ministerialbeamte und Verbandsvertreter mit noch differenzierteren Vorschriften decken... So schafft erhöhte Regelungsdichte erhöhte Rechtsunsicherheit, die eine erhöhte Regelungsdichte erfordert, was die Unsicherheit erhöht...

Manch einer sieht in diesem Geschehen einen gewöhnlichen Ausdifferenzierungsprozeß, wie er bei vielen Strukturen zu beobachten ist. Aber Ausdifferenzierung geht mit Ordnung einher, Struktur bleibt erhalten, Information wird umfangreicher, doch sie bleibt klar, während das Recht seine Sicherheit gewährende Klarheit einbüßt. Würden unsere Nachfahren unseren Umgang mit dem Recht fortführen, so wäre der Endzustand allen Rechts die totale Desinformation. Wir differenzieren das Recht nicht aus, wir verwandeln es in eine Wucherung, die mit einer Ausdifferenzierung nur das Wachstum gemein hat. Wir machen das Recht krank, wobei das Ausmaß der Erkrankung je nach Rechtsgebiet verschieden ist. Wer wollte hoffen, krankes Recht hielte die Gesellschaft gesund?

## *Die Prämissen sind falsch*

Bei diesen Gegebenheiten lohnt es sich, dem Schreibtisch mit seinem Tagesgeschäft einige Stunden den Rücken zu kehren und über die Frage nachzudenken: Was ist falsch an unserem Umgang mit dem Recht? „Fehler soll man vermeiden", sagen die Spötter, „denn damit wird man erwischt; grundsätzliche Fehler kann man begehen, denn damit wird man nicht erwischt". Diese Unterscheidung der gewöhnlichen intellektuellen Fehlleistung von dem Prämissenfehler ist für die Methode der Fehlersuche entscheidend. Wenn das Recht durch eine Häufung gewöhnlicher intellektueller Fehlleistungen krank würde, dann müßten wir Kleinarbeit leisten, die Perspektive verengen, genauer hinsehen und präziser analysieren, bis wir Fehler um Fehler ausgemacht und bereinigt haben. Wären aber Prämissen falsch, unsere Erkenntnistheorie, die Methodik, die Selbsteinschätzung der Jurisprudenz als Geisteswissenschaft, Überzeugungen wie jene, das Sollen regiere das Sein, die Gesellschaft lasse sich durch das Recht zu selbst gesteckten Zielen hin entwickeln, die Unterstellung der Willensfreiheit oder eine andere grundlegende Annahme, dann müßten wir die Perspektive erweitern, um zu prüfen, ob die Paradigmen der Rechtswissenschaft noch Leitlinien zur Erkenntnis oder Wegweiser zum Nonsens sind.

Meine beruflichen Einblicke in die Steuergesetzgebung und den Vollzug von Steuergesetzen führten mich in einem längeren Prozeß zu der Vermutung, daß die wesentlichen Ursachen unserer Probleme nicht bei den Akteuren und ihren alltäglichen Fehlleistungen zu suchen sind, so zahlreich diese auch sein mögen. Wichtige Prämissen müssen falsch sein. Die Beschäftigung mit dem Phänomen „Selbstorganisation" gab mir die Möglichkeit, meinen Vermutungen mit wissenschaftlicher Forschungsarbeit nachzugehen. Dieses Stichwort verknüpfte drei bis dahin getrennte Tätigkeitsfelder: Naturwissenschaft, für die ich seit jeher eine unbegrenzte Neugier besaß. Die Entwicklung von Führungstrainings, bei denen ich in Zusammenarbeit mit Sozialwissenschaftlern praktische Erfahrungen mit Selbstorganisation sammelte, und Rechtswissenschaft. Meine Forschungen schlugen sich in einigen Veröffentlichungen, darunter 1986 einer Dissertation bei Klaus Tipke über das Thema „Gesetzgebung und Evolution" nieder. Seitdem habe ich meine Ideen weiter präzisiert und bringe mit diesem Buch den Stand meiner Erkenntnisse in die Diskussion ein.

*Programmieranweisung für den Gesetzgeber*

Meine Aussage ist recht einfach. Alles Recht muß ungeachtet des konkreten Inhalts einem bestimmten „Strickmuster", einer „Grammatik", einem „Sollenscode", folgen, es ist ein Programm, das nach einer unveränderlichen, von der Evolution festgelegten Programmieranweisung zu schreiben ist. Das Wissen um diese Programmieranweisung steckt in geisteswissenschaftlicher Umschreibung in der juristischen Überlieferung. Folgt der Gesetzgeber dieser Anweisung, so differenziert er das Recht aus und schafft im Sozialleben sich selbst organisierende, ineinander vernetzte Systeme. Folgt er der Anweisung nicht, so wuchert das Recht, bedarf des bürokratischen Vollzuges, doch im Ergebnis sind alle Mühen vergeblich. Die Nichtbeachtung der Programmieranweisung beantwortet die Evolution mit einem Selektionsverdikt: Das Programm heißt Selbstzerstörung statt Selbstorganisation. In den Problemen des EG-Agrarmarktes, den Schwierigkeiten der gesetzlichen Renten- und Krankenversicherung und anderen Problemfeldern der Politik sind wir Betroffene und Beobachter dieses Selektionsgeschehens.

Wer meine Beweisführung von vorn nach hinten liest, wird keine Schwierigkeiten haben, dem Gedankengang zu folgen, obwohl die Reise in schneller Fahrt durch die Disziplinen und über ihre erkenntnistheoretischen und methodischen Gräben hinweggeht. Wer das Tempo durch Blättern oder das bloße Lesen der trockenen Zusammenfassung noch steigern will, wird vielleicht Mühe haben, den Faden festzuhalten. Das Buch beginnt mit einer parabelhaften Beschreibung der Probleme, die durch unseren heutigen Umgang mit Gesetzen entstehen. Es endet mit einer nüchternen Zusammenfassung der Befunde. Der eigentliche Inhalt besteht aus drei Teilen, der Entwicklung einer Hypothese (Kapitel 2 bis 2.7), der Ausgestaltung der Hypothese zu falsifizierbaren Aussagen (Kapitel 3 bis 3.9) und der Anwendung der Aussagen auf Problemfelder unserer Rechtsordnung (Kapitel 4 bis 4.10).

*Rechtswissenschaft im Dialog mit anderen Wissenschaften*

Der erste Teil zeigt, daß wir mit Gesetzgebung und Rechtsanwendung in einer Sackgasse stecken, was der Politik intuitiv geläufig ist, wenn sie unter internationalem Konkurrenzdruck von der „regulation" (Interventionismus) zur „deregulation" wechselt. Es ist aber die Rechtswissenschaft, die der Politik freie Fahrt in die Sackgasse gegeben hat. Der zweite Teil ist das Kernstück des Buches. Er zeigt, daß wir die Eigenart unserer Probleme erst verstehen, wenn wir Gesetzgebung und Rechtsfortbildung als evolutionäres, ein Programm fortschreibendes Handeln auffassen. Der dritte Teil zeigt einen Gesetzgeber am Werk, der den Individuen Gutes antun will und dabei die Gesellschaft zerstört und nicht merkt, daß es überwiegend die von ihm selbst geschaffenen Probleme sind, denen er in einer Teufelsspirale aus immer neuer, gut gemeinter Gesetzgebung nacheilt. Dieser Teil zeigt auch, daß es keiner Radikalkuren bedarf, um aus diesen Teufelsspiralen herauszukommen.

Das Buch enthält einen Dialog der Rechtswissenschaft mit zahlreichen Disziplinen, mit Physik, Biologie, Wirtschafts- und Sozialwissenschaften, Geschichtswissenschaft, Spieltheorie und anderen. Während die Dialogpartner wechseln, bleibt das Thema stets gleich. Es ist die Frage nach der Programmstruktur des Rechts, von der sich schließlich herausstellt, daß sie keine Eigenart des Rechts ist, sondern für alle evolutionären Verhaltensprogramme gilt. Die Kenntnis davon ist in vielen Bruchstücken über die Disziplinen verstreut, denn jede nimmt abhängig von Erkenntnistheorie, Methodik, Gegenstand und Beobachtungsmöglichkeiten einen anderen Aspekt wahr. Die Teilaspekte fügen sich schließlich zu einem Bild zusammen. Die Evolution hält uns viel raffinierter in ihrem Spielgeschehen fest, als es eine Vorprogrammierung oder sonstige Beschränkung unserer Willensfreiheit vermöchte. Wir können denken und tun, was wir wollen, aber wir können uns dauerhaft nie auf etwas anderes einigen als: die Evolution unter Anerkennung ihrer Vorentscheidungen fortsetzen.

*Der Einstieg ist leicht*

Ich habe nirgendwo Spezialwissen, sondern stets Forschungsergebnisse verwertet, die jedem wissenschaftlich vorgebildeten, neugierigen Laien leicht zugänglich sind. Bei dieser Sachlage schien mir ein Fußnotenapparat entbehrlich und störend, statt dessen erhält der Leser kommentierte Literaturangaben, die ihm den Einstieg in jeden Abschnitt des wissenschaftlichen Dialoges erlauben. Wer damit unzufrieden ist, möge meine früheren Veröffentlichungen zur Hand nehmen.

Viele Menschen haben den Gegenstand des Buches mit mir erörtert, ihr Fachwissen und ihre Erfahrung in das Gespräch eingebracht und meinem Anliegen viel Zeit gewidmet. Ihnen allen sei Dank gesagt. Besonderen Dank schulde ich meiner Frau, ohne ihre Unterstützung hätte dieses Buch so wenig entstehen können wie meine früheren Veröffentlichungen.

Juli 1989 Helmut Helsper

# Inhaltsverzeichnis

# 1 Gesetzesflut, Verfall der Gesetzgebungskunst und der Turmbau zu Babel

Warum entsteht die „Gesetzesflut"?

Warum verfällt die Gesetzgebungskunst?

Warum dehnen sich beratende, betreuende, aufsichtsführende, gesetzesvollziehende Bürokratien aus und regeln immer weitere Bereiche des Soziallebens?

Warum verfehlt Gesetzgebung gleichwohl so oft ihre Ziele?

Warum geht die Reglementierung der Märkte mit Schattenwirtschaft einher?

Moderne Ehegesetzgebung mit der Ausbreitung eheähnlicher Gemeinschaften?

Subventionsrecht mit Abschreibungsruinen?

Warum führt das Krankenversicherungsrecht trotz steigender Beiträge nicht zu besserer Volksgesundheit?

Warum brachten die Agrarmarktordnungen Landwirten und Verbrauchern nicht die versprochenen Wohltaten?

Warum führt das Rentenversicherungsrecht nicht zu einer sicheren Altersversorgung?

Warum bewirken steigende Steuersätze oft fallendes Aufkommen?

Dieses Buch entwirft unter Rückgriff auf Erkenntnistheorie, Methodik und Forschungsergebnisse der postmechanistischen Naturwissenschaft Antworten auf diese Fragen. Die Generalhypothese lautet: Gesetzgebung ist der Versuch, die ererbten und erlernten Programme des Menschen (Instinkte und erlerntes Verhalten) mit einem neuen Programmtyp, nämlich erdachten

Programmen, fortzuführen. Der Mensch ist für wichtige Bereiche des Rechts nicht vorprogrammiert, unsere Gene geben uns keine Vorinformationen über Markt, Straßenverkehr, Besteuerung oder Verhalten in Solidarsystemen. Damit scheint die Natur die kulturelle Evolution vollständig in die Hand der Individuen gelegt zu haben, aber der Schein trügt. Wer schreiben will, findet bereits eine Schrift vor, wer reden will, eine Sprache, wer das Vorgefundene mißachtet, verspielt die Chance, verstanden zu werden. So geht es dem Gesetzgeber. Der Programminhalt ist frei, aber die Anleitung zum Fortschreiben der vorhandenen Programme liegt fest. Ich habe die Anleitung als „Sollenscode" bezeichnet und ihren Gebrauch als „Gesetzgebungskunst". Zum Sollenscode gehören so elementare Dinge wie die Wenn-Dann-Struktur der Norm, die Systematik, die in dem Satz „summum ius summa iniuria" ausgedrückte Sachgesetzlichkeit, die Regel „keine Rechte ohne Pflichten" und vieles andere mehr.

Wer die Anleitung beachtet, besitzt die Chance, das Sozialleben zu bewahren und vielleicht zu gestalten; wer die Anleitung mißachtet, den läßt die Natur über eine Teufelsspirale der Selbstvernichtung aus dem Evolutionsspiel ausscheiden. Die Natur gibt dem Menschen einen Spielraum, ein Stück Gestaltungsfreiheit für seine Belange, überschreitet er die Grenzen, wird seine Ohnmacht offenbar. Der Turmbau zu Babel gilt als berühmteste Parabel von menschlicher Gestaltungsmacht und Ohnmacht. In säkularisierter Form kann sie Problemsicht und Lösungsansatz dieses Buches wiedergeben:

„Ein Herrscher will seinen Namen unsterblich machen. Er verwirft Eroberung, Krieg und Prachtentfaltung ebenso wie künstlerisches und wissenschaftliches Mäzenatentum oder Armenfürsorge. Nie Dagewesenes entzündet seine Phantasie: Ein Turm, der den Himmel erreicht, scheint ihm die angemessene Herausforderung. Er findet Baumeister, sie sagen: Wir entwerfen ihn dir. Er findet Handwerker, sie sagen: Wir bauen ihn dir. Andere sagen: Wir liefern die Steine, wir den Mörtel, wir lösen die Transportprobleme, wir verköstigen die Arbeiter . . . schließlich kommen die Finanzbeamten: Wir besorgen die Geldmittel.

Auch die Priester melden sich zu Wort, sie verkünden, der Bau des Turmes sei nicht nur des Herrschers, sondern auch der Götter Wille. Die Philosophen schreiben, der Bau des Turmes führe zur Erkenntnis, und das Unterfangen sei eine moralische Tat. Schriftsteller sehen die Gesellschaft, die sich solche Ziele steckt, auf der Straße des Fortschritts, die Balladen der Sänger umkreisen den Bau.

Das beispiellose Vorhaben lockt die kühnsten Baumeister, die geschicktesten Handwerker, die findigsten Ingenieure, die einfallsreichsten Organisatoren an. Wer die Herausforderung sucht, wer sein Können beweisen will, wer nach Geld und Geltung strebt – der Turmbau bietet all dies zugleich. Der geballte Sachverstand löst in kurzer Zeit technische und organisatorische Probleme, die seit Jahren vergeblich zur Lösung anstanden. Bald strahlt die Baukonjunktur auf alle Wirtschaftsbereiche aus.

Die Schattenseiten des Projektes zeigen sich erst später: Die Kosten sind höher als veranschlagt; die Steuerlast wird drückender; man verschlechtert die Münze, die Inflation behindert die Märkte. Der Staat vernachlässigt seine sonstigen Aufgaben: innere und äußere Sicherheit, Wissenschaft, die nicht dem Bau dient, Vorsorge gegen Mißernten. Zwar wächst der Turm, aber niemand kann feststellen, ob er seinem Ziel, dem Himmel, nähergekommen ist, und am Fundament bilden sich Risse."

Der Turmbau bringt Staat, Wirtschaft und Gesellschaft in den Ruin, wenn man ihn nicht rechtzeitig beendet. Aber wie beendet man ohne göttliches Eingreifen ein Projekt, das so viel Arbeit, Schweiß und Geld gekostet hat und so viele Hoffnungen, Sehnsüchte und Träume verkörpert? Die in das Projekt verstrickt sind, die Baumeister, Handwerker, Zulieferer und Arbeiter, werden nicht gerne für dessen Einstellung stimmen; ihre wirtschaftlichen Interessen, ihre Reputation und ihr Ehrgeiz verlangen die Fortführung. In ihren Aufgabenfeldern geschieht nichts Unbedachtes, sie leben in einer kühlen, rationalen, ökonomischen Welt. Sind nicht so viele Probleme schon gelöst worden? Warum sollten die heutigen unüberwindbar sein? Ihre Forderungen nach vermehrten Anstrengungen entsprechen den Sachzwängen, unter denen sie handeln.

Werden die Priester bekennen, sie oder die Götter hätten geirrt? Werden die Philosophen einräumen, Moral sei vergänglich, die von gestern sei die Unmoral von heute? Die Sänger und Schriftsteller werden sich vielleicht als erste besinnen, aber mit ihnen ist kein Staat zu machen.

Die Steuerzahler könnten das Projekt beenden, aber der Preis wäre hoch, sie müßten sich dem Griff der Bürokratie entwinden, die Rechtsordnung brechen und würden mit ihrer Verweigerung nicht nur das Projekt, sondern den Staat als Ganzes treffen. Bliebe eine bessere Einsicht des Herrschers. Selbst wenn er sie hätte, würde er danach handeln können? Das Projekt hat wirtschaftliche und wissenschaftliche Macht gebildet, und diese Macht hält das Projekt in Gang. Ein Herrscher, der den Bau einstellt, müßte vermutlich seine Machtbasis auswechseln. Wird er nicht lieber die Entscheidung verschieben und hoffen, während seiner Regierungszeit werde schon alles gut gehen?

Wie wenig wäre erst von einem Herrscher zu erwarten, der keine Verantwortung vor der Geschichte, vor den Ahnen und der Nachwelt anerkennt, sondern sich dem Augenblick verpflichtet glaubt, und dessen Amtszeit nach vier Jahren endet?

Das Projekt droht, jeden Herrscher zum Zauberlehrling zu machen. Rebellion? Im besten Fall würde sie eine Mischung aus gutem Willen und mangelndem Sachverstand nach oben spülen. Wer die Krise bewältigen will, braucht die Protagonisten des Turmbaus; ihr Sachverstand, ihre Einsatzfreude und ihr Einfluß müssen sich in neue Richtungen entfalten. Im Augenblick sind sie Gefangene eines Denkens, das einen einzigen Fehler, einen Prinzipfehler, die Entscheidung zum Turmbau, mit Folgerichtigkeit verbindet.

Der Fehler scheint jenseits ihrer Sachkompetenz zu liegen. Tatsächlich konnten sie nicht wissen, daß der Himmel unerreichbar ist. Die Handwerker wußten aber, daß sich mit dem verfügbaren Baumaterial nur eine bestimmte Höhe erreichen läßt. Möglicherweise war das Wissen vom Material noch vermengt mit Lehren von Ästhetik, mit religiösen Vorstellungen und mit Magie. Doch man konnte es herausschälen.

Die Handwerker hatten als einzige die Chance, den Prinzipfehler des Turmbaus zu erkennen. Das Projekt des Turmbaus zu Babel kann nur in Gang kommen, wenn sich die Handwerker verführen lassen, wenn man sie dazu bringt, die überlieferten Regeln ihrer Kunst zu mißachten und sich zu tumben Dienern von Idealismus und Hybris zu machen. Handwerker können nicht wissen, wie die Gesellschaft bauen soll, sie müssen aber wissen, wie die Gesellschaft nicht bauen sollte.

Die Handwerker hätten die Gesellschaft mit einem erkenntnistheoretischen Problem konfrontiert, denn sie hätten den Anspruch erhoben, ihre auf Beobachtung gestützten Erkenntnisse von den Grenzen des Machbaren seien die Wahrheit; sie gingen den Plänen der Baumeister, gingen dem Willen des Souveräns, dem Wissen der Philosophen von Moral und Ethik, den idealistischen Überzeugungen der Schriftsteller vom Fortschritt und der religiösen Eingebung der Priester vor.

Die Handwerker sind es also, die in einer Welt ohne Gott den Schlüssel zum Ausweg aus der Teufelsspirale des Turmbaus in der Hand halten. Sie, die Banausen, die den vermeintlich Wissenden als die Dümmsten gelten, die gar nicht wissen, daß sie eine Erkenntnistheorie haben, sondern einfach glauben, was sie sehen, sie müssen sich gegen Baumeister, Souveräne, Priester und Moralisten durchsetzen, soweit es um die Grenzen des Machbaren geht.

Die heutigen Turmbauten zu Babel sind keine statischen Konstruktionen, von denen wir inzwischen viel wissen, sondern dynamische Konstruktionen, von denen wir noch wenig wissen. Die modernen Gesellschaften haben andere Träume, sie wollen nicht mit Türmen den Himmel erreichen, sondern den Menschen den Himmel auf die Erde holen, die Menschen nicht nur aus Unterdrückung, Furcht und Not befreien, sondern ihnen Gesundheit, Wohlhabenheit, Bildungschancen verschaffen, schließlich Beistand zur Selbstverwirklichung leisten. Für diese Ziele entwerfen sie und arbeiten sie an erstaunlichen sozialen Systemen: Märkten, die gesetzlichen Höchstpreisen oder Garantiepreisen folgen sollen, Verkehrssystemen, die dem Gebot „Tempo 100" gehorchen sollen, Solidarsystemen, in denen sich einander unbekannte Menschen mehr Beistand leisten, als ihn der Bruder dem Bruder gewähren würde.

Diese Systeme sind die Türme unserer Parabel, und das Baumaterial, aus dem sie geschaffen werden, sind Gesetze. An die Stelle des Alleinherrschers sind Parlamente und Regierungen gerückt, die das politische Ziel vorgeben. Juristen formen daraus Gesetze und sorgen rechtsprechend und überwachend für die Umsetzung in soziales Handeln. Juristen sind also die Baumeister und Handwerker der Parabel. Bei der Mitwirkung an Konstruktionen, wie dem EG-Agrarmarkt, der gesetzlichen Kranken-, Rentenversicherung und anderer Gebilde, haben sie die überlieferte Gesetzgebungskunst, das 6000jährige Erfahrungswissen des Juristenhandwerks, gering geachtet. Die Bedeutung dieser Erfahrung läßt sich mit Hilfe der Naturwissenschaft erkennen.

Entsprechend unserem Denkansatz kann unsere Analyse nicht mehr als eine technische Kritik an der Handhabung des Gesetzes durch die Politik sein, sie ist keine weltanschauliche Kritik an den Zielen der Gesellschaft. Sie kann nicht sagen, ob ein Ziel erreichbar ist oder nicht; sie kann aber begründen, daß ein Ziel nicht durch Gesetzgebung oder nicht durch die bestehenden Gesetze zu erreichen ist. Die Analyse endet ernüchternd und ermutigend zugleich: Die Möglichkeiten der Gesetzgebung sind begrenzt, aber wahrscheinlich macht erst die Kenntnis der Grenzen des Machbaren himmelstürmende Konstruktionen möglich.

# 2 Die Fortführung der Evolution durch Gesetzgebung

## 2.1 Das Experiment gesellschaftsgestaltender Gesetzgebung

In den westlichen Industrienationen, in den Staaten des Ostblocks und in der Dritten Welt betrachten die Führungseliten Gesetze als Mittel zur Umsetzung politischer Programme. Ungeachtet ideologischer Gegensätze trifft man sich in der Überzeugung, durch Gesetzgebung könne sich eine Gesellschaft zu selbstgesetzten Zielen hin entwickeln. Selbst Juristen wissen schon nicht mehr, daß dies eine unbewiesene Prämisse der Politik und der heutigen Jurisprudenz ist, für deren direkte Bestätigung oder Widerlegung sich so gut wie kein Erfahrungswissen verfügbar machen läßt. Bis weit in die Neuzeit hinein waren die Gesellschaften teils aus weltanschaulichen Gründen, teils durch die tatsächlichen Gegebenheiten daran gehindert, das Recht als Mittel zu ihrer eigenen Umgestaltung einzusetzen.

Gesellschaften, die an die göttliche Natur ihrer Ordnung und ihres Rechts glauben, wie das für die Welt des Mittelalters charakteristisch war, sind geneigt, im Recht das Mittel zum Bewahren der Gesellschaftsordnung, nicht aber zu deren Veränderung zu sehen. Auch ein von dieser Vorstellung freier Souverän oder eine Führungselite werden das Recht erst dann zur Gesellschaftsveränderung gebrauchen, wenn sie die Achtung vor dem historisch Gewordenen verloren haben und von Zukunftsgewißheit erfüllt sind. Solche Geisteshaltungen brachte in Europa erst die Aufklärung hervor. Die absolutistischen französischen Könige mögen dem modernen, liberalen Denken als personifizierte Antithese zur Rechtsstaatlichkeit erscheinen, da sie für sich die Befugnis zur Willkür reklamierten, dennoch lag es ihnen fern, ohne Not gewachsene, gesellschaftliche Institutionen anzutasten und zu verändern. So konnte die Universität Straßburg im 17. Jahrhundert eine ihr unnütz erscheinende Universitätsreform des fanzösischen Staats von sich abwenden, indem sie sich auf Reichsprivilegien berief, also auf Rechte eines Staates, dem sie nicht mehr angehörte. Einem demokratisch legitimierten Parlament, einem parlamentarisch gestützten Kultusminister und einer Kultusbürokratie ist solcher Respekt fremd.

Bis ins 18. Jahrhundert war das Recht ganz überwiegend Gewohnheitsrecht, dessen Fortentwicklung in der Hand von Richtern und Rechtsgelehrten lag. Es kann sich nur langsam, nämlich durch aufwendige Überzeugungsprozesse der Rechtskundigen, verändern. Deshalb eilt das Sozialleben dem Gewohnheitsrecht voraus und entwickelt selbst neue Formen des Sozialverhaltens, die teilweise später die Bestätigung und Sicherung durch das Recht erlangen. Nur Gesetzesrecht kann gesellschaftsgestaltendes Recht sein.

Gesetzgebung benötigt Fachwissen, einen Gesetzgebungsapparat, der den zur Entscheidung berufenen Staatsorganen zuarbeitet, üblicherweise eine mit sachkundigen Ministerien oder sonstigen Stabsabteilungen ausgestattete Regierung. Schließlich braucht man die Gewähr, daß gesellschaftsgestaltendes Recht nicht Papier bleibt, sondern von den Bürgern gelebt wird. Dazu reichen Polizei- und Gerichtswesen, die wohl jeder Rechtsordnung eigentümlich sind, möglicherweise nicht aus. Gesellschaftsgestaltendes Recht bedarf oft des bürokratischen Vollzuges, also einer Institution, die nicht nur einzelne Rechtsbrecher aufspürt und zur Rechenschaft zieht, sondern die letztendlich jeden Rechtsunterworfenen kontrolliert oder mit Kontrolle bedroht, wie dies zum Beispiel bei Steuerzahlern, Beitragszahlern zur Sozialversicherung, Subventionsempfängern usw. der Fall ist.

Der Einsatz des Gesetzes als Mittel zur planmäßigen Umgestaltung der Gesellschaft setzt also eine Säkularisierung des Rechts, den Übergang vom Gewohnheits- zum Gesetzesrecht und eine damit einhergehende Machtverschiebung von Richtern und Gelehrten hin zu Regierungen und eventuell Parlamenten, eine Zukunftsgewißheit und eine Geringschätzung des historisch Gewordenen, fachlich kompetente Gesetzgebungsapparate und das Vorhandensein gesetzesvollziehender Bürokratien voraus. Diese Bedingungen sind erst in geschichtlich neuester Zeit erfüllt worden. Die entsprechenden Geisteshaltungen hat das Denken der Aufklärung in Europa hervorgebracht, die weiteren technischen Voraussetzungen schuf das 19. Jahrhundert.

In Mitteleuropa waren die preußischen Reformen der erste größere Versuch, die Gesellschaft durch Gesetzgebung zu modernisieren. Der umfassende Durchbruch zu einer neuen Qualität der Gesetzgebung vollzog sich aber erst in der Bismarck-Zeit. Der „Kulturkampf", für die Zeitgenossen ein Machtkampf zwischen Staat und Kirche, brachte im Rückblick ein massives Eindringen des Staates in das Erziehungswesen und karitatives Handeln. Die „Schutzzollgesetzgebung" ebnete die Bahn zur Reglementierung des Wirtschaftslebens und war der Start für eine bis heute andauernde Subventionierung der Landwirtschaft und anderer Wirtschaftszweige. Die Sozialgesetze übertrugen die Lebensrisiken Alter, Krankheit, Erwerbsunfähigkeit weiter Bevölkerungskreise auf neu geschaffene Solidarsysteme, was bis dahin überwiegend Aufgabe der Familien war. Gesellschaftsgestaltendes Recht ist keine Folge sozialistischen Ideengutes, wie man gelegentlich verbreitet. Die Geschichtsschreibung hat längst ausgemacht, daß der Interventions- und Lenkungsstaat in Deutschland aus dem Zusammenfinden Bismarcks mit dem Liberalismus entstand.

Wie das Deutsche Reich, so gingen im 19. Jahrhundert auch die übrigen Staaten Europas und die USA zu einer gesellschaftsgestaltenden Gesetzgebung über. In den Vereinigten Staaten gelten die 70er Jahre des letzten Jahrhunderts als Periode des Übergangs zur „regulation", also dem, was man nicht sehr genau als Interventionsrecht oder Lenkungsrecht bezeichnet und was hier zunächst ohne nähere Umschreibung mit dem Ausdruck gesellschaftsgestaltendes Recht belegt wird. Heute, nach mehr als 100 Jahren gesellschaftsgestaltender Gesetzgebung, breitet sich Unbehagen über die beiden auffälligsten Begleiterscheinungen dieses Prozesses aus: über die Gesetzesflut und die Bürokratisierung. Man spricht von „Deregulation" und von Entbürokratisierung. Es wäre besser, nicht von den Symptomen zu sprechen, sondern nach dem Erfolg der Gesetzgebung zu fragen, aber leider läßt sich diese Frage nicht beantworten. Der gesellschaftsgestaltende Gesetzgeber ist blind. Sein Gestaltungswille ist umso stärker, je mehr sein Wissen von den Folgewirkungen der Gesetzgebung abnimmt. Das Zivilrecht dokumentiert diesen Befund sehr deutlich.

Man unterscheidet sehr plastisch einerseits zwischen (gesellschaftspolitisch) „neutralen" Rechtsinstituten wie Kauf-, Darlehens- oder Werkvertragsrecht, die als „technisch" und „unpolitisch" gelten, die Vorgefundenes stehen lassen und dem Sozialleben weitere Spielräume zur Selbstgestaltung eröffnen. Auf der anderen Seite stehen Rechtsinstitute wie Ehe-, Arbeits- oder Mietrecht, mit denen Gesellschaftspolitik versucht wird. Die „neutralen" Institute regeln vorwiegend kurzfristige soziale Beziehungen, in denen die Rechtsunterworfenen auf jede Gesetzesänderung sofort reagieren können. Dies macht es leicht, Folgewirkungen des Gesetzes zu untersuchen oder sie sich im Gedankenexperiment vorzustellen. Zur Zeit fällt es keinem Gesetzgeber ein, mit Hilfe des Kaufrechts Gesellschaftspolitik zu betreiben und beispielsweise die Einzelhändler zu verpflichten, Sozialhilfeempfänger zu Einstandspreisen zu beliefern.

Im Ehe-, Arbeits- oder Mietrecht können die Rechtsunterworfenen nur zeitversetzt auf Änderungen der Rechtslage reagieren. Dieser Umstand macht es praktisch unmöglich, wissenschaftlich eindeutige und die Politik überzeugende Aussagen über Folgewirkungen der Gesetzgebung zu gewinnen. So sind Partnerbeziehungen einer solchen Fülle von Einwirkungen ausgesetzt, daß sich unmöglich isolieren läßt, ob und welchen Einfluß die Ehegesetzgebung auf Zustandekommen oder Bestand der Ehen oder das generative Verhalten der Ehepartner hat. Im Arbeitsrecht läßt sich endlos darüber streiten, ob verstärkter Kündigungsschutz die Zahl der Arbeitslosen gering hält, oder nur die Arbeitsplatzbesitzer vor der Konkurrenz der Arbeitsuchenden schützt, oder ob Mindestlöhne die Zahl der Sozialhilfeempfänger verringern oder erhöhen. Niemand weiß, wie sich das Mietrecht in Kombination mit der Subvention des Wohnungsbaues und der Gewährung von Wohngeld auf Grundstückspreise, Miethöhe und die Mobilität der Mieter und schließlich die Wohnraumversorgung der Bevölkerung insgesamt auswirkt.

Vor einigen Jahren wollte eine Bundesregierung wissen, ob denn wenigstens das zentrale Anliegen aller gesellschaftsgestaltenden Gesetzgebung, die Umverteilung von den Leistungsfähigen zu den Bedürftigen, gewährleistet sei. Eine Transfer-Enquête-Kommission stellte umfangreiche Erhebungen an und legte schließlich einen Bericht vor. Die Kommission gab ein anschauliches Bild der Schwierigkeiten, die ihre Untersuchungen erschwerten: Häufig sind keine Daten verfügbar; wo Datenmaterial vorliegt, sind die Statistiken oft nicht kompatibel, dann sind die Aufbereitungsmethoden wissenschaftlich umstritten usw. So konnte der Bericht nicht besser sein, als die Unterstellungen, zu denen sich die Kommission gezwungen sah; für das Gesundheitswesen lautete die Unterstellung: Nutznießer ist der Kranke.

So ergibt sich der erstaunliche Befund, daß Gesetzgebung um so behutsamer mit dem vorhandenen Recht und den gegebenen sozialen Beziehungen umgeht, je deutlicher ihr die Folgen der Gesetzgebung vor Augen stehen. Je komplexer das soziale Geschehen, je schwärzer die Blindheit, desto massiver die Zugriffe, desto politischer das Recht, desto größer die Gestaltungsfreude des Gesetzgebers. Die Gefährlichkeit dieses Tuns kann man kaum überschätzen, denn niemand weiß, ob zum Beispiel das Krankenversicherungsrecht Fehlentwicklungen in der Medizin auslöst, das Subventionsrecht Störungen der Märkte, das Recht der gesetzlichen Rentenversicherung den Geburtenrückgang ermöglicht und das Vordringen des Rechts in die Eltern-Kind- und die Partnerbeziehung die Familie zerstört. Die Nationen unterwerfen sich mit ihrer Gesetzgebung Selbstversuchen, deren Ergebnisse sie nicht protokollieren und deren Gefährlichkeit jenseits ihrer Vorstellungskraft liegt.

S. Literaturhinweise 2.6, 6, 7.3.

Zusammenfassung:

1. Moderne, gesellschaftsgestaltende Gesetzgebung beruht auf der Prämisse, daß Gesetzgebung eine Gesellschaft zu selbstgesetzten Zielen hin entwickeln kann.
2. Erst seit dem 19. Jahrhundert gibt es umfassende Anstrengungen, die Gesellschaft durch Gesetzgebung umzugestalten. Frühere Epochen waren meist durch das Fehlen eines Gesetzesrechts, durch Vorstellungen von der göttlichen Natur des Rechts, durch Respekt vor der Tradition und durch das Fehlen gesetzesvollziehender Bürokratien an entsprechenden Versuchen gehindert.
3. Der Glaube an die Machbarkeit der Gesellschaft ist um so stärker, je unbekannter die Auswirkungen der Gesetzgebung sind. In Systemen, die schnell auf Gesetzgebung reagieren (Verkehrssystem, Markt der Käufer und Verkäufer usw.), wagt der Gesetzgeber wenig, in Systemen, die langsam reagieren (Partnerschaften, Arbeitsverhältnisse, Generationenvertrag, Gesundheitswesen), ist der Glaube an die Gestaltungsmacht ungebrochen.

## 2.2. Erfahrungswissen von den Grenzen des Rechts

In Heilkunde, Technik, Handwerk und allen sonstigen, handwerklich praktizierten Tätigkeiten brauchen Neuerungen längere Zeit, bis sie ihren Platz in dem vorhandenen Bestand angewandter Verhaltensweisen gefunden haben. Meistens wechseln sich kürzere oder längere Perioden der Über- und Unterschätzung des Neuen ab, bis man zu einer realistischen Einschätzung gelangt. Mit der Erfindung des Rechts dürfte es den Menschen nicht anders gegangen sein. Während Handwerker und Ingenieure nur Jahre oder Jahrzehnte zur Einordnung einer Neuerung brauchen, benötigen Juristen Jahrhunderte, denn es ist sehr schwierig, Erfahrungen mit dem Recht zu sammeln. Immerhin dürfte das Recht inzwischen annähernd 6000 Jahre alt sein, denn die ältesten Dokumente einer Besteuerung, die sicherlich erst durch das Recht möglich war, sind fünfeinhalb Jahrtausende alt, und es ist realistisch anzunehmen, daß die nicht dokumentierten, uns erhaltenen Anfänge des Rechts noch einige Jahrhunderte älter sind.

In etwa 6000 Jahren Recht müssen 6000 Jahre Erfahrung stekken, die allerdings niemals wissenschaftlich systematisierend gesammelt wurden. Gleichwohl ist diese Erfahrung vertrauenswürdig, vertrauenswürdiger als etwa die der überlieferten Heilkunde oder des überlieferten Ernährungswissens, denn die Erfahrungen mit dem Recht wurden vorwiegend in Markt und Staat gesammelt, also jenseits des Dunstkreises von Zeugung, Geburt und Tod.

Einige unrealistische Einschätzungen der Möglichkeiten des Rechts sind aus der Geschichte bekannt. Der persische Herrscher Xerxes glaubte offenbar, das Meer, ein Stück unbelebter Natur, müsse den Weisungen des Souveräns gehorchen und mache sich bei Zuwiderhandlungen strafbar. Jedenfalls ließ er dem Wasser des Hellespont 300 Geißelhiebe verabreichen, als es mit hohem Wellengang das Übersetzen seines Heeres verhinderte. Die Annahme, Tiere seien der menschlichen Rechtsordnung unterworfen, scheint sehr verbreitet gewesen zu sein. Es gibt viele Berichte über die Verurteilung von Tieren, die Menschen verletzt oder getötet hatten. Nachdem die Menschen gelernt hatten, daß ihre neue Erfindung, das Recht, weder die unbelebte noch die biologische Natur zum Gehorsam bewegen konnte, mußten sie erkennen, daß auch der Mensch nicht stets bedingungsloser Diener der Rechtsordnung sein kann. Der griechische Philosoph Karneades demonstrierte dies mit dem Fall vom Brett. Zwei Schiffbrüchige hängen an einer Planke, die nur einen trägt. Das Recht weiß keine Lösung für diesen Fall, es bietet weder eine Entscheidung an, noch bestraft es den, der sich aus dieser Lage durch die Tötung des anderen rettet, mit den an sich einschlägigen strafrechtlichen Folgen. Was Karneades an einem Beispiel zeigte, gibt Karl Larenz als allgemeine, zeitlos gültige Vorgegebenheit des Rechts wieder: Das Recht darf die Menschen nicht überfordern.

Möglicherweise ist die Frage nach den Grenzen des Rechts nicht nur beim Individuum zu stellen. Zwar richtet sich das Recht immer an die Individuen und verbietet oder gebietet ihnen ein bestimmtes Verhalten. Aber die Folgen des Gesetzesgehorsams zeigen sich nicht nur auf der Mikroebene, beim Individuum, sondern auch auf einer Makroebene, denn durch gesetzesgehorsames, abgestimmtes Sozialverhalten entstehen soziale Systeme. Gesetzestreue Autofahrer bilden das System Straßenverkehr, Kaufleute den Markt usw. Nun scheint es Gesetze zu geben, gegen die auf der Mikroebene nichts einzuwenden ist, denn jedes Individuum könnte sie erfüllen; auf der Systemebene treten aber die erwünschten Wirkungen nicht ein. Das bekannteste und vielleicht älteste Beispiel für Gesetze dieser Art sind Höchstpreisvorschriften. Wann immer die Gesetzgebung eine unerwünschte Preisentwicklung begrenzen wollte, erlebte sie stets den gleichen Effekt: Ware, zumindest Qualitätsware, verschwand von dem legalen Markt, war aber auf dem illegalen Markt zu haben. Die Kaufleute bildeten also statt des vom Gesetzgeber gewünschten sozialen Systems ein anderes, illegales, aber ebenfalls geordnetes System, den Schwarzmarkt. Gesellschaftsgestaltendes Recht hat es vor allem mit Erscheinungen dieses Typs zu tun. Garantiepreise der EG sollen den Landwirten die wirtschaftliche Existenz sichern, sie führen aber zu unbezahlbaren Überschüssen. Das Recht der gesetzlichen Krankenversicherung bringt auch den Geringverdienern Zugang zum medizinischen Wissen der Gesellschaft, aber der Markt der Heilweisen scheint allzuviel Symptomatisches und Nutzloses zu hohen Preisen zu produzieren. Gesetzliche Höchstpreise sind ein Versuch, in einem sozialen System gesellschaftliche Entwicklung anzuhalten, also ein statisches Element in ein dynamisches System einzubauen. Aus der Rechtsgeschichte sind umfassendere Anstrengungen überliefert, sozusagen durch Gesetzgebung die Gesellschaft in dem Jetztzustand festzuhalten. Diese Anstrengungen blieben stets erfolglos. Solche Bemühungen sind für unser Thema bemerkenswert, weil sie mit den Phänomenen Gesetzesflut und Bürokratie einhergingen.

Zünfte, Hansen und Gilden waren Zusammenschlüsse, in denen sich Unternehmer desselben Gewerbezweiges ein Solidaritätsversprechen abgaben, durch das sie sich und ihren Familien Schutz vor wirtschaftlichen und sonstigen Lebensrisiken verschafften. Das Versprechen war leichter zu halten, wenn jeder Betrieb annähernd gleiche Beträge erwirtschaftete und die Mitglieder annähernd denselben sozialen Status besaßen, insbesondere die Unterschiede zwischen Arm und Reich erträglich blieben. Als die Vergrößerung der Märkte und das Aufkommen zunftfreier Betriebe die Voraussetzungen für den Bestand der Zünfte gefährdeten, versuchte man häufig durch Gesetzgebung, das Zunftwesen zu erhalten. Man führte den Zunftzwang ein, schrieb die Zahl der Betriebe, die Zahl der Arbeitskräfte, die Preise, die Löhne und die Qualität der Ware fest. Man schottete die Märkte ab, indem man die auswärtige Konkurrenz fernhielt oder ihre Waren künstlich verteuerte.

Der Pferdefuß des ganzen Zunftwesens war die unmittelbare Bindung der fähigen Unternehmer an die unfähigen. Die Regulierung der Märkte sollte auch den unfähigen Zunftmeistern noch ihr Auskommen sichern. Sie konnte aber nicht verhindern, daß sich die Vermögensverhältnisse der Zunftmitglieder im Laufe der Zeit veränderten. Daraufhin benutzte man Gesetzgebung, um die Ansatzpunkte für den Sozialneid zu beseitigen. Man erließ Bekleidungsvorschriften, um die Demonstration von Wohlhabenheit zu verhindern; offenbar wichen die Betroffenen auf protzige Familienfeiern aus, denn man erließ Hochzeitsordnungen. Als die Mitglieder auf prachtvolle Kindtaufen und schließlich sogar Begräbnisfeiern auswichen, ergingen Tauf- und Begräbnisordnungen. Es entstand also etwas, wofür der moderne Ausdruck „Gesetzesflut“ durchaus passend erscheint. Dennoch konnte die umfassende Gesetzgebungstätigkeit nicht verhindern, daß sich die Zünfte in verzopfte Gebilde verwandelten. Schließlich gaben die Gesetzgeber die „Regulation" auf, beseitigten die Gesetzesflut mit einer radikalen „Deregulation", was den Zünften den Garaus machte: Sie führten die Gewerbefreiheit ein.

Auch die Geschichte der römischen Kaiserzeit kann einen Fingerzeig liefern. Vor 60 Jahren entdeckte der in Yale lehrende Historiker Michail Rostovtzeff eine merkwürdige Diskrepanz in der Entwicklung des römischen Staatsapparates einerseits, der römischen Wirtschaft und des Soziallebens anderseits. Cäsar und Augustus hatten einen – gemessen an der Größe des Reiches – winzigen Beamtenapparat in der Reichszentrale zur Verfügung; es waren wenige hundert Beamte, mit deren Hilfe sie bemerkenswerte Reformen durchführten. In der Folge entwickelte sich um den Mittelmeerraum eine arbeitsteilige, vielfältig verflochtene Großraumwirtschaft. Auch dieses komplexe, soziale Gebilde regte zunächst weder eine umfassende Gesetzgebungstätigkeit noch das Entstehen eines größeren Behördenapparates an. Längst vor dem Ende der Kaiserzeit des Reiches ist die Großraumwirtschaft verfallen, das Mittelmeer keine Drehscheibe des Handels mehr, aus Marktteilnehmern sind wieder selbstgenügsame, weitgehend autarke Gebilde geworden, Latifundien oder gar nur für den Eigenbedarf produzierende Einzelhaushalte. Doch über dieses, wieder einfach, überschaubar, ja primitiv gewordene Wirtschafts- und Sozialleben ergießt sich nun eine Gesetzesflut, und eine ebenso umfangreiche wie unqualifizierte und bestechliche Bürokratie ist mit dem Gesetzesvollzug beauftragt. Auf eine Kurzformel gebracht stellte Rostovtzeff fest, daß sich die Komplexität von Wirtschaft und Gesellschaft umgekehrt proportional zu dem staatlichen Lenkungsaufwand verhielt. Er wagte keine Antwort auf die naheliegende Frage, ob es vielleicht der Staat selbst war, der Wirtschaft und Gesellschaft zerstörte und der in einer Teufelsspirale mit immer neuer Gesetzgebung und Bürokratie hinter seinem eigenen Zerstörungswerk herlief und neue Zerstörungen anrichtete.

Den für Gesetzgebung und Verwaltung verantwortlichen Männern an der Spitze des Römischen Reiches lag nichts ferner, als die Gesellschaft zu gestalten, ihr einziges positives Ziel war, eine höhere Einnahme der Reichszentrale zur Finanzierung höherer Verteidigungslasten zu erreichen, die der stärkere Grenzdruck durch Germanen und Parther notwendig machte. Dazu erhöhten sie die Steuern von gestern, nämlich auf Grund und Boden, landwirtschaftliche Erträge und Arbeitskraft, statt die neu entstandene Wirtschaft, also Handel, Fabrikation und Spekulation, mit staatlichen Abgaben zu belasten oder zu einer ökonomischeren Form der Verteidigung überzugehen, als es das Limessystem war. Nach diesen Entscheidungen sahen sich die Herrscher Roms immer neuen, vermeintlichen Sachzwängen ausgeliefert, die zu immer mehr Gesetzgebung und Bürokratie führten. Da die Erhöhung der Steuersätze nicht zu dem erwarteten höheren Aufkommen führte, vergrößerten sie den Kontrollapparat, was weitere Kosten verursachte. Viele Bauern entwichen der Kontrolle durch Landflucht und wurden in der Stadt Kostgänger des Staates, worauf man mit höheren Belastungen für die auf der Scholle Gebliebenen reagierte. Während der Apparat zur Kontrolle der erwerbstätigen Bürger wuchs, verfiel der Polizeiapparat; dadurch wurden die Seeräuber aus einer Belästigung zu Herren des Mittelmeeres. Das zerstörte schließlich den überlokalen Handel, denn die Kosten des Landtransportes betrugen das Fünfzigfache der Kosten des Seetransportes; bald war der Landweg ebenso unsicher wie der Seeweg. Der Niedergang des Handels zog den Niedergang der Produktion und das Verschwinden von Ware nach sich. Damit verlor das Geld seine Deckung, die Inflation machte den Tauschhandel empfehlenswert usw. Jedem neuen Element des Verfalls stemmte sich der Staat mit neuer Gesetzgebung entgegen, um wenigstens das Abgleiten des Jetztzustandes in ein schlechteres Morgen zu verhindern. Schließlich versuchte der Staat, durch Gesetzgebung die gesamte Wirtschaft zu lenken. Es war erfolglos.

Je mehr man sich mit den Details befaßt, desto zwangsläufiger, naturgesetzlicher erscheint der Verfallsprozeß und ermuntert den Betrachter zu geistreichen Deutungen. Je mehr man sich von den Details entfernt, desto verblüffter fragt sich der Betrachter, wieso das wohlhabende Weltreich die Kosten der äußeren und schließlich der inneren Sicherheit nicht aufbringen konnte. Schließlich bleibt der Blick an zwei Grundsatzentscheidungen hängen, der Entscheidung für das Limessystem, vermutlich die aufwendigste unter allen denkbaren Verteidigungskonzeptionen, und der Versuch, diese Verteidigungskosten mit einem überholten, auf eine Subsistenzwirtschaft zugeschnittenen Steuersystem aufzubringen. Ist es denkbar, daß eine oder zwei grundsätzliche Fehlentscheidungen verbunden mit Folgerichtigkeit ein Weltreich in eine Teufelsspirale der Selbstvernichtung bringen können, wenn man zwei Jahrhunderte lang daran festhält? So wie es das Modell des Turmbaus zu Babel wiedergibt?

Der Wirtschaftswissenschaftler Schmölders (Der verlorene Untertan, 1971, S. 70) hat auf ein historisches Ereignis aufmerksam gemacht, bei dem eine bürokratiegestützte, durch Gesetzgebung organisierte Kultur und eine bürokratielose, von Gewohnheitsrecht bestimmte Kultur aufeinanderprallten. Es ist der Untergang der indianischen Hochkulturen. Die spanischen Eroberer kamen aus der bürokratielosen Welt des Feudalismus, während Azteken und Inkas ein Gesetzesrecht und eine Priesterbürokratie besaßen. Dieser Zusammenprall zweier Kulturen und zweier Organisationsformen macht auch auf den allgemeinen, oft vergessenen Befund aufmerksam, daß Bürokratien nicht den Entwicklungsstand einer Nation anzeigen, etwa in dem Sinne, je hochentwickelter ein Staat, desto mehr Bürokratie. Bürokratien können unabhängig vom Entwicklungsstand eines Staates auftreten, was schon Max Weber geläufig war. Max Weber (Wirtschaft und Gesellschaft, 1976, S. 833) stellte auch fest, daß bisher noch kein Staat die einmal entwickelte Bürokratie wieder loswurde – außer durch seinen Untergang.

Betrachtet man die Rechtsordnung des Aztekenstaates, so erscheinen viele formale Elemente hochmodern, moderner als die Rechtsordnung des europäischen Feudalismus. Das Recht scheint vorwiegend Gesetzesrecht gewesen zu sein, das der Herrscher erließ. Bei dieser Tätigkeit stand ihm ein Stab ausgebildeter Beamter zur Seite. Streitfälle überantwortete man unabhängigen Richtern, die der Herrscher einsetzte. Dabei hielt er sich an Auswahlkriterien, die jedem Rechtsstaat zur Ehre gereichen würden. Auch die Gleichheit von Arm und Reich vor dem Gesetz war bereits Bestandteil der Rechtsordnung. Erstaunlicher waren die Regelungsfelder der Gesetzgebung. Gesetze regelten die Hofetikette, schrieben jedem Stand Qualität, Machart und Länge der Bekleidung vor und legten fest, wer welche Art von Schmuck tragen durfte. Die religiösen Bräuche und das Abhalten von Festlichkeiten waren ebenfalls durch Gesetze geregelt. Tatsächlich machte eine nutzlose Prachtentfaltung einen ganz wesentlichen Teil der Staatstätigkeit des Aztekenreiches aus. Die Eroberer standen staunend vor fremdartigen Organisationsformen. Als nach den ersten Eroberern spanische Wissenschaftler ins Land kamen, stellten sie fest, daß ihnen das indianische Staatswesen nicht begreiflicher wurde, auch wenn sie noch so viele Einzelheiten sammelten. Ihre Aufzeichnungen sind getreue Wiedergaben von Fakten, auf die sie sich keinen Reim machen konnten. Daran hat sich bis auf den heutigen Tag nur soviel geändert, daß man für Deutungsversuche üblicherweise den Beistand der Psychologie sucht.

Die Eroberer versuchten und Wissenschaftler versuchen noch heute, Gesetzgebung und sonstiges staatliches Handeln der Azteken mit der Frage „wozu?“ zu entschlüsseln. Beginnt man bei einem Detail der Staatsordnung, so erhält man zunächst eine Antwort, die eine weitere Wozu-Frage auslöst usw. Schließlich bricht die Kette der Antworten und damit auch die weitere Fragemöglichkeit ab. So ist zum Beispiel die Frage nach dem Zweck der Bekleidungsvorschriften leicht zu beantworten. Sie hinderten die Staatsangehörigen daran, die Klassenschranken durch den Erwerb von Wohlstand zu durchbrechen, und verwiesen sie auf den einzigen dafür vorgesehenen Weg, die Tapferkeit im Krieg. Andere Vorschriften bestätigen diese Interpretation, denn sie zwangen die Bevölkerung zu einem recht kärglichen, abhärtenden Lebensstil, so daß der Staat jederzeit große Massen von Kriegern mobilisieren konnte. Auch der Zweck des Krieges ist klar, das Aztekenreich führte fast ununterbrochen – siegreiche – Eroberungskriege. Fragt man nach dem Zweck der Eroberung, so beginnen die Dinge seltsam zu werden. Die Azteken beließen den Besiegten nicht nur Land, Religion, Sitten und Gebräuche, sie tasteten normalerweise die vorgefundenen Machtverhältnisse nicht an, sondern bestätigten sie. Auch Gouverneure oder Garnisonen der Eroberer blieben den Besiegten erspart. Die aztekische Repräsentanz in den eroberten Ländern beschränkte sich auf Steuereinnehmer. Soweit die auferlegten Kontributionen in Nahrungsmitteln bestanden, scheinen sie dem Fragesteller zweckhaft, aber der größte Teil der in Naturalien gelieferten Abgaben wie auch die unmittelbare Kriegsbeute war in unseren Augen nutzlos. Es waren Utensilien, wie zum Beispiel Federn, um Feste zu feiern. Diese Beute brachte also weder dem Staat noch seinen Bürgern einen Gewinn. Das gleiche gilt für die Gefangenen, das wichtigste Beuteziel der Kriege. Sie wurden bei den Festlichkeiten geopfert. Doch die zum Opfertod ausersehenen Gefangenen tröstete man und beruhigte sie mit berauschenden Getränken. Nicht selten verfeierte man die Beute eines ganzen Krieges oder die Abgabe eines ganzen Jahres in einem einzigen rauschenden Fest, an dem auch die Besiegten teilnahmen. Auf die weitere Frage nach dem „wozu?" der Feste antworteten die aztekischen Priester, dies alles geschehe, damit die Götter die Sonne auf ihrer Bahn hielten.

Von den Azteken selbst gibt es keine weitere Antwort. Durch diese eine unsinnige Überzeugung war der Aztekenstaat in – wie es die Historiker ausdrücken – Teufelskreisen gefangen. Jedes Fest besänftigte die Götter vorübergehend, aber dann war ein noch größeres Fest erforderlich, wozu man Gefangene usw. brauchte, wozu man Kriege führen mußte usw. Man erhielt dann eine Kette von Notwendigkeiten und Maßnahmen bis hin zu den Bekleidungsvorschriften. Schierer Nonsens wird also auf den weiteren Subebenen, wo er nicht mehr in Frage gestellt wird, zu Sachzwängen, die, wenn Zeit, Konsequenz, und auf der höchsten Ebene die Unfähigkeit zu lernen hinzukommt, zur Selbstvernichtung des Staates führen müssen.

Es ist, als ob in unserer Schlüsselgeschichte vom Turmbau zu Babel ein außenstehender Beobachter „wozu?" fragen würde. Auf allen unteren Entscheidungs- und Handlungsebenen würde er Rationalität antreffen; erst die letzte Frage, „wozu baut ihr den Turm?", könnte die Teufelsspirale der Selbstvernichtung erkennbar machen.

S. Literaturhinweise 4.1, 6.

Zusammenfassung:

1. Nach der Entstehung des Rechts mußten die Menschen lernen, daß die unbelebte und biologische Natur dem Recht nicht gehorcht.
2. Sie erkannten, daß Menschen in Ausnahmesituationen den Geboten des Rechts nicht gehorchen können.
3. Es gibt Anzeichen dafür, daß soziale Systeme manchen Gesetzen nicht gehorchen können, obwohl jeder Systemteilnehmer (Individuum) diese Fähigkeit besitzt.
4. Es gibt Anzeichen dafür, daß Gesetzgebung gesellschaftliche Entwicklung nicht anhalten kann.
5. Es gibt Anzeichen dafür, daß Gesetzgebung und bürokratischer Gesetzesvollzug eine Teufelsspirale der Selbstvernichtung in Gang setzen, wenn die Ziele der Gesetzgebung unerreichbar sind und der Gesetzgeber keine Zielkorrektur vornimmt.

## 2.3 Gesellschaftsgestaltendes Recht und Gesetzgebungskunst

Das Recht ist ein Phänomen der Kultur, also nur bei der Spezies Mensch als Mittel zur Gestaltung der Sozialordnung bekannt. Einmaligkeit heißt aber nicht Voraussetzungslosigkeit; die Möglichkeiten des Rechts sind durch Vorgegebenheiten der Natur begrenzt. So wirken alle Naturgesetze, denen der Mensch unterliegt, als Grenzen des Rechts. Menschen bestehen aus Materie, sie unterliegen deshalb den für alle Materie geltenden physikalischen Gesetzen, sie können nicht fliegen, und kein Gesetzgeber würde es ihnen vorschreiben wollen. Die Materie tritt auch im menschlichen Körper in Form von Elementen auf, die nach den Gesetzen der Chemie Verbindungen eingehen. Der menschliche Körper ist eine dissipative Struktur, d. h. er braucht eine positive Energiebilanz. Er ist eine biologische Struktur, die nur innerhalb eines eng begrenzten Temperaturbereichs überleben kann usw. Dies alles erkennt der Gesetzgeber als Basis und als selbstverständliche Begrenzung für das Recht an.

Die Grenzen, an die der moderne Gesetzgeber stößt, scheinen jedoch nicht in der Natur des Individuums begründet zu sein. Der einzelne Kaufmann könnte ja eine Höchstpreisfestsetzung befolgen, nur der Markt, also eine Vielzahl interagierender Kaufleute, scheint es nicht zu können. Der einzelne Steuerzahler könnte einen Steuersatz von 90% seiner Einkünfte ertragen, nur eine Masse von Steuerzahlern scheint es nicht zu können. Der einzelne Autofahrer könnte Tempo 100 auch auf einer ziemlich leeren Autobahn befolgen, nur ein Verkehrssystem würde sich diesem Gebot nicht unterwerfen, wenn man den Fall der vollständigen Kontrolle außer acht läßt. Diese Möglichkeit ist bei Märkten offensichtlich unerreichbar, und beim Verkehrssystem würde ihn nur der Finanzminister eines sehr reichen Landes finanzieren wollen. Es hat den Anschein, als gäbe es „verbotene" Systemzustände in der Kultur, die auch der Gesetzgeber nicht herbeiführen kann, wie z. B. einen statischen Markt. Sollte diese Annahme zutreffen, stünde die Gesetzgebung vor einem neuen Typ bisher unbekannter Beschränkungen ihrer Gestaltungsmacht.

Über dieses Thema ließe sich ein Dialog mit den Wissenschaftsdisziplinen führen, die Systemforschung betreiben, also mit Wirtschaftswissenschaften und Soziologie. Unsere Schlüsselgeschichte vom Turmbau zu Babel legt eine andere Vorgehensweise nahe. Dort besitzen die Handwerker – ohne es zu wissen – eine Kenntnis von den Grenzen des Machbaren. Zwar ist der Turmbau neu und als Projekt jenseits der bisherigen Erfahrung, aber Wissen vom Baumaterial und seiner Handhabung liegt reichlich vor, und wenn man sich bisher in der Höhe der Bauwerke Beschränkungen unterwarf, so hatte dies vermutlich gute, aus Erfahrung gewonnene Gründe. Der Turmbau muß die Handwerker in einen Konflikt stürzen: Er bietet ihnen eine nie dagewesene Konjunktur mit unerhörten Gewinnchancen. Aber wenn sie dabei sein wollen, müssen sie die überlieferten Regeln ihrer Kunst, die tradierten Selbstbeschränkungen, verlassen und Handlanger des Idealismus werden. Dieser Konflikt steckt einmal in jedem einzelnen, zum anderen ist er latent im Verhältnis Handwerker – Baumeister angelegt. In den Plänen des Baumeisters hat sich der schrankenlose Fortschrittsglaube der Gesellschaft niedergeschlagen, und an den Plänen entzündet sich das Unbehagen der Handwerker. Aber die Pläne liegen außerhalb ihrer Kompetenz, bis aus dem Handwerkerstand Statiker hervorgegangen sein werden, die eine systematisierte Erfahrung vorweisen können.

In unserer heutigen Rechtskultur ist ein analoger Konflikt leicht zu erkennen. Gesetzgeber und Rechtsanwender haben unterschiedliche Vorstellungen von Gesetzgebung. Während der Rechtsanwender einfache, verständliche Normen, Systematik und Beständigkeit einmal getroffener Regelungen erwartet, ergießt sich über ihn eine Flut oft selbst dem Spezialisten schwer verständlicher, unsystematischer, kurzlebiger und daher unverläßlicher Normen. Entsprechend umfangreich ist die Kritik der Rechtsanwender an der gegenwärtigen Gesetzgebung. Genauer betrachtet handelt es sich um einen Konflikt zwischen der Politik und der Juristenzunft. Die Gesetzgebung enttäuscht die Erwartung der Juristen. Das mag erstaunlich erscheinen, da Juristen die beherrschende Berufsgruppe in dem mit Gesetzgebung befaßten Personenkreis darstellen. Das Problem sind die Argumente. Juristen besitzen keine Argumente, mit denen sie die Politik auf überlieferte Regeln der Gesetzgebungskunst festlegen könnten. Fordert der Jurist einfache Normen, so antwortet die

Politik, komplizierte gesellschaftliche Verhältnisse benötigten komplizierte Vorschriften. Fordert der Jurist langlebige Regelungen, so erwidert die Politik, schnell wechselnde Verhältnisse erforderten schnell wechselnde Gesetzesinhalte. Fordert er Systematik, so spottet die Politik über „Juristenästhetik" usw. Letztlich beruft sich der Jurist in diesem Konflikt auf die Verfassung und behauptet, die Normenflut gefährde die Freiheit des Bürgers. Doch niemand kann den Punkt bestimmen, an dem eine Quantität von Gesetzen in die neue Qualität eines verfassungswidrigen Zustandes umschlägt. Mit der Behauptung, die Hektik der Gesetzgebung gefährde die Rechtssicherheit, steht es nicht besser, und daß ein Zuviel an Rechtsstaat das Rechtsstaatgebot verletze, beeindruckt die Politik ebenso wenig.

Dies alles wirft die Frage auf, ob das Anliegen der Juristen, ob Gesetzgebungskunst ein alter Zopf ist, den man getrost abschneiden kann, oder ob die Jurisprudenz für eine elementare Notwendigkeit nicht die richtigen Argumente findet. Für diese Kernfrage kann eine Beobachtung einen wichtigen Fingerzeig liefern. Es gibt noch einige Bereiche, in denen Gesetzgebungskunst früherer Generationen fortwirkt. Dazu sind vor allem die „neutralen" Institute des BGB zu rechnen, das Handelsrecht und seine Nebengebiete sowie die StVO. Das Umfeld dieses Rechts zeichnet sich durch einige charakteristische Befunde aus. Die genannten Gesetze bedürfen zwar einer Polizei und eines Gerichtswesens, sie benötigen aber keinen bürokratischen Vollzug, also keinen Behördenapparat, der letztlich jeden Rechtsunterworfenen erfaßt und mehr oder weniger stark unter Kontrolle hält. Offenbar sucht die Masse der Bürger hier nicht die Grenzen der Normen – wie z. B. im Steuerrecht –, sondern hält sich in deren Mitte.

Ein anderer auffälliger Befund ist das Fehlen des Lobbyismus: Im Kaufrecht z. B. steht keine Käufer- einer Verkäuferlobby gegenüber, das Recht bietet in seiner gegenwärtigen Gestaltung gar keine Ansatzpunkte für den Versuch, auf Kosten anderer Sonderinteressen durchzusetzen. Vermutlich würde aber sofort Lobbyismus entstehen, wenn der Gesetzgeber die Käufer für eine Gruppe hielte, die er zu Lasten der Verkäufer fördern möchte.

Diese Beobachtung leitet zu einem weiteren, schon erwähnten Befund über: Der Gesetzgeber schätzt seine Gestaltungsmacht gering ein. Im Verkehrsrecht, im Recht der Buchführung und der handelsrechtlichen Rechnungslegungsvorschriften steht dies ausdrücklich in den Gesetzesbegründungen. Hier weiß und akzeptiert der Gesetzgeber, daß z. B. Autofahrer letztlich klüger sind als Parlament und Regierung, daß sie Regeln bilden, die fairer und zweckmäßiger sind als die des Gesetzgebers; sie haben z. B. das „Reißverschlußverfahren", das „rechts Vorbeifahren im Kolonnenverkehr" und viele andere Regelungen erfunden, die später Gesetzesinhalt wurden. Ferner fehlt die Hektik der Gesetzgebung ebenso wie die „Gesetzesflut". Obwohl Markt und Verkehrswesen in dynamischer Entwicklung begriffen sind, kommt das Recht, das diese sozialen Gebilde reguliert, mit wenigen, einfachen Vorschriften aus. Markt und Verkehrswesen sind Bereiche, in denen die Rechtsunterworfenen schnell auf Gesetzesänderungen reagieren können (Kaufrecht, Darlehensrecht im Gegensatz zu Arbeits-, Miet- und Eherecht), wodurch die Folgen der Gesetzgebung leichter erkennbar sind. Zusammengefaßt gesagt, geht die Gesetzgebungskunst typischerweise einher mit

- dem Fehlen von Lobbyismus,
- dem Fehlen gesetzesvollziehender Bürokratien,
- einer geringen Meinung von der Gestaltungsmacht des Gesetzgebers,
- dem Fehlen der „Gesetzesflut",
- schnellen Reaktionsmöglichkeiten der Rechtsunterworfenen,
- der leichten Erkennbarkeit der Folgen des Gesetzes.

Auch die Umkehrung dieser Aussage ist überwiegend richtig. Bei einer Durchsicht des Bundesgesetzblattes und der Gesetz- und Verordnungsblätter der Bundesländer stellt sich schnell heraus, auf welchen Gebieten die Gesetzesflut und die Gesetzgebungshektik besonders auffällig sind. Es handelt sich insbesondere um Sozialrecht, Steuerrecht, das Recht der Ausbildung, das Recht der Bildungseinrichtungen sowie um Sicherheitsvorschriften.

Diese Gebiete sind für den Verfall der Gesetzgebungskunst charakteristisch. Der Verfall geht typischerweise einher mit

- „Gesetzesflut",
- Hektik der Gesetzgebung,
- Lobbyismus,
- der Notwendigkeit bürokratischen Gesetzesvollzuges,
- einer hohen Meinung von der Gestaltungsmacht des Gesetzgebers,
- langsamen Reaktionsmöglichkeiten der Rechtsunterworfenen,
- weitgehender Unkenntnis der Folgen des Gesetzes.

Wenn ein Rechtsgebiet erst einmal von einigen dieser Faktoren beherrscht wird, so beschleunigen sie den Verfall der Gesetzgebungskunst. Die Lobby wirkt zwangsläufig auf Vermehrung der Ausnahmen hin, also auf Zerstörung der Systematik; den Bürokratien nutzen komplizierte Normen, wenn sie mit der Vermehrung von Planstellen einhergehen; die Hektik tut der Gesetzesqualität ebenso Abbruch wie die bloße Menge der Normen, wodurch das Gespür für die Wechselbeziehungen verloren geht. Es wäre aber kurzschlüssig, in einem dieser Faktoren etwas anderes als Begleiterscheinungen des Verfalls der Gesetzgebungskunst zu sehen, also schon einen Verursacher dingfest machen zu wollen, dazu sind weitere Überlegungen notwendig.

S. Literaturhinweise 2.1, 2.2, 2.4.

## Zusammenfassung

1. Zur juristischen Überlieferung gehört ein Wissen davon, wie handwerklich „gute" Gesetze beschaffen sein müssen (systematisch, einfach, klar usw.)
2. Die moderne, gesellschaftsgestaltende Politik zwingt die ihr zuarbeitenden Juristen zu Gesetzentwürfen, die nach den Maßstäben überlieferter Gesetzgebungskunst „schlecht" (unsystematisch, kompliziert usw.) sind.

3. Im Konflikt zwischen Politik und Rechtswissenschaft um „gute" Gesetzgebung kann die letztere keine Begründungen vortragen, die in der Politik Gewicht haben.
4. Umfangreiche und lang dauernde Verstöße gegen überlieferte Regeln der Gesetzgebungskunst sind stets von folgenden Erscheinungen begleitet: Gesetzesflut, Entstehen gesetzesvollziehender Bürokratien, Lobbyismus.
5. Praktiziert der Gesetzgeber Gesetzgebungskunst, fehlen die unter 4. genannten Erscheinungen.

## 2.4 Auslegungskunst ohne Gesetzgebungskunst: Eine Sackgasse der Rechtswissenschaft

Die Methodiker der Jurisprudenz lehren übereinstimmend, die Kunst der Gesetzesauslegung, also die Aussagen der juristischen Methodenlehre, seien für jedes Rechtsgebiet verbindlich. Diese Auffassung hat sich inzwischen durchgesetzt, auch das Steuerrecht gab in den letzten Jahrzehnten seine abweichende Meinung auf, dieses Fachgebiet bedürfe einer besonderen, steuerrechtsspezifischen Auslegungskunst. Die Juristenausbildung beruht gleichfalls auf dieser Annahme. Studenten und Referendare lernen an ausgewählten Gebieten, wie man einen Rechtsfall löst. Nach einigen Semestern gibt man ihnen sogar Fälle aus unbekannten Rechtsgebieten, um ihre Fähigkeit zu methodischem Vorgehen zu testen. Die Juristenausbildung vermittelt also ein Wissen von Rechtsinhalten und ein methodisches Können. Das Wissen ist so vergänglich, wie es gesetzliche Vorschriften nun einmal sind. Außerdem ist ungewiß, ob man jemals in den Gebieten seiner Ausbildung arbeiten wird. Das Können gilt dagegen als die unvergängliche, für jeden Juristenberuf entscheidende Mitgift der Ausbildung. Wer sich in seinem erwählten Beruf dem Bürgerlichen Gesetzbuch, dem Handelsrecht, dem Straßenverkehrsrecht, dem Strafrecht oder der Verfassung zuwenden kann, wird diesen Grundgedanken der Ausbildungsordnungen bestätigt finden. Wer aber Steuergesetze anzuwenden hat oder sich dem Sozialrecht zuwendet, für den scheint sich die Methodenlehre aus einer Mitgift in eine Hypothek zu verwandeln, denn sie verpflichtet ihn zur Auslegungskunst, aber er sieht sich einem Gesetzgeber gegenüber, der keine Gesetzgebungskunst praktiziert. Daraus entsteht ein Dilemma, das einer näheren Betrachtung bedarf.

Gesetze sind Botschaften des Gesetzgebers an die Rechtsunterworfenen über Sozialverhalten. Sie fordern dazu auf, in beschriebenen Situationen mit einem beschriebenen Verhalten oder Unterlassen zu reagieren, also den Diebstahl zu unterlassen, im Straßenverkehr rechts zu fahren usw. Wie bei allen Botschaften, so lassen sich auch im Recht drei verschiedene Ebenen unterscheiden:

1. die Inhaltsebene,
2. die Codierungsebene,
3. die Signalebene.

Auf der Inhaltsebene findet der Interpret als kleinste Einheit Begriffe vor. Da Gesetze in Sprache codiert werden, sind auf der Codierebene Wörter als kleinste Einheit anzutreffen. Als Übertragungsmedium dient üblicherweise die Schrift, Schriftzeichen sind also die Signale zur Übertragung. Gesetzestexte unterscheiden sich von Texten, die Gegenstand der Philologie sind, durch ihren notwendigen Bezug zur Wirklichkeit. Jede Norm besteht aus Sachverhalt, Rechtsfolge und Wenn-Dann-Verknüpfung. Jeder Rechtssatz lautet also abstrakt formuliert: „Wenn diese Situation gegeben ist, dann reagiere mit folgendem Verhalten.“ Also z. B.: Wenn sich an einer Kreuzung von rechts ein Fahrzeug nähert, dann gib ihm die Vorfahrt. Durch den Wirklichkeitsbezug des Rechts unterscheidet sich das Auslegungsproblem der Rechtswissenschaft sehr wesentlich von dem der Philologie.

Das Kernproblem der Rechtsanwendung ist die Subsumtion, also die Prüfung, ob ein Lebenssachverhalt, ein soziales Geschehen, den Tatbestand einer Norm erfüllt. Der Sachverhalt ist komplex, er ist – bevor man ihn auf das rechtlich Erhebliche zusammenstreicht – durch eine unendliche Zahl von Informationen bestimmt. Durch die Komplexität des Sachverhalts ist jeder Rechtsfall einmalig, er hat sich in der Vergangenheit noch nie ereignet und wird sich in Zukunft nie wieder ereignen. Selbst problemlose Alltagssituationen, wie die unfallfreie Begegnung zweier Fahrzeuge an einer Kreuzung, bei der die Fahrer in automatisierter Form eine Vorfahrtregelung der Straßenverkehrsordnung anwenden, kommen nur einmal vor, denn Fahrzeuge, Geschwindigkeit, Wetterlage, Tageszeit, Sonnenstand, Straßenzustand usw. werden in dieser Konstellation nie mehr auftreten. Im Gegensatz zum Sachverhalt enthält der Tatbestand des Gesetzes nur eine endliche Zahl von Informationen. Daraus ergibt sich eine Problemlage, die für alle sonstigen, textinterpretierenden Wissenschaften untypisch, aber für alle Wissenschaften typisch ist, die nach Abbildung der Wirklichkeit streben. Der Sachverhalt verhält sich zum Tatbestand wie die Landschaft zur Landkarte. Die Kartographie nutzt ebenso wie die Rechtswissenschaft die Erfahrung, daß man sich mit Hilfe einer endlichen Zahl von Informationen in einer unendlich komplexen Wirklichkeit zurechtfinden kann, wenn man die für diesen Zweck geeigneten Informationen auswählt. Für die Kartographie ist die abzubildende Situation die Landschaft, für die Rechtswissenschaft die soziale Wirklichkeit. Beide Disziplinen bewältigen nicht nur das Problem der „Reduktion von Komplexität" in analoger Form, sie stehen auch gemeinsam vor dem Befund, daß die Wirklichkeit in ständiger, dynamischer Veränderung begriffen ist, d. h. die Wirklichkeit ändert sich, die Symbole der Landkarte bleiben aber bis zu einer neuen Auflage unverändert, wie es entsprechend mit den Wörtern und Schriftzeichen im Gesetz bis zu einer Gesetzesänderung der Fall ist.

Das Problem „Dynamik" verschärft sich noch, weil es mit dem der „Indeterminiertheit", also dem der Unvorhersehbarkeit der

Änderung der Wirklichkeit, einhergeht. Kartograph und Gesetzgeber wissen, daß sich Landschaft bzw. Sozialleben ändern werden, sie können aber Art und Ausmaß der Veränderung nicht voraussehen. Der Kartograph weiß nicht, ob die eingezeichnete „Ruine" wieder aufgebaut, der „Hochwald" abgeholzt, die „Wiese" erschlossen wird, oder ob sich gar die Erdoberfläche durch einen Bergrutsch verändern wird. Ebensowenig kennt der Gesetzgeber von heute das Sozialleben von morgen. Die Verfasser des Bürgerlichen und des Handelsgesetzbuches wußten nicht, welche Menschen, mit welchen Einstellungen, auf welchen Märkten, mit welcher Ware handeln würden, sie konnten nicht voraussehen, daß diese Menschen jenseits von Kauf, Miete und dem sachenrechtlichen Katalog der Sicherungsrechte Mietkauf und Eigentumsvorbehalt erfinden würden.

Wie kann man unter die Tatbestände von gestern die Sachverhalte von heute subsumieren, und wie kann man sich mit der Karte von gestern in der Landschaft von heute zurechtfinden? Beides ist möglich, sofern Gesetz oder die Landkarte ständig in Gebrauch sind. Zieht man dagegen ein 30 Jahre altes, nie praktiziertes Gesetz oder eine ebenso alte Landkarte erstmals aus der Schublade, so wird sich die Unbrauchbarkeit erweisen, wenn Landschaft bzw. Sozialleben inzwischen erheblichen Veränderungen unterworfen waren. Rechtsanwender und Kartenbenutzer lösen das Problem in entsprechender Weise: Die Botschaft bleibt auf der Codierungs- und Signalebene unverändert, doch ihr Informationsgehalt ändert sich, wenn die Welt sich ändert. Ist in der Schlußruine ein Schloßhotel entstanden, so legt der kundige Katenbenutzer dem einst richtigen, jetzt nicht mehr die Sache treffenden Symbol „Ruine" den neuen Aussagegehalt „Hotel" bei. Er kann die für diesen Spezialfall geltende Abweichung vom gewöhnlichen Informationsgehalt des Symbols auf der Karte, auf einem besonderen Papier oder in seinem Gedächtnis vermerken.

Entsprechend verfährt der Rechtsanwender. Solange der Gesetzgeber untätig bleibt, ändern sich die Wörter und Schriftzeichen nicht, aber Rechtsanwendung kann ihren Begriffsgehalt ändern und wird das tun, wenn sich das Sozialleben ändert. Bei „toten" Vorschriften, also Normen ohne Rechtspraxis, geschieht das nicht, wie man in jedem beliebigen Kommentar erkennen kann. Auflage für Auflage findet der Leser denselben nichtssagenden Text, der aus erdachten Fällen des Kommentators und mehr oder weniger wortreichen Wiederholungen des Gesetzes besteht. Offensichtlich ist die Rechtsanwendung wie die Benutzung einer Landkarte ein informationserzeugender Vorgang. Verändert sich die Wirklichkeit, darf der Jurist den Tatbestand „fortschreiben", d. h. durch schöpferische Interpretation eine neue Aussage in die Information hineinschreiben, die das Gesetz bisher nicht enthielt. Gesetzesauslegung ist also auch eine zwar nicht das Schriftstück, wohl aber seinen Informationsgehalt verändernde Interpretation.

Wenn der Gesetzgeber, der Sender der Botschaft, vom Rechtsanwender, dem Empfänger, verstanden werden will, muß zwischen beiden Einigkeit über Signale und Code herrschen. Buchstaben und Satzzeichen werfen keine Abstimmungsprobleme auf. Die Wörter der Sprache sind ebenfalls Vorgaben; der Gesetzgeber unterliegt denselben Zwängen wie jeder andere Sender einer in Sprache abgefaßten Botschaft. Nun unterscheiden sich Gesetzestexte nicht nur durch ihre Bezugnahme auf die Wirklichkeit von philologischen Texten. Sie besitzen weitere, notwendige Strukturmerkmale, die in einem sonstigen sprachlichen Text jedenfalls nicht zwangsläufig vorhanden sind. Das auffälligste Merkmal ist die Wenn-Dann-Struktur der Normen. Sie ist kein Element des Sprachcodes, denn die meisten Gesetzesvorschriften enthalten im sprachlichen Ausdruck weder das „Wenn" noch das „Dann". Aber auch dem Inhalt läßt sich die Wenn-Dann-Struktur nicht ohne weiteres zurechnen, denn den Inhalt bestimmt der Sender einer Botschaft, bei Gesetzen also der Gesetzgeber; das Wenn-Dann steht aber nicht zu seiner Disposition. Aussagen ohne Wenn-Dann-Struktur könnte der Interpret nicht mehr als Recht erkennen. Selbst das case law, ein Recht ohne Gesetzesnormen, weist die Wenn-Dann-Struktur auf. Diese Struktur ist also ein zwingend erforderliches Merkmal der Botschaft, das weder zum Sprachcode noch zum Inhalt der Botschaft „Recht" zu gehören scheint.

Diese Eigentümlichkeit besitzen noch weitere Elemente des Rechts. Gesetze sind kein Chaos von Normen; die Normen werden auch nicht nur durch eine Ziffernfolge in einem „äußeren System" gehalten, vielmehr sind sie ihrerseits strukturbildende Elemente. Aus ihnen ergibt sich das „innere System" des Rechtsgebietes, also ein Gefüge von Prinzipien, das seinerseits wieder die Normen ordnet. Auch dieses Element findet sich im case law, wo die Norm als „rule", die Systematik als „principles" bezeichnet wird. Bei einigen anderen Strukturelementen ist nicht klar, ob sie notwendige Elemente eines jeden Rechtsgebietes sein müssen. So besteht die juristische Überlieferung seit jeher auf dem Erfordernis der Einfachheit der Norm. Eine entsprechende Aufforderung würde niemand einem Schriftsteller, Journalisten, Philosophen oder sonst jemandem auferlegen, der sich der Sprache als Verständigungsmittel bedient. Die Ambivalenz ist ein weiteres Merkmal des Rechts. Zu jeder Wirkung gehört eine Gegenwirkung. Werden Rechte gewährt, sind sie mit Pflichten belastet, werden Pflichten auferlegt, lösen sie auch Rechte aus, Ansprüche sind mit Einwendungen belastet, das Eigentum mit einer Sozialbindung usw.

Normstruktur, Systematik, Einfachheit der Norm und die Ambivalenz des Rechts sind einerseits nicht inhaltsbezogen, andererseits gehören sie nicht zum Sprachcode. Da eine Botschaft außer Signalen, Code und Inhalt kaum einen vierten Bestandteil hat, liegt die Vermutung nahe, daß Gesetze noch in einem zweiten Code verschlüsselt sind, der von nun an als „Sollenscode" bezeichnet wird. Einen Gesetzestext formulieren bedeutet also, eine für den Rechtsanwender bestimmte, in einem Sprachcode und einem Sollenscode verschlüsselte Botschaft zu entwerfen. Die Methode des Verschlüsselns wird im folgenden als „Gesetzgebungskunst" bezeichnet. Dementsprechend ist Rechtsanwendung die Entschlüsselung dieser Botschaft, also die Erschließung des Informationsgehalts einer im Sprach- und Sollenscode verschlüsselten Botschaft. Das methodische Vorgehen wird im folgenden als „Auslegungskunst" bezeichnet. Offensichtlich müssen sich Gesetzgebungskunst und Auslegungskunst entsprechen.

Damit ist der Ausgangspunkt der Erörterung wieder erreicht, nämlich das Problem des Aufeinandertreffens eines in moderner Methodenlehre, also Auslegungskunst, geschulten Interpreten und eines Gesetzgebers, der sich nicht zur Gesetzgebungskunst verpflichtet sieht. Das Problem hat größte praktische, auch politische Bedeutung. § 10e EStG, die Nachfolgevorschrift für den Bauherrnparagraphen 7b EStG, begünstigt den Erwerber selbstgenutzten Wohnraums. Gefördert wird also, wer so leistungsfähig ist, daß er sich einen Hausbau leisten kann. Darüber hinaus ist die Förderung wegen des progressiven Einkommensteuertarifs um so größer, je höher die Einkünfte des Bauherrn sind. Die Vorschrift enthält also das Prinzip: Je reicher der Bauherr, desto umfangreicher die Förderung. Die Vorschrift ist in sich klar, sie stellt aber das Prinzip der Besteuerung nach der Leistungsfähigkeit ebenso auf den Kopf wie das Prinzip des Einkommensteuerrechts, die Leistungsfähigkeit nach bestimmten Einkünften zu bemessen. Anders gesagt, die Vorschrift ist als Norm, als isolierter Text, verständlich, als Kontext, als Teilelement eines Normengefüges, ist sie ein Stück Unsinn, denn sie konterkariert den Kontext.

Solche Gesetzgebung würde zwei überwundenen Auslegungsmethoden kein Kopfzerbrechen bereiten: der Begriffsjurisprudenz und dem Positivismus. Die Begriffsjurisprudenz sah den Informationsgehalt des Gesetzes allein in den für feststehend gehaltenen Begriffen und glaubte, der Interpret erschließe von Begriffsgehalt zu Begriffsgehalt vorwärtsschreitend mit dem Verstehen des letzten Begriffs zugleich die Norm. Diese Methode ist unverkennbar von der Gedankenwelt des mechanistischen Zeitalters geprägt, von der Vorstellung einer determinierten, berechenbaren Wirklichkeit, die aus Teilen zum Ganzen zusammengesetzt und deshalb allein vom Teil zum Ganzen hin zu verstehen ist. Die Begriffsjurisprudenz beruht erkennbar auf einem vollständig reduktionistischen Ansatz.

Aus heutiger Sicht sind alle wesentlichen Annahmen und Aussagen der Begriffsjurisprudenz falsch. Da die Wirklichkeit – auch die soziale Wirklichkeit – unendlich komplex und jede Situation einmalig ist, zu ihrer Beschreibung aber nur die endliche Zahl sprachlicher Begriffe zur Verfügung steht, müssen entweder die Begriffe unscharf oder die Beschreibung muß lückenhaft sein. Da sich die Wirklichkeit in indeterminierter Weise ändert, der reale Gesetzgeber aber keine, allenfalls begrenzte Voraussicht besitzt, enthält jedes Gesetz zum einen Regelungslücken, zum anderen müssen die Begriffsgehalte wandelbar sein, da sie den Wandlungen der Wirklichkeit folgen müssen. Der Gesetzesanwender steht folglich vor dem Problem, daß kein Teil der im Gesetz vorhandenen Informationen vollständig verläßlich ist. Der Interpret hat keinen festen Punkt. Jeder Fall kann Anlaß sein, diesen oder jenen Begriffsgehalt zu verändern.

Der Positivismus brachte gegenüber der Begriffsjurisprudenz einen bedeutenden, methodischen Fortschritt. Er ging davon aus, daß der Informationsgehalt der Norm sowohl in den Begriffen als auch in der Norm als Ganzem steckt. Er ergänzte also den reduktionistischen durch einen holistischen Ansatz. Damit spielen Begriffe und Norm wie die Teile und das Ganze zusammen. Aus den Teilen ergeben sich Hypothesen über den Sinngehalt des Normganzen, und das Ganze wirkt als Bestätigung oder Widerlegung auf die Hypothesen über die Teile zurück, was möglicherweise zu einer modifizierten Hypothese über den Sinngehalt der Norm führt usw. Damit wird eine Verstehensspirale ausgelöst, die schließlich zu einer Rechtsauffassung und einer Entscheidung über den Rechtsfall führt.

Die heutige Methodenlehre hat diesen Verstehensprozeß über die Norm hinaus ausgedehnt. Sie sieht auch die Norm als Teil eines übergeordneten Ganzen, also eines Rechtsinstituts, eines Unterprinzips usw. Dies setzt sich über Unterprinzip-Oberprinzip bis zu den Prinzipien der Verfassung fort. So dient dem Interpreten die Hypothese über den Sinngehalt von Normen zur Aufdeckung eines Prinzips. Das Prinzip wiederum wirkt zurück auf die Norm und ordnet sie ihrerseits in ein Normengefüge ein.

Die Methodenlehre sieht also das Recht insgesamt als ein Gebilde an, in dem die Information zur Lösung des Rechtsfalles sowohl in den Teilen wie in dem Ganzen zu suchen ist. Die einzelnen Rechtssätze sind zwangsläufig sowohl Teil als auch Ganzes, nämlich Teil der nächst allgemeineren Einheit, und Ganzes, wenn man die Begriffe als Bezugspunkt wählt.

So können sich selbst Legaldefinitionen ändern, wenn sie mit unverändertem Wortlaut in einem veränderten Kontext stehen. Das geschah z. B. mit der Definition des Unternehmers in § 2 Umsatzsteuergesetz, die der Gesetzgeber unverändert aus dem Bruttoumsatzsteuerrecht in das neue Mehrwertsteuersystem herüberrettete, um der Praxis Rechtsunsicherheit zu ersparen und den Rückgriff auf die hinter diesem entscheidenden Begriff stehende Rechtsprechung von Reichs- und Bundesfinanzhof zu ermöglichen. Der veränderte Kontext des Gesetzes und die in der Wirklichkeit eintretende Veränderung der Interessenverteilung zwischen Fiskus und Unternehmer veranlaßten den Bundesfinanzhof aber zu einer neuen Rechtsprechung.

Die Methodenlehre setzt also implizit voraus, daß der Interpret auf jeder Ebene des Rechts, auf der Begriffs-, Normen-, Unter- oder Oberprinzipienebene, stets ein geordnetes Gefüge von Aussagen vorfindet. Das Beispiel des § 10e EStG zeigt aber, daß diese Annahme nicht stimmt; die Vorschrift ist das Produkt eines Gesetzgebers, der auf der höheren Ebene Prinzipien statuiert, also den Gleichheitssatz und das Prinzip der Besteuerung nach der Leistungsfähigkeit, der aber auf der unteren Ebene seine Bindung an die von ihm selbst erlassenen Prinzipien leugnet. Während die Methodenlehre annimmt, im Recht sei jedes Stück Text zugleich Teil eines Kontextes und der Kontext wiederum Teil eines umfassenderen Kontextes, schafft der Gesetzgeber Normen, die die Aussagen des Kontextes konterkarieren.

Die Rechtswissenschaft sieht in solchen Vorschriften ein Inhaltsproblem, also ein Problem des Informationsgehaltes der Botschaft. Jede andere eine Information interpretierende Wissenschaft und jeder Mensch im Alltag würde bei entsprechenden Problemen erst einmal einen Fehler auf der Signalebene oder einen Codierungsfehler vermuten. Endet ein Backrezept mit dem Satz: „Dann lasse man den fertigen Kuchen vorsichtig in den sorgfältig vorbereiteten Mülleimer gleiten", so wird der Interpret bei dem Wort „Mülleimer" oder bei dem ganzen Satz einen Fehler der Druckerei, der Phonotypistin, des Textverarbeitungsgerätes oder einen Fehler des Übersetzers vermuten. Der Satz ist für sich verständlich, aber er konterkariert den Zweck, er paßt nicht in den Kontext der Handlungsanweisung. Ein Inhaltsproblem entsteht erst, wenn der um Aufklärung ersuchte Verfasser des Rezeptes erklärt, der Satz habe so, wie er da stehe, seine Richtigkeit, und der Leser müsse selbst sehen, wie er damit zurecht komme.

Auch im Recht würde ein voreingenommener Beobachter diese Systembrüche des Umverteilungsrechts erst einmal für Codierungsfehler halten; er würde denken, es kann doch nicht „wahr" sein, daß das Einkommensteuerrecht einen Geringverdiener für so leistungsfähig hält, daß er besteuert wird, während ihn gleichzeitig das Sozialrecht für so bedürftig hält, daß er subventioniert wird. Es kann nicht „wahr" sein, daß Menschen, die sich den Hausbau, die Mitgliedschaft im Golfclub, den Theaterplatz leisten können, subventioniert werden, während jene, die sich diese Ausgaben nicht leisten können, besteuert werden. Es kann nicht „wahr" sein, daß auf die Partnerrente willkürlich einige Einkünfte angerechnet, andere nicht angerechnet werden. Tatsächlich liegen auch Codierungsfehler vor, denn es handelt sich um Verstöße gegen die Systematik des Rechts. Als Inhaltsfehler erscheinen sie erst, weil die Gesetzgebung von der Überzeugung getragen wird, Systematik sei keine das politische Wollen begrenzende Vorgabe, das heißt es gebe keinen solchen „Sollenscode", an den der Gesetzgeber gebunden sei.

Man kann sich analoge Probleme in anderen Wissenschaftsdisziplinen vorstellen. Die Literaturwissenschaft würde zusammenhanglose Sätze zurückweisen, da sie nicht Literatur sind; der Musikwissenschaftler würde eine zufällige Folge beliebiger Töne als Lärm zurückweisen; selbst die Naturwissenschaft befaßt sich nur dort mit Chaos, wo es in nuce bereits Ordnung enthält. Hier setzen nun die Probleme der Rechtswissenschaft ein; sie ist die einzige Wissenschaft, die ihren Gegenstand, das Recht, nicht zurückweisen kann, und die einzige, von der man erwartet, daß sie auf alle Fragen, die diesen Gegenstand betreffen, eine Antwort gibt. Diese Eigentümlichkeiten waren unproblematisch, solange die Rechtswissenschaft auch die einzige Wissenschaft war, die ihren Gegenstand selbst schuf; sie tat dies im Gewohnheitsrecht und tut es in unpolitischen Gebieten heute noch. Ist der Grundgedanke der Methodenlehre richtig, dann muß der Gesetzgeber zur Gesetzgebungskunst „verpflichtet" sein. Wenn diese „Verpflichtung" rechtlicher Art ist, könnte sie sich nur aus der Verfassung ergeben. Das Bundesverfassungsgericht verpflichtet den Gesetzgeber aber nicht zur Gesetzgebungskunst; gerade in dem hochpolitischen Umverteilungsrecht muß der Rechtsanwender Systembrüche, Wertungswidersprüche, Verletzungen des Sprachcodes und schlichte Schludrigkeiten als Folge der Hektik im Gesetzgebungsverfahren in größtem Umfang hinnehmen. Sonstige Grenzen der Gesetzgebung könnte die Gesetzgebungslehre formulieren, sie erkennt aber nur die Verfassung und Naturgesetze als Schranken des Gesetzgebers an. Die Naturwissenschaft weiß aber nichts von einer naturgesetzlichen „Verpflichtung" zur Gesetzgebungskunst.

Mit diesem Stand der Diskussion befindet sich die Rechtswissenschaft in einer Sackgasse. Die Auslegungskunst erfordert Gesetzgebungskunst, der Gesetzgeber braucht sie aber nicht zu praktizieren. Es ist keine Sackgasse der Politik, die Politik könnte nur den Weg aus dieser Sackgasse eröffnen; dazu hat sie allerdings keinen Grund, denn den liefert ihr die Rechtswissenschaft ja gerade nicht. Ehrwürdige Wissenschaften sind selten in wirklichen Sackgassen, meistens ist nur der Blick versperrt, nicht der Weg. Für solche Situationen gibt es eine Erfolgsstrategie: Man stütze sich auf das verläßlich Erscheinende und frage nach den logischen Konsequenzen.

Wenn sich Gesetzgebungskunst und Methodenlehre, Verschlüsselung und Entschlüsselung, der Gegenstand der Wissenschaft und ihre Forschungsmethodik nicht entsprechen, dann eröffnen sich verschiedene Wege, um die Übereinstimmung wieder herzustellen. Die Lösung, den Gegenstand zurückzugeben, scheidet aus. Mit einer Rückkehr zum Positivismus, gar zur Begriffsjurisprudenz, würde die Rechtswissenschaft zu einem Fremdkörper sowohl unter den mit Texten befaßten Geisteswissenschaften als auch unter den Wirklichkeit erforschenden Wissenschaftsdisziplinen. Die Keilschrift wäre bis heute nicht entschlüsselt, wenn die Schriftarchäologen von der Begriffsjurisprudenz und dem Rechtspositivismus Methodik gelernt hätten.

In den Realwissenschaften würde sich eine zum Positivismus zurückkehrende Rechtswissenschaft ebenso schlecht ausmachen. Von einer postmechanistischen Naturwissenschaft beflügelt entwickeln alle Realwissenschaften Methodiken, die der Komplexität der Welt Rechnung tragen, die berücksichtigen, daß in Kultur und Natur alles mit allem zusammenhängt, wechselwirkt und dennoch Ordnung bildet. Dies läuft auf eine Trennung von einseitig reduktionistischen Ansätzen hinaus. Rückkehr zum Positivismus wäre aber Rückkehr zum Reduktionismus. Nach allem erscheint die Behauptung der Methodenlehre verläßlich, daß der Interpret zu einer Auslegungskunst verpflichtet ist, die das gesamte Recht als eine zusammenhängende Botschaft auffaßt.

Die Aussage der Methodenlehre, das Recht sei eine zusammenhängende Botschaft und nur als solche verstehbar, erscheint also verläßlich. Daraus folgt, daß der Gesetzgeber zur Gesetzgebungskunst „verpflichtet" ist. Die Aussage der Gesetzgebungslehre, nur Naturgesetze und die Verfassung seien Vorgaben für den Gesetzgeber, erscheint ebenfalls verläßlich. Es ist nicht erkennbar, welche dritte Art von Beschränkungen es darüber hinaus noch geben sollte. Die Interpretation des Bundesverfasungsgerichts, die Verfassung zwinge den Gesetzgeber nicht grundsätzlich zur Gesetzgebungskunst, erscheint ebenfalls verläßlich, denn die Verfassung handelt nur von der Inhaltsebene des Rechts. Sie fordert, daß Gesetze irgendwie verstehbar sein müssen, sie fordert aber nicht, daß sie gerade für den modernen Methodiker verstehbar zu sein hätten.

Nimmt man dies alles für verläßlich, so kann die Notwendigkeit der Gesetzgebungskunst kein Erfordernis des Sollens sein, denn alle Sollenssätze sind bekannt. Vielmehr muß die Notwendigkeit der Gesetzgebungskunst ein Erfordernis des Seins, der Natur sein, denn die Vorgaben der Natur sind nur unvollständig bekannt. Es gibt gute Gründe für diese Vermutung.

S. Literaturhinweise 2.1, 2.4, 5.

## Zusammenfassung:

1. Die juristische Methodenlehre verpflichtet den Rechtsanwender zu einer bestimmten Auslegungskunst.
2. Ohne wissenschaftliche Methodik wäre Rechtsanwendung Willkür.
3. Die Auslegungskunst setzt implizit Gesetzgebungskunst voraus, denn die Verschlüsselungs- und Entschlüsselungsmethode für eine Information müssen einander entsprechen.
4. Der moderne Gesetzgeber erkennt aber keine Verpflichtung zur Gesetzgebungskunst an.
5. Eine Verpflichtung des Gesetzgebers zur Gesetzgebungskunst kann sich nur aus dem Sollen, d. h. der Verfassung, oder dem Sein, d. h. aus Naturgesetzen, ergeben. Weitere Bindungen des Gesetzgebers – angebliche „Sachzwänge" – lehnt die Gesetzgebungslehre ab.
6. Gesetzgebungskunst betrifft die Signal- und Codierebene des Rechts, die Verfassung dagegen die Inhaltsebene. Folglich kann sich aus der Verfassung nur ein Verständlichkeitsgebot, aber keine umfassende Verpflichtung zur Gesetzgebungskunst ergeben.
7. Wenn die Aussagen 1, 2, 4 und 5 richtig sind, ist die Notwendigkeit der Gesetzgebungskunst eine Vorgabe der Natur.

## 2.5 Gesetzgebungskunst als Erfahrungswissen von Selbstorganisationsprozessen

Drei bedeutende Juristen des letzten Jahrhunderts, Savigny, Jhering und Otto von Gierke, haben gelegentlich einen Blick in die Natur und in die Naturwissenschaften geworfen, um eine Eigentümlichkeit des Rechts besser zu verstehen: Das Recht schafft oder stabilisiert Gebilde, wie z. B. Unternehmen, Märkte, Verkehrssysteme oder Staaten, die offenbar mehr sind als die Summe der sie bildenden Individuen; sie scheinen neue, überindividuelle, von einer Umwelt abgrenzbare Einheiten zu sein. Der Blick in die Natur erschien erfolgversprechend, denn biologische Organismen boten sich als Analogate zum besseren Verständnis sozialer Systeme an. Der Blick auf die damalige Naturwissenschaft konnte diesen Ansatz nicht vertiefen, denn das mechanistische Denken des letzten Jahrhunderts eröffnete keinen Zugang zum Verständnis derartiger Gebilde.

Inzwischen haben sich die Verhältnisse geändert. Eine postmechanistische Naturwissenschaft erforscht die Fähigkeit von Atomen, Molekülen, Zellen und Zellverbänden, sich zu Gebilden zu organisieren, die in unserem Mesokosmos, also der für uns wahrnehmbaren und vorstellbaren Welt, als von einer Umwelt verschiedene, abgegrenzte, geordnete Systeme erkennbar sind. In der unbelebten Natur sind z. B. die Bildung eines Strudels oder einer Windhose Vorgänge, bei denen zunächst chaotisch miteinander wechselwirkende Moleküle plötzlich ein abgestimmtes Verhalten an den Tag legen und gemeinsam einen Ordnungszustand herbeiführen. Die Moleküle bilden den Strudel, und der Strudel ordnet seinerseits die Moleküle. Die Technik nutzt diese seltsame Fähigkeit der Moleküle und Atome zur Selbstorganisation bereits, das bekannteste Beispiel dafür dürfte der Laser sein.

Physiker benutzen Mathematik als Fachsprache zur möglichst exakten Darstellung von Selbstorganisation. Beim Dialog mit Disziplinfremden suchen sie nach Analogien zur Verdeutlichung; dabei haben berühmte Naturwissenschaftler die Welt des

Rechts entdeckt. Der Physiker Herrmann Haken – Begründer der interdisziplinären Synergetik – spricht von dem „Parlament der Teilchen", das sich auf ein abgestimmtes Verhalten geeinigt hat, und der Nobelpreisträger Manfred Eigen benutzt die Begriffe „Legislative" und „Exekutive", um Prozesse der Ordnungsbildung anschaulich zu beschreiben. Bei dieser skurrilen Umkehrung der Bemühungen von Savigny, Jhering und von Gierke ist es nicht geblieben. Bereits vor 20 Jahren entdeckte der amerikanische Rechtswissenschaftler F. Beutel bei empirischen Studien zum Verkehrs- und Handelsrecht, daß diese Rechtsgebiete Selbstorganisationsprozesse im Sozialleben auslösen; neue Normen des Handels- und Verkehrsrechts werden vom Sozialleben spontan angenommen und praktiziert, so daß die Individuen eine überindividuelle Einheit bilden, also den Markt oder das Verkehrssystem. Auf der Suche nach einer mathematischen Darstellung seiner empirischen Befunde stellte F. Beutel fest, daß sich die von Physikern benutzte Mathematik in gleicher Weise für die durch Gesetzgebung ausgelöste Selbstorganisation im Sozialleben eignete.

Mathematik stellt formale Beziehungen zwischen Größen her, gleiche Formeln können also sehr wesensverschiedene Dinge beschreiben, sofern das Wesensverschiedene nur strukturgleich ist. So ist die mathematische Spieltheorie für die Darstellung von Gesellschaftsspielen, sportlichen Wettkämpfen, Vorgängen im Wirtschaftsleben und zur Darstellung militärischer Ereignisse in gleicher Weise geeignet. F. Beutels Befunde werfen also die Frage auf, ob die Strukturgleichheit physikalischer und durch das Recht ausgelöster sozialer Selbstorganisationsprozesse eine zufällige Analogie ist, an der man achselzuckend vorübergehen kann, ober ob sie wissenschaftliches Interesse verdient. Die Frage ist zunächst noch nicht zu beantworten.

Ein wichtiger Befund aus F. Beutels Forschungen leitet zur Ausgangshypothese zurück, daß Gesetzgebungskunst eine Vorgabe der Natur für die Gesetzgebung ist. Beutel konnte außerhalb von Handels- und Verkehrsrecht keinen Selbstorganisationseffekt nachweisen. Gesetze lösen also nicht schon deshalb Selbstorganisation aus, weil dies in ihrer Eigenart liegt. Das ist auch ohne empirische Studien evident, denn jedem Gesetz, das nicht spontan angenommen wird, das eines bürokratischen Vollzuges bedarf, fehlt offenbar diese Eigenschaft. Da in den USA Gesetzgebungskunst auf den gleichen Rechtsgebieten praktiziert bzw. nicht praktiziert wird wie in der Bundesrepublik Deutschland, sind wir wieder bei einer Zweiteilung unserer Gesetzgebung angelangt, einerseits bei dem der juristischen Überlieferung entsprechenden kunstvollen Recht, das in den „neutralen" Instituten des Bürgerlichen Gesetzbuches, im Verkehrs- und Handelsrecht zu finden ist, und dem übrigen nicht neutralen, gesellschaftsgestaltenden, kunstlosen Recht.

Der Physiker Herrmann Haken hat das Bürokratieprinzip, also die möglichst umfassende Kontrolle aller Systemteilnehmer, die z. B. bei Steuerpflichtigen und Beitragszahlern zur Sozialversicherung erforderlich ist, als Antithese zum Prinzip der Selbstorganisation beschrieben. Bürokratie ist nach seinen Worten „der Versuch, die Atome im Laser einzeln steuern zu wollen", obwohl ihnen doch die Natur die Fähigkeit zur Selbstorganisation mitgegeben hat. Gesetzesvollziehende Bürokratien sind also ein guter Indikator dafür, daß ein Gesetz keinen Selbstorganisationseffekt auslöst. Dies führt zu folgender Hypothese: Gesetzgebungskunst scheint ein handwerkliches Wissen von Bedingungen zu sein, die ein Gesetzgeber einhalten muß, damit seine Gesetze Selbstorganisation bewirken.

Im vorhergehenden Kapitel wurde Gesetzgebungskunst als Wissen vom Sprachcode und einem Sollenscode identifiziert. Deshalb läßt sich die Hypothese noch etwas genauer fassen: Gesetzgebungskunst ist das Wissen von einem Sprach- und einem Sollenscode, der zu beachten ist, damit die Gesetze Selbstorganisation bewirken.

Nach dieser Hypothese ist Information ein wesentlicher Faktor bei Selbstorganisationsprozessen. Die Physik bestätigt dies für ihren Forschungsbereich; irgendwie müssen sich die Atome in Strudel, Windhose und Laser ja auf ein bestimmtes Verhalten

„einigen", der Einigungsprozeß ist allerdings völlig unbekannt. Information ist im Bereich physikalischer Selbstorganisationsprozesse einstweilen nur ein Postulat, aber noch kein empirischer Befund. So besitzt die Physik gute Beschreibungen der erwähnten Prozesse, aber keine Erklärungen. Dadurch sind Irrtümer bei der Extrapolation physikalischer auf nichtphysikalische Selbstorganisationsprozesse vorgezeichnet.

Man kann die Bildung von Großstädten und Ballungsräumen als Vorgänge der Selbstorganisation beschreiben. Das Kulturereignis Entstehung des Ruhrgebietes sieht dann in der Computersimulation wie ein Naturereignis aus, das ebenso unabwendbar erscheint wie ein Tornado. Aber die Computersimulation ist eine Beschreibung ohne Erklärung. Die entscheidende Frage lautet: Welche Informationen veranlaßten die Menschen, den Ballungsraum zu bilden? Waren Innovationen, Gewinne, Löhne entscheidende Faktoren? Welche Rolle spielte das Recht dabei? usw. Die Physik kann bei der Antwort auf diese Fragen nicht weiterhelfen. Wenn der Nobelpreisträger Ilya Prigogine meint, auch die menschliche Gesellschaft sei ein sich selbst organisierendes Gebilde und entziehe sich weitgehend der Gestaltbarkeit, so ist diese Aussage vielleicht richtig, aber durch die Befunde der Naturwissenschaft nicht gedeckt. Auch die Überzeugung von F. Beutel, Gesetzgebung sei auf der Grundlage der Physik zu betreiben, ist bei dem gegenwärtigen Forschungsstand unhaltbar.

Selbstorganisation ist auch in der biologischen Natur zu finden. Das Prinzip erlaubt es den Ameisen, ohne verbindlichen Bauplan und zentrale Bauüberwachung einen Ameisenhaufen zu errichten. Ebenso können sich regellos verstreute, amöbenartige Einzeller durch einen Selbstorganisationsprozeß zu einem mehrzelligen Lebewesen, einem Schleimpilz zusammenfügen. In beiden Fällen hat man die zunächst nur postulierte Information in Gestalt von Duftstoffen auch gefunden. Ein recht einfaches genetisches Programm und eine ebenso einfache „Absprachemöglichkeit" waren zur Bildung hochkomplexer Strukturen völlig ausreichend.

Auch im menschlichen Sozialleben löst nicht nur Gesetzgebung Selbstorganisation aus. Die Bildung wissenschaftlicher Paradigmen, die Entstehung einer öffentlichen Meinung, die Mode sowie Sitten und Gebräuche scheinen sich als Selbstorganisationsprozesse verstehen zu lassen. Es kommt jeweils zu einem Zusammenspiel von Systemteilnehmern und System, „Sklaven und Ordner" nennt es die Synergetik. Das gemeinsame Verhalten der Systemteilnehmer – etwa der modisch gekleideten Menschen – bildet das System – die Mode –, und das gebildete System wirkt bestätigend und stabilisierend auf die Systemteilnehmer zurück.

Selbstorganisation dürfte auch bei der Sprache eine Rolle spielen. Mit der Fähigkeit zu sprechen scheint es wie mit dem Gehen zu sein, sie ist angeboren, muß aber erlernt werden. Angeboren ist offenbar die Grammatik, denn sie ist wohl in allen Sprachen gleich. Die Wörter sind dagegen das Ergebnis von Selbstorganisationsprozessen. Der Gebrauch gleicher Wörter bildet die Sprachgemeinschaft, die Gemeinschaft wirkt bestätigend und stabilisierend auf den Gebrauch zurück.

Oben wurde der Sprachcode als Element der Gesetzgebungskunst angesehen. Nun stellt sich die Frage nach den Gründen für die Bindung des Gesetzgebers an diesen Code neu. Ist es das Prinzip Rechtssicherheit, das die Beachtung fordert, oder ist der Sprachcode als Vorgegebenheit der Natur zu beachten? Anders ausgedrückt: Hat die Bindung an den Sprachcode sollensgesetzliche oder seinsgesetzliche (naturgesetzliche) Gründe? Die Antwort hat praktische Bedeutung. Ist die Rechtssicherheit Grund für die Bindung, dann darf der Gesetzgeber so viele Verstöße gegen den Sprachcode begehen – auf deutsch: so schludrig mit der Sprache umgehen –, daß dem geschulten Interpreten gleichwohl gerade noch eine denkbare Interpretation der Botschaft Gesetz möglich ist. Das wäre eine von der Bedeutungsebene des Rechts ausgehende Argumentation. Ist der Sprachcode dagegen eine Vorgabe der Natur, Ergebnis von genetischer Vorinformation und Selbstorganisation, so muß das Gesetz die Sprache des Systemteilnehmers sprechen, der Gesetzgeber hat also dem jeweils betroffenen Bürger „aufs Maul zu schauen"; eine Antwort ist erst nach Klärung einer erkenntnistheoretischen Vorfrage möglich: „Welche Bedeutung erkennt die Wissenschaft vom Sollen dem Sein zu? Welche Art von Begründungen erkennt die Rechtswissenschaft als zureichend an?" Damit wird sich das nächste Kapitel befassen, zunächst sei das Grundprinzip eines Selbstorganisationsprozesses noch etwas näher betrachtet.

Die Geisteswissenschaft kann u. a. Arthur Schopenhauer als Kronzeugen dafür anführen, daß sie sich schon zu einer Zeit mit dem Prinzip Selbstorganisation befaßte, als es für die Naturwissenschaft noch kein Thema war. In seiner Stachelschweinparabel zeigt Schopenhauer mit einem biologischen Modell, wie in einer bestimmten Umweltsituation Normen – Höflichkeitsregeln – entstehen und gesellschaftsbildend wirken. Die durchtriebene Boshaftigkeit seiner Darstellung könnte dazu verleiten, diesen Schlußpunkt seines Werkes (Parerga und Paralipomena) nicht ernstzunehmen, aber die Parabel besitzt bereits den Segen der Empirie. Über Sigmund Freud gelangte die Geschichte in die Psychologie und gilt dort als treffende Wiedergabe gruppendynamischer Prozesse. Dies sind wiederum Selbstorganisationsprozesse, die es Menschen ermöglichen, auf subrationaler Grundlage soziale Einheiten aus kooperierenden Individuen zu bilden. Hier nun die Parabel:

„Eine Gesellschaft Stachelschweine drängte sich, an einem kalten Wintertage, recht nahe zusammen, um durch die gegenseitige Wärme sich vor dem Einfrieren zu schützen. Jedoch bald empfanden sie die gegenseitigen Stacheln; welches sie dann wieder voneinander entfernte. Da nun das Bedürfnis der Erwärmung sie wieder näher zusammenbrachte, wiederholte sich jenes zweite Übel; so daß sie zwischen beiden Leiden hin und her geworfen wurden, bis sie eine mäßige Entfernung voneinander herausgefunden hatten, in der sie es am besten aushalten konnten. ... die mittlere Entfernung ... ist die Höflichkeit und feine Sitte ..."

Bei diesem erfundenen und allen bekannten realen Selbstorganisationsprozeß sind vier Elemente zu beobachten. Die einzelnen

Systemteilnehmer (Stachelschweine), das System (die Gesellschaft der Stachelschweine), Energie (Antriebe und Hemmungen der Stachelschweine), Information (das entstehende Wissen um die richtige Entfernung, also das Analogon für die Höflichkeitsregel). Ein externer Beobachter des Systems würde folgende Charakteristika festhalten: Das System ist dynamisch, denn bei ständig wechselnden Temperaturen müssen die Systemteilnehmer die Entfernung immer wieder neu austasten. Das System ist nichtlinear, denn bei kontinuierlicher Temperaturänderung kann sich die Entfernung diskontinuierlich ändern. Das System ist indeterminiert, zwar ist vorhersehbar, daß die Tiere auch beim nächsten Temperatursturz eine Gesellschaft bilden werden, aber der Inhalt der Ordnung, wer zu wem findet, ist nicht vorhersehbar. Das System interagiert mit einer Umwelt, es ist einer Unzahl unbekannter, wechselnder Einflüsse ausgesetzt, daher ist es nichtreproduzierbar, und sensitiv, d. h. die Beachtung aller konkreten Bedingungen garantiert noch lange keine Bildung bzw. den Bestand des Systems. Ständige Energiezufuhr (Antriebe) ist notwendig, deren Stärke ziemlich konstant sein muß. Wird sie überschritten, kommt es zu einem turbulenten Chaos (die Stachelschweine werden sich bekämpfen), wird sie unterschritten, bildet sich kein System (die Stachelschweine formieren sich nicht zur Herde).

Praktizierte Gesetzgebungskunst kann nun offenbar Systeme dieses Typs im menschlichen Sozialleben schaffen, wie Straßenverkehr und Markt beweisen. Gesetzgebungskunst, nach unserer Definition das Wissen vom Sprach- und einem Sollenscode, wäre demnach ein Wissen davon, wie man eine Information abfaßt, die geeignet ist, in einer dynamischen, nichtlinearen, indeterminierten, nichtreproduzierbaren und sensitiven Umwelt eine Ordnung, ein System zu errichten, das seinerseits durch einige oder sogar alle diese Eigenschaften ausgezeichnet ist. Die Elemente des Sollenscode lassen sich nur im Dialog mit den Naturwissenschaften ermitteln. Der Dialog wird der juristischen Handwerkskunst eine glänzende Bestätigung liefern, für die moderne Gesetzgebung und viele Bestrebungen der Politik aber ernüchternd sein. Es wird sich zeigen, daß Höchstpreise, Hochpreise, 5000-DM-Grenzen für Gehälter, „Tempo 100" und viele andere Systemzustände teils überhaupt nicht, teils auf Dauer nicht, teils nicht durch Gesetzgebung oder nicht durch schlichte Verbote zu verwirklichen sind. Bei diesen Ergebnissen wird mancher Idealist mit dem Fuß aufstampfen und sagen: „Ich will aber Tempo 100!" Dann war der Dialog umsonst; das nächste Kapitel bietet eine Gelegenheit, die eigenen erkenntnistheoretischen Prämissen zu überdenken.

S. Literaturhinweise 1, 2.2, 2.3, 3, 4.3.

## Zusammenfassung:

1. Überlieferte Gesetzgebungskunst ist ein Wissen davon, daß der Gesetzgeber an den Sprach- und einen Sollenscode des Rechts gebunden ist.
2. Bei Beachtung der Vorgaben des Sprach- und des Sollenscodes können Gesetze Selbstorganisation im Sozialleben auslösen, d. h. ihre Normen werden spontan angenommen und praktiziert. Gerichte und eine Polizei bleiben notwendig, eine umfassende Kontrolle – bürokratischer Gesetzesvollzug – ist aber überflüssig.
3. Selbstorganisationsprozesse finden in der unbelebten und in der biologischen Natur sowie im nicht rechtlich geregelten Sozialleben statt.

## 2.6 Erkenntnistheoretische Probleme der Erforschung von Selbstorganisationssystemen

*Rechtsphilosophie gegen evolutionäre Erkenntnistheorie*

Rechts- und Naturwissenschaft pflegen bislang so gut wie keinen Dialog. Korrekterweise müßten sie das Gespräch mit einer Klärung der erkenntnistheoretischen Prämissen beginnen, also mit einer Übereinkunft, welche Art von Begründungen in diesem Dialog anzuerkennen wären. Die Naturwissenschaft sieht wohl die philosophischen Entwürfe von Karl Popper und Konrad Lorenz als zutreffende Beschreibungen ihrer erkenntnistheoretischen Position an. Beide sind Vertreter eines hypothetischen Realismus, der bei aller Anerkennung der Fehlbarkeit des menschlichen Erkenntnisapparates doch die Beobachtung, die sinnliche Wahrnehmung, als entscheidende Form des Erkenntnisgewinns ansieht. Naturwissenschaftler gehen üblicherweise von einer Beobachtung aus und knüpfen daran in einem schöpferischen Akt eine die Beobachtung verallgemeinernde Hypothese, also eine Aussage über eine behauptete Regelmäßigkeit in der Natur. Weitere planmäßige Beobachtungen dienen dann der Bestätigung, Falsifizierung oder Modifizierung der Hypothese.

Da auch noch so viele Einzelbeobachtungen keinen logischen Schluß auf das Bestehen einer allgemeinen Gesetzmäßigkeit erlauben, sind Naturgesetze nicht zu beweisen. Die Beobachtung von 999 weißen Schwänen begründet die Erwartung, daß auch der 1000. weiß sein wird, sie beweist es aber nicht. Tatsächlich hat die Natur auf der Südhalbkugel auch schwarze Schwäne hervorgebracht. Um „eherne" Naturgesetze steht es nicht besser; noch so viele zu Boden gefallene Steine beweisen nicht, daß auch der nächste wieder fallen wird; es ist nicht einmal zu beweisen, daß die Sonne morgen wieder aufgehen wird. Naturgesetze sind also „nur" statistische Aussagen über die Wirklichkeit. Mit jedem gescheiterten Falsifizierungsversuch erhöht sich die Wahrscheinlichkeit für die Existenz eines Naturgesetzes, bewiesen wird es nie.

Aus der Sicht der Naturwissenschaft ist die Rechtswissenschaft eine Disziplin, die im Bereich des menschlichen Soziallebens die beiden Grundgrößen der Welt miteinander verknüpft, nämlich Wirkung und Information. „Wirkung" gebraucht die Naturwissenschaft für den in der Philosophie üblichen Ausdruck „Sein", denn ein Beobachter erlangt nur durch Wechselwirkung zwischen Subjekt und Objekt Kenntnis vom Objekt. Jede Beobachtung ist Wechselwirkung. Erkenntnisse über das „Wesen der Dinge", die „Dinge an sich" usw. sind jedenfalls durch Beobachtung nicht zu gewinnen. „Information" dürfte dem philosophischen „Sollen" entsprechen, allerdings ist der Naturwissenschaft ein Sollen unzugänglich, das unverbindlich bleibt, d. h. das keine Wirkung hervorruft. Die Rechtswissenschaft ist also aus naturwissenschaftlicher Sicht eine Disziplin, die von sich behauptet, sie wisse, wie man Sollen (Information) und soziales Sein (Wirkung) so miteinander verknüpft, daß eine Regelhaftigkeit in der – umfassend verstandenen – Natur entsteht, ein geordnetes Gebilde, nämlich das menschliche Sozialleben. Da Vorgänge der Ordnungsbildung auch Gegenstand der Naturwissenschaft sind, ist aus deren Sicht nicht einzusehen, warum die Rechtswissenschaft eine andere erkenntnistheoretische Position einnehmen sollte als die Naturwissenschaft. Mit anderen Worten: Die Naturwissenschaft ist nicht kompromißfähig, sie muß versuchen, die Rechtswissenschaft ebenfalls für den hypothetischen Realismus zu gewinnen.

Das hätte recht dramatische Konsequenzen. Gesetzgebung stellt sich für einen externen Beobachter als der Versuch dar, in einem System, etwa dem Markt, der Familie oder dem Straßenverkehr, eine von Menschen erdachte Information einzugeben und dadurch einen bestimmten Ordnungszustand hervorzurufen, z. B. einen durch Höchstpreise gebundenen Markt zu schaffen. Tritt der gewünschte Ordnungszustand ein, folgt also das Sein dem Sollen, so entsprechen sich Information und Wirkung. Tritt die gewollte Wirkung nicht ein, so beweist dies, daß die Information, das Sollen, das Gesetz, falsch war, denn eine von Menschen erdachte Information kann nicht mehr sein als eine Hypothese über erzeugbare Wirkungen. Erzeugt die Information die gewünschten Wirkungen nicht, so ist nicht die Wirkung, sondern die Information falsifiziert. Aus der Sicht des hypothetischen Realismus sind Gesetze Hypothesen über Sozialverhalten, der Gesetzesvollzug ist das Experiment auf den Wahrheitsgehalt der Hypothese, und das soziale Sein ist der Falsifikator des rechtlichen Sollens. Das massenweise Auftreten von Rechtsbrüchen falsifiziert also die Norm.

Was hier ausgeführt wurde, haben zwar in dieser Form weder Karl Popper noch Konrad Lorenz behauptet, es ist aber die Konsequenz ihrer Ideen. Rupert Riedl hat die erkenntnistheoretischen Arbeiten von Lorenz fortgeführt und die Prämissen und Methodiken der Wissenschaftsdisziplinen auf ihre Vereinbarkeit mit der „evolutionären Erkenntnistheorie" überprüft. Seine Ausführungen über Gesetzgebung (1984, S. 277) decken sich wohl mit dem hier Entwickelten, wenn er schreibt: „Nun also enthält (besitzt) der Gesetzgeber die Theorie, und die Untertanen sind die bekannten wie die unbekannten Fälle, an welchen die Theorie bestätigt werden oder scheitern sollte." Riedl sieht, daß die Untertanen die Gesetze, also die Theorie des Gesetzgebers über Sozialverhalten, nicht ohne weiteres falsifizieren können; aus seiner Sicht ist damit der Optimierungsprozeß für die Theorie unterbrochen, der Gesetzgeber ist nicht zum Lernen gezwungen.

Der hypothetische Realismus bzw. die evolutionäre Erkenntnistheorie ist mit keiner rechtsphilosophischen Schule zu vereinbaren. Naturrechtslehren haben zwar Vorstellungen von der Natur des Menschen zur Grundlage. Diese Vorstellungen beruhen aber nicht auf Beobachtung und sind nicht durch Beobachtung falsifizierbar. Deshalb gibt es so viele und so unterschiedliche naturrechtliche Auffassungen, die von der christlichen Naturrechtslehre über Rousseaus Lehre von der angeborenen Gutheit des Menschen bis zu rassistischen Ideologien reichen.

Idealistische Positionen sind geradezu der Gegenpol zum hypothetischen Realismus; ein idealistischer Philosoph würde kaum zugestehen, daß eine Idee falsifiziert ist, wenn ihre Durchführung scheitert. Jeder Idealismus würde sich aufgeben, wenn er die Realität als Falsifikator der Idee, das Sein als jenen des erdachten Sollens, anerkennte.

Auch mit dem Rechtspositivismus ist der hypothetische Realismus unvereinbar; gleiches gilt für jede andere Rechtsphilosophie, die – wie der Positivismus – Sein und Sollen als getrennte und getrennt zu sehende Phänomene betrachtet. Dies läuft dem zentralen Anliegen des hypothetischen Realismus zuwider, nämlich der Verknüpfung von Hypothese und Experiment, Sollen und Sein, Information und Wirkung. Ohne diese Verknüpfung sind Hypothesen nicht falsifizierbar und damit wertlos. Ebenso wertlos ist das Experiment ohne Hypothese, denn es enthält keine gezielte Frage an die Natur und liefert allenfalls ein Wissensbruchstück, das sich in kein Raster der Erkenntnis einfügen läßt, denn nur eine Hypothese könnte dieses Raster liefern.

Marxistische Rechtstheorie und hypothetischer Realismus sind ebenfalls unvereinbar. Durch die bloße Beobachtung des Seins ist Sollen nicht zu erkennen; Beobachter von Evolution und kultureller Evolution sind außerstande, deren „wohin?" vorauszusagen; marxistische Zukunftsgewißheit und hypothetischer Realismus schließen sich aus.

### *Die praktische Jurisprudenz auf dem Boden der evolutionären Erkenntnistheorie*

Bei dieser Sachlage stehen die Chancen zur Gewinnung einer für Natur- und Rechtswissenschaft gemeinsamen Basis zu schlecht, um den Dialog fortzuführen; statt dessen soll ein neuer Ansatz weiterhelfen. Unser Anliegen ist höchst praktisch, wir wollen Fehler in den gegebenen Gesetzen erkennen und sie in besseren Gesetzen vermeiden. Aus der Sicht der Philosophie ist das ein geradezu ingenieurhaftes Anliegen. Ingenieure haben natürlich eine Erkenntnistheorie, aber sie wissen üblicherweise nichts davon, sie sind erkenntnistheoretisch naiv. Nur die Erweiterung des Weltbildes durch die Wissenschaft wirft erkenntnistheoretische Probleme auf, wenn der Ingenieur dem Wissenschaftler folgt, sind diese Probleme ausgestanden. Allgemeiner gesagt, wer Versuchsanordnungen entwirft oder durch Denken oder Diskurs neue Erkenntnisse schaffen will, muß auch über seine Erkenntnistheorie nachdenken, wer im Sozialleben praktisch handelt, braucht das offenbar nicht mehr.

Das Sozialleben beruht auf drei erkenntnistheoretischen Unterstellungen:

1. Dem Subjekt ist objektive Erkenntnis möglich.
2. Diese Erkenntnis ist von Subjekt zu Subjekt übertragbar.
3. Innere Befindlichkeiten eines Subjekts sind von Subjekt zu Subjekt mitteilbar.

Im Alltag nimmt jedermann die Wahrnehmung eines heranrasenden Autos für Realität und springt zur Seite, ohne einen Gedanken an die Fehlbarkeit menschlichen Erkennens zu verschwenden. Allerdings hat die Evolution den Menschen keinen auf objektive Erkenntnis, sondern auf Überleben ausgerichteten Erkenntnisapparat mitgegeben, der ein bereits vorinterpretiertes Weltbild erzeugt. So nehmen wir aus dem breiten Spektrum elektromagnetischer Wellen nur das „sichtbare" Licht wahr, und selbst dieser Ausschnitt ist verfälscht; zwischen Sonnenauf- und Sonnenuntergang ändert sich die Farbskala des Lichts weit stärker, als es uns erscheint. Auch bei der Perspektive ist unser Auge kein „Objektiv", es hebt Wichtiges aus dem Unwichtigen hervor. Aus diesen Vorinterpretationen entstehen aber im praktischen Sozialleben keine Probleme; ein Ingenieur wird einen Farbfilm so „falsch" konstruieren, bis der Benutzer die Farben als „naturgetreu" ansieht, und der um „realistische" Wiedergabe bemühte Fotograf wird die Perspektive so verzerren, bis das verfälschende Bild dem Auftraggeber als getreues Abbild der Wirklichkeit erscheint.

Bei der Übertragung objektiver Erkenntnisse ist das Sozialleben ebenso naiv. Wenn 11 Menschen eine Rose für rot, ein 12. sie aber für schwarz erklärt, so nimmt das Sozialleben „rot" für wahr und den 12. für einen Narren, obwohl seine Aussage nicht widerlegbar ist. Vermutlich gäbe es keine Sprache, wenn die Gegebenheiten anders wären.

Für das Zustandekommen sozialer Beziehungen ist die Unterstellung der Mitteilbarkeit innerer Befindlichkeiten elementar. Wenn ein Subjekt von einem anderen Subjekt die Botschaft „Ich liebe Dich" empfängt, so sollte das die Botschaft empfangende Subjekt deren Übertragbarkeit und Verstehbarkeit nicht anzweifeln, denn sonst wird die erhoffte Liebesbeziehung wohl kaum zur sozialen Wirklichkeit.

Kurz gesagt, wo immer Menschen nicht um die Grenzen des Weltbildes ringen, sondern in ihrer gewohnten Umwelt, im Haushalt oder Beruf, als Handwerker oder Ingenieure handeln, sind sie erkenntnistheoretisch naiv. Ein Blick ins Strafrecht zeigt, daß die praktische Rechtswissenschaft diese erkenntnistheoretische Position nicht nur billigt, sondern erzwingt. Ein Architekt darf ohne rechtliche Schranken Entwürfe zu Papier oder auf den Bildschirm bringen; das Recht läßt seiner künstlerischen Phantasie jede Freiheit, solange die Entwürfe unverbindlich und ohne soziale Folgen bleiben. Verkauft der Architekt aber einen Entwurf als realisierbares Projekt, den der Statiker für nicht realisierbar erklärt hat, so droht ihm eine Anklage wegen Betrugs. Ein idealistischer Architekt, der den Willen des Künstlers dem Material aufzwingen will, darf sein Atelier nicht verlassen. Das auf Beobachtung beruhende Erfahrungswissen des Statikers vom Material begrenzt die Handlungsfreiheit des Architekten.

Das Recht gibt nur die Hypothese frei, wer das Experiment auf die Hypothese wagen will, muß sich der Beobachtung als der stärkeren Form des Erkennens beugen. Und nicht nur der eigenen Beobachtung, sondern auch der zum verbindlichen Erfahrungswissen gewordenen Beobachtung anderer Menschen.

Ebenso schnell wie die Freiheit der Kunst endet die Freiheit der Religion, wenn der Gläubige die Kirche verläßt und seinen Glauben in die Tat umsetzen möchte. Ein Priester darf glauben, daß Exorzismus eine geeignete Behandlungsmethode für einen gläubigen Patienten ist. Er darf mit dessen Einwilligung einen Behandlungsversuch wagen. Zeigt sich aber, daß die Maßnahmen den Zustand des Patienten verschlechtern, so muß der Priester die Behandlung abbrechen. Auch ein Priester darf in seinen religiösen Überzeugungen nur eine falsifizierbare Hypothese sehen und muß sich ebenfalls der Beobachtung als stärkerer Form des Erkennens beugen, wenn er einen Glauben in die Tat umsetzt. Wer medizinisch gebotene Heilbehandlungen, Operationen oder Bluttransfusionen aus religiöser Überzeugung ablehnt, darf dies in eigener Sache tun, das Recht gibt den Selbstversuch grundsätzlich frei; ein gläubiger Mensch mit derartigen Überzeugungen verliert aber die Entscheidungskompetenz über anvertraute Menschen, selbst wenn es die eigenen Kinder wären; das Recht sieht in dem beobachtbaren körperlichen Kindeswohl einen geeigneteren Orientierungspunkt als in dem nicht beobachtbaren Seelenheil.

Das geltende Recht ist also keineswegs erkenntnistheoretisch neutral, es gibt nur die Bildung und Verbreitung von Hypothesen frei; wer Hypothesen verwirklichen will, muß auf dem Boden des hypothetischen Realismus in Gestalt der evolutionären Erkenntnistheorie stehen, sobald Dritte von diesem Handeln betroffen sind. Auf diese Weise sind z. B. Handwerker, Ingenieure, Architekten und Ärzte gezwungen, stets das Erfahrungswissen ihres Berufszweiges zu verwerten. Der Arzt hat einen Spielraum für die Behandlung des Patienten, er darf aber keine Medikamente verordnen, die nach dem Erfahrungswissen der Medizin kontraindiziert sind.

Dadurch wirkt das Recht als Motor der Kulturevolution. Es beschleunigt sie, indem es jede Wiederholung bekannter Irrwege verbietet, und gleichzeitig minimiert es ihre Kosten, denn ein Irrtum mag als eingestürzte Brücke oder ein an den Behandlungsfolgen verstorbener Patient zu Buche schlagen. Wer Evolution macht, muß auf dem Boden der evolutionären Erkenntnistheorie stehen, dies fordert das geltende Recht. Davon gibt es nur eine Ausnahme: die Politik und ihre Helfer, Rechtskundige und Militärs. Gesetzgebung und Rechtsprechung sind ebenso evolutionäres Handeln wie die Arbeiten von Architekten und Ingenieuren. Während Architekten die Evolution von Bauwerken, Ingenieure die Evolution von Maschinen betreiben, bewirken Juristen die Evolution sozialer Strukturen. Dadurch steckt in juristischem Handeln ein gewaltiges Gefährdungspotential für die Gesellschaft, denn die möglichen Schäden können so umfassend sein wie die Geltung der Gesetze, die sie hervorrufen.

Ein idealistischer Architekt und ein idealistischer Bauherr, die das Erfahrungswissen des Statikers in den Wind schlagen, werden im schlimmsten Fall einen Trümmerhaufen und wenige bedauernswerte Opfer hervorrufen. Ein idealistischer Gesetzgeber, dem ein Heer idealistischer, positivistischer, marxistischer oder naturrechtlicher Juristen konzipierend, rechtsprechend und gesetzesvollziehend zur Seite steht, kann z. B. den Markt, die Wirtschaft, die Staatsfinanzen und alle sozialen Gebilde, die von ihnen abhängen, ebenso ruinieren wie die wirtschaftliche Existenz der Menschen, die diese Systeme bilden. Warum zwingt das Recht nur Handwerker, Architekten, Ingenieure und Ärzte, aus Fehlern zu lernen, während Politik und Rechtswissenschaft nichts aus Erfahrung hinzulernen, in der Torheit verharren und jeden Fehler unendlich oft im Fremdversuch an den Rechtsunterworfenen wiederholen dürfen? Seit mehr als 2000 Jahren scheitern stets aufs neue gesetzliche Höchstpreisvorschriften, fast ebenso lange weiß man, wie schädlich hohe Steuersätze sein können, dennoch wurde aus diesem Wissen nie ein verbindlicher Erfahrungsschatz.

Bringen wir die Dinge auf den Punkt:
Angenommen, ein Gesetzgeber schreibt den Bürgern zur Schonung der Umwelt statt des Gehens und Fahrens das Fliegen ohne Fluggerät vor. Anschnallbare Flügel sind erlaubt. In einer Übergangsfrist von fünf Jahren muß sich jeder die neue Technik aneignen. Warum ist das Gesetz nichtig? Weil es Erfahrung negiert, weil es eine falsifizierte Hypothese über menschliches Verhalten enthält, heißt die vom Standpunkt der evolutionären Erkenntnistheorie gegebene Antwort. Im einzelnen lautet die Begründung:

1. Auch der Mensch unterliegt den Gesetzen der Aerodynamik.

2. Dies erlaubt die Berechnung der für den Vogelflug erforderlichen Flügelgröße und des notwendigen Kraftaufwandes.
3. Kein Training wird dem Menschen die erforderliche Muskelkraft vermitteln können.

Die Begründung enthält zahlreiche Unsicherheiten:
Die Gesetze der Aerodynamik sind – wie alle Naturgesetze – „nur" statistische Aussagen. Sie werden auf den Menschen extrapoliert. Das Steigerungspotential für die menschliche Muskelkraft kann man nur durch eine von Erfahrungswerten ausgehende Schätzung ermitteln. Da diese Unsicherheiten unvermeidlich sind, müssen sie in Kauf genommen werden.

Für Argumente aus der Verfassung, aus dem Sollen, ist kein Raum. Erfahrung mit der Natur hat keine Verfassungsdimensionen, sie kann weder verfassungsmäßig noch verfassungswidrig sein; Erfahrung bedarf keiner Legitimation durch die Verfassung, um in ein auf dem Boden der evolutionären Erkenntnistheorie stehendes juristisches Denken Eingang zu finden; die Natur braucht für ihr So-Sein kein Plazet der Verfassung, vielmehr ist Erfahrung mit der Natur eine Vorgabe selbst für die Verfassung, soweit deren Normen mehr sein wollen als Ansporn und unverbindliches Programm. Diese Darlegungen sind keine Entscheidung über die Richtigkeit einer Erkenntnistheorie, darüber mögen die Philosophen streiten; aber man kann nicht Evolution machen, ohne auf dem Boden der evolutionären Erkenntnistheorie zu stehen, jedenfalls nicht erfolgreich.

## *Geistes- und realwissenschaftliche Einblicke in Selbstorganisationssysteme*

Nach dieser erkenntnistheoretischen Festlegung sind noch einige Probleme des methodischen Vorgehens zu klären. In allen Selbstorganisationssystemen kommen vier Grundelemente vor: Energie, Systemteilnehmer, Information und das System. In der unbelebten Welt kann das System als Strudel, Windhose oder

Laser auftreten, die Energie als Wärme-, kinetische oder elektrische Energie, die Systemteilnehmer als Atome oder Moleküle; die Information, der „Absprachevorgang" zwischen den Systemteilnehmern, ist unbekannt.

Im Bereich der Biologie sind für unser Anliegen Selbstorganisationsprozesse des tierischen Soziallebens von Bedeutung. Hier sind die Tierindividuen die Systemteilnehmer; ihre Antriebe und Hemmungen sind die Energie; die von ihnen gebildeten Sozialstrukturen sind die Systeme, also der Schleimpilz, der Ameisenstaat oder die zur Flucht, Verteidigung oder zum Beutefang operierenden Rudel. Die Information liegt in Gestalt von ererbten und erlernten Programmen in den Tierindividuen vor. Zur Systembildung werden die entsprechenden Programmabschnitte aktiviert und erlauben es den Individuen, in Kombination mit einem Signalaustausch durch Botenstoffe, Laute, Gesten usw. das geordnete soziale System zu bilden.

In der Kultur sind Menschen die Systemteilnehmer, ihre Motivationen sind die Energie; Sozialstrukturen wie Unternehmen, Straßenverkehr, Familien, Märkte oder die scientific community sind die Systeme. Die Information liegt in Gestalt von Sitten, Gebräuchen, sozialen Zwängen, – „man trägt kurz" –, rechtlichen oder sonst erdachten unbewußten oder bewußt beachteten Regeln vor.

Ein Dialog zwischen den verschiedenen, Selbstorganisation erforschenden Disziplinen, also ein Dialog von der Natur- über die Sozial- und Wirtschaftswissenschaften bis zur Rechtswissenschaft, steht vor einem sehr hinderlichen Problem. Jede Disziplin ist für jeweils andere Elemente des Selbstorganisationsprozesses blind. Die scientistischen Wissenschaften kennen System und Energie, aber sie wissen wenig von Informationen und dem Systemteilnehmer. Atome und Moleküle kommen nur als statistische Größen vor. Ähnlich steht es um die Biologie. Sie kann die Entstehung des Schleimpilzes oder des Ameisenhaufens mathematisch mit guter Annäherung an die Wirklichkeit beschreiben; sie kann aus dem beobachtbaren Verhalten Rückschlüsse auf die ererbten Verhaltensmuster der Tierindividuen ziehen, also auf die Information. Sie kann aber nur solche Informationen erkennen, die sich im Verhalten, also in Wirkung, niederschlagen. Informationen, die nicht mit Wirkung verknüpft sind, kann die Biologie zur Zeit nicht „lesen". Das ist so, als ob ein Beobachter den Weg eines programmgesteuerten Fahrzeugs durch die Landschaft verfolgt und aus dem Weg Rückschlüsse auf das Programm zieht. Er weiß immer nur, welche Entscheidungen das Programm fällt, aber nicht, ob und welche Alternativen ausgeschlagen werden. Er erkennt nur die in Fahrverhalten umgesetzte Information.

Es gäbe zwei Möglichkeiten, die gesamte Information zu lesen; die sichere und direkte wäre, in den Computer „hineinzuschauen", um das eingegebene Programm zu lesen. Die andere indirekte, weniger gute wäre, mit dem Fahrzeug einen „Dialog" zu führen, also zum Beispiel sein Entscheidungsverhalten in ausgeklügelten Entscheidungslagen im Experiment zu beobachten. Die erste Möglichkeit ist der Biologie aus technischen Gründen verschlossen. Die Information läßt sich noch nicht direkt im Nervensystem lesen. Von der zweiten Möglichkeit macht die Ethologie bzw. die Tierpsychologie, zum Beispiel in Labyrinthversuchen mit Ratten und zahlreichen anderen Experimenten, Gebrauch. Das führt zwar zu objektiven Erkenntnissen, aber diese Befunde spiegeln nur den Objektcharakter der Tierindividuen wider. Tiere erscheinen dann als Automaten, die auf gegebene Situationen mit einem einprogrammierten Verhalten antworten. Dagegen erlebt jedermann zumindest Hund, Pferd, Katze und Affen als Subjekte. Ein mit Robotern gefüllter Zoo würde vermutlich so wenige Besucher anlocken wie eine Werkshalle. In boshafter Überspitzung darf der Nichtzoologe wohl sagen: je scientistischer sich die Zoologie gebärdet, desto weniger handelt sie von Tieren. Kurz gesagt, die Zoologie ist sehr beeindruckend, soweit sie von Systemen oberhalb der Tierindividuen, von der Art und von Populationen handelt. Ihre Aussagen über das Individuum selbst sind auf dessen Objektseite beschränkt. Dadurch ist das Wissen um die Information in dem System vermutlich ebenfalls beschränkt.

In Selbstorganisationssystemen des menschlichen Soziallebens liegen die Verhältnisse genau umgekehrt. Hier ist jeder einzelne ein Systemteilnehmer, und er selbst ist jener Teil des Selbstorganisationsprozesses, den er am besten kennt. Eine ebenso gute Kenntnis besitzen wir bei gesetzlich geschaffenen Selbstorganisationssystemen von der Information, denn das Gesetz ist diese Information. Dagegen ist unsere Kenntnis von den gebildeten sozialen Systemen ziemlich schlecht, wir wissen soviel vom Markt oder der Familie oder dem Gesundheitswesen, wie wir Daten besitzen, und damit sieht es nicht allzu gut aus. Noch schlechter steht es um unser Wissen von den Zusammenhängen zwischen Recht und System. Wenn die Regierung eine Quellensteuer ankündigt, und wenige Monate später sind Milliarden an Kapital aus dem Inland ins Ausland abgeflossen, so beweist dies genau genommen keinen Kausalzusammenhang zwischen diesen Fakten, denn es gab und gibt viele andere Motive als die Quellensteuer, um Geld ins Ausland zu transferieren. Wir Subjekte machen nun an uns Selbstbeobachtungen, die keinem scientistischen Beobachter zugänglich sind, es sei denn, wir würden mit ihm einen Dialog auf der Sprachebene führen. Wir unterscheiden zwischen uns und unserem Körper, wir sagen nicht, „ich bin mein Körper", sondern „ich habe einen Körper", „ich bin nicht mein Gehirn, ich besitze mein Gehirn". Zu unseren Motivationen und Verhaltensprogrammen gehen wir mehr auf Distanz. Wir sind nicht Durst, wir erleiden ihn. Durst und Hunger erleben wir als Einwirkungen auf uns. Wir gehorchen in großem Umfang Sitten und Gebräuchen sowie rechtlichen und anderen Regeln, aber wir erleben sie als etwas Fremdes. Es sind nicht unsere Verhaltensprogramme, wenn wir als Kinder Tischsitten und Höflichkeitsregeln, als Jugendliche Tanzschritte und schließlich in der Fahrschule das Verhalten im Straßenverkehr lernen. Es sind fremde Regeln, Regeln der Gesellschaft. Aber wir haben unterhalb dieser fremden Regeln einen Bereich, in dem wir „unsere" Regeln entwerfen. Wir können sagen: Das ist „mein Kochrezept", meine „Karrierestrategie", mein „Fitnessprogramm" usw. Wir können sogar unsere Strategie über die Regeln der Gesellschaft stellen und zum Beispiel das Auto im Parkverbot abstellen, weil uns der Zeitgewinn wertvoller ist als das Verwarnungsgeld.

Ein scientistischer Beobachter, der nur unser Verhalten aufzeichnet, könnte daraus sehr falsche Schlüsse ziehen. Wenn – um es in der Sprache von Herman Hakens Synergetik auszudrücken – Programme und Ideen der Gesellschaft die uns „versklavenden Ordner" sind, dann erscheinen wir Individuen dem Systembeobachter als Ordnungsfaktor, wenn wir uns Sitten, Regeln, der öffentlichen Meinung oder der herrschenden Meinung unserer Wissenschaftsdisziplin unterwerfen. Handeln wir außerhalb dieser Regeln, erscheinen wir als Elemente des Chaos oder als Ausreißer in der scientistischen Statistik. Was steckt dahinter, wenn auf dem schrumpfenden, vergebenen Biermarkt eine neue Brauerei entsteht? „Billigeres Bier, besseres Bier oder ein dickköpfiger Bierbrauer", antwortet der Wirtschaftswissenschaftler. Eine reine Systembeobachtung, die das Individuum nur in seinem Beitrag zur Systembildung betrachtet, die mit dem „dickköpfigen Bierbrauer" nichts anzufangen weiß, würde den Gegebenheiten des menschlichen Soziallebens nicht gerecht.

Um die skizzierten Schwierigkeiten zu überwinden, brauchen wir Selbstorganisationssysteme, bei denen System, Systemteilnehmer, Information (Gesetz) und Energie (Motivationen) dem Beobachter gut zugänglich sind. Wir benötigen ferner eine Hypothese, die eine Interpolation der gewonnenen Erkenntnisse auf andere, weniger zugängliche Systeme gestattet.

Das einzige durch Gesetzgebung gebildete System im Sozialleben, das unseren Anforderungen genügt, ist das Straßenverkehrssystem. Die Verkehrsteilnehmer und ihre Motivationen sind gut zugänglich, die Information liegt als Straßenverkehrsordnung vor, und auch das System als Ganzes ist leicht beobachtbar, denn im Straßenverkehr ruft die Beachtung des Rechts raum-zeitliche Muster hervor. Die Zusammenhänge zwischen Information (Sollen, Gesetz) und Wirkung (Systembildung durch die Verkehrsteilnehmer) sind augenfällig. Anhand der Straßenverkehrsordnung werden wir versuchen, den Sollenscode des

Rechts zu verstehen; wir können z. B. in Gedankenexperimenten fragen: Was geschieht, wenn der Gesetzgeber die Symmetrie nicht bricht, also nicht zwischen Rechts- und Linksverkehr entscheidet? Was würde geschehen, wenn die Straßenverkehrsordnung jedem Verkehrsteilnehmer das Überleben garantieren wollte? Unter welchen Bedingungen wäre „Tempo 100" mit Selbstorganisation vereinbar? Wie würde sich Unsystematik im Straßenverkehrsrecht auswirken? Jeder Befund wird Anlaß sein, analoge Probleme einerseits in der Natur, andererseits in anderen Rechtsgebieten aufzuspüren. Als Ausführende dieser Experimente können wir in drei verschiedene Rollen schlüpfen und aus drei verschiedenen Blickwinkeln Aussagen machen:

1. Als Hypothesenentwerfer. Dann sind wir Experimentator, Gesetzgeber, Jurist, Geisteswissenschaftler, der das Gesetz, also die einzugebende Information, verändert.

2. Als Individuenbeobachter. Dann sind wir Selbstbeobachter oder machen aus Erfahrung abgeleitete Aussagen, wie die Subjekte, die Verkehrsteilnehmer, auf die Veränderung der Information vermutlich reagieren werden.

3. Als scientistischer Systembeobachter. In dieser Rolle machen wir Aussagen darüber, wie sich die Umsetzung der Normen auf den Straßenverkehr als Ganzes auswirken wird.

Das Problem der Interpolierbarkeit unserer Ergebnisse bedarf noch einer genaueren Untersuchung.

S. Literaturhinweise 5.

## Zusammenfassung:

1. Rechts- und Naturwissenschaften benötigen für einen Dialog über die Gestaltungsmacht von Gesetzen eine gemeinsame erkenntnistheoretische Basis.

2. Diese Basis kann nur die evolutionäre Erkenntnistheorie (Hypothetischer Realismus) liefern.
3. Die evolutionäre Erkenntnistheorie ist mit keiner bedeutsamen rechtsphilosophischen Schule vereinbar.
4. Das Recht zwingt alle praktisch handelnden Menschen, auf dem Boden der evolutionären Erkenntnistheorie zu stehen, also dem Erfahrungswissen Vorrang vor der Spekulation einzuräumen.
5. Dadurch wirkt das Recht als Motor der kulturellen Evolution und minimiert deren Kosten.
6. Das Recht nimmt die Politik und deren Helfer, Rechtskundige und Militärs, von diesem Zwang aus. Folglich gibt es in diesem Bereich keine Notwendigkeit, aus Fehlern zu lernen. Diese Ausnahmen sind nicht begründbar.
7. Erfolgreiche Gesetzgebung ist nur auf dem Boden der evolutionären Erkenntnistheorie möglich.
8. Der Straßenverkehr ist das einzige gut erforschbare, durch Gesetzgebung geschaffene Selbstorganisationssystem. Die dort erzielbaren Erkenntnisse über den Sollenscode des Rechts sind bedeutsam, falls sie interpolierbar sind.

## 2.7 Gesetzgebungskunst: Eine Anleitung zum Schreiben teleonomer Wenn-Dann-Programme

Nach der oben entwickelten Hypothese ist Gesetzgebungskunst eine Lehre von der Codierung einer Botschaft, die wir Recht nennen; es ist eine Lehre vom Sprachcode, der nun weniger interessiert, da seine Bedeutung offenkundig ist, und von einem Sollenscode. Manche Elemente des Sollenscode, wie z. B. die

Wenn-Dann-Struktur der Normen, hält auch der moderne Gesetzgeber für unverzichtbar. Andere, wie z. B. die Systematik, dagegen nicht. Wenn sich am Beispiel des Straßenverkehrs die Unverzichtbarkeit der Systematik erweisen sollte, stellt sich die Frage nach der Reichweite dieser Erkenntnisse. Muß nur das Straßenverkehrsrecht systematisch sein, oder gilt dieses Erfordernis z. B. auch für das Steuerrecht?

Wer eine Botschaft sendet, muß deren Code über die gesamte Länge der Botschaft gleich lassen. Bei in Sprache ausgedrückten und in Schriftzeichen niedergelegten Botschaften ist dieses Erfordernis eine Selbstverständlichkeit. Die Kompliziertheit des Gedankens mag für neue Begriffe neue Wortschöpfungen erfordern, sie rechtfertigt aber keinen willkürlichen Umgang mit den vorhandenen Wörtern, keinen Bruch mit der Grammatik und keine Verwürfelung der Buchstaben. Ebenso darf die Kompliziertheit der Rechnung die Bedeutung der Ziffern nicht verändern. Die biologische Evolution verfährt nicht anders; sie schreibt immer längere genetische Botschaften zur Bildung immer komplexerer Individuen, aber die Bausteine des Code bleiben unverändert.

Das Problem ist nur: Wie lang ist die Botschaft? Ist das Straßenverkehrsrecht eine abgeschlossene Botschaft oder Teil der längeren Botschaft „Recht"? Ist vielleicht das Recht nur Abschnitt einer noch längeren Botschaft? Es gibt zahlreiche Botschaften mit dem Wenn-Dann als erforderlichem Merkmal. Aussagen der Mathematik und der Logik zeichnen sich ebenso durch diese Eigenschaft aus wie Computerprogramme oder Netzpläne. Bei Kochrezepten, Spielregeln, Trainingsprogrammen und technischen Anleitungen fehlt das Wenn-Dann zwar im sprachlichen Ausdruck, diese Texte lassen sich aber in der Wenn-Dann-Form ausdrücken. Die Naturgesetze, denen die unbelebte Welt gehorcht, werden als Wenn-Dann-Sätze formuliert, und das genetische Programm läßt sich ebenfalls als Folge von Wenn-Dann-Sätzen begreifen. Fragt man nach Wenn-Dann-Botschaften, die in der belebten – biologischen und kulturellen – Welt Selbstorganisationsprozesse im Sozialleben hervorrufen, so verengt sich der

Bereich, und man stößt auf ein Phänomen, das in der Biologie als teleonome Wenn-Dann-Programme bezeichnet wird. Die Natur gibt den Individuen der Tierwelt Programme mit, die beispielsweise zum gemeinsamen Beutefang, zur koordinierten Abwehr von Freßfeinden, zum Nestbau oder zur arbeitsteiligen Aufzucht der Jungtiere befähigen. Offenbar sind den Individuen bestimmte Standardsituationen und Standardverhaltensmuster mitgegeben, beide durch eine Wenn-Dann-Beziehung verknüpft: Wenn diese Situation gegeben ist, beispielsweise das Erscheinen eines Feindes, dann reagiere mit dem beschriebenen Verhalten, beispielsweise Rückzug der weiblichen und Jungtiere und dem Vorrücken der männlichen, erwachsenen Tiere.

Mit dem Begriff „teleonom" grenzt sich die Biologie als eine nach kausalen Erklärungen suchende Naturwissenschaft von den Geisteswissenschaften ab. Die belebte Natur ist zwar augenfällig zweckhaft eingerichtet, und die vordergründige Ursache dieser Zweckhaftigkeit im tierischen Verhalten ist die Zweckausrichtung der Entscheidungsfelder in den Programmen, aber die Natur entwickelt sich nach Auffassung der Biologie nicht zu vorgegebenen Zwecken hin, sie ist also nicht teleologisch.

Alle Lebewesen bis hin zum Einzeller sind mit solchen lebens- und arterhaltenden, teleonomen Programmen ausgerüstet. Mit zunehmender Komplexität der Lebewesen hat die Evolution auch zunehmend komplexere Programme geschaffen. Die einfachsten sind sogenannte Kinesis-Reaktionen, sie leiten einzellige Lebewesen dazu an, sich stets in Richtung der stärksten Nährstoffkonzentration zu bewegen. Ein schon komplizierterer Programmtyp sind Phobien, Vermeidereaktionen, mit deren Hilfe die Individuen ein Hindernis umgehen können. Dann kommen Taxien, das sind Programme, die zielorientierte Bewegungen erlauben, schließlich folgen Instinkte. Die Evolution hat die Bildung immer anspruchsvollerer Programme durch die Bildung immer ausspruchsvollerer Programmspeicher ermöglicht. Nach dem Übergang zum mehrzelligen Lebewesen hat sie Nervengewebe, Nervensysteme, schließlich Lebewesen mit Zentralnervensystemen geschaffen. Diese Zentralnervensysteme wurden umfangreicher und fanden mit den aus verschiedenen Stufen aufgebauten Gehirnen ihren vorläufigen Abschluß.

Phobien, Taxien und Instinkte sind nur abstrakt, als wissenschaftliche Katalogisierungen streng zu trennen; in der Natur finden sich keine getrennten Programmabschnitte, sondern Überschneidungen. Offenbar sind diese Programmtypen miteinander kompatibel. Dieser Befund führt zu der Annahme, daß die Individuen ein einziges, nach derselben Anweisung geschriebenes, im Verlauf der Evolution immer länger werdendes Verhaltensprogramm mitbekommen, denn die von der Biologie eingeführten Unterscheidungen beziehen sich sämtlich auf den Inhalt der Botschaft. Es gibt keinen Anlaß zu der Vermutung, die Natur könnte z. B. neuartige Entscheidungsfelder oder für die Entscheidungsfelder neue Zweckausrichtungen eingeführt haben. Bei den im Nervengewebe gespeicherten Verhaltensprogrammen dürften also entsprechende Verhältnisse vorliegen wie bei der in den Genen gespeicherten Botschaft, die ebenfalls als ein einziges Programm aufzufassen ist.

Bis zur Entwicklungsstufe der Instinkte schuf die Evolution stets gleichzeitig Programm und zugehörigen Speicher; dadurch ist die Lerngeschwindigkeit der Evolution begrenzt, denn nur die Gene können dazulernen, das Individuum nicht, das Individuum ist vorprogrammiert. Ein einzelnes Insekt kann nicht lernen, daß die offene Flamme tödlich ist, nur die Gene, letztlich die Insektenart, könnte diese Erfahrung aufnehmen. Diese Einschränkung überwand die Evolution mit dem Übergang vom instinktiven zum „erlernten" Verhalten; sie gab den Individuen der höher entwickelten Arten als zusätzliche Ausstattung ein Stück leeren Speicher mit, das sie mit der Einprogrammierung von Verhaltensmustern ihrer erfolgreichen Artgenossen, also z. B. ihrer Eltern, füllen können. Auf diese Weise wird das Lernen über die Gene durch ein mehrfach schnelleres Lernen von Individuum zu Individuum ergänzt.

Die Erfahrung zeigt, daß die Zoologie – ebenso wie beim Menschen Humanethologie und Psychologie – äußerste Schwierigkeiten hat, erlerntes und genetisch fixiertes Verhalten voneinander zu unterscheiden, denn den Individuen fällt es leicht, erlernte und ererbte Programme miteinander zu kombinieren. Manche Vogelarten verfügen über ein Repertoire ererbter Melodien, die sie mit erlernten Melodien ergänzen können; höher entwickelte Raubtiere besitzen sehr grobe ererbte Programme zum Beutefang, die der Einübung, d. h. der Ergänzung durch erlernte Programmschritte bedürfen. Wenn die Programme aber so leicht kompatibel sind, müssen wir annehmen, daß auch erlernte und ererbte Programme nach derselben Programmieranweisung geschrieben sind.

Etwas anderes war auch nicht zu erwarten, denn das neue, erlernte Programm hat drei Vorgaben zu beachten. Es muß einmal zu den vorhandenen Programminhalten passen. Dann muß das vorgegebene Zentralnervensystem das Programm speichern und verarbeiten können, denn die „Hardware", das Gehirn, ist nach der Anleitung des genetischen Programms gebaut. Schließlich muß das Programm auch für alle anderen Artgenossen kompatibel sein, denn nur ein gemeinsames Programm kann einen Selbstorganisationsprozeß auslösen.

Auch Menschen sind mit genetisch fixierten Programmen, nämlich Instinkten, und außerdem mit erlernten Programmen ausgerüstet. Die Humanethologie konnte einige Verhaltensmuster feststellen, die allen Menschen unabhängig von ihrer Kulturzugehörigkeit gemeinsam sind. Man bezeichnet sie als Universalien. Aus der weltweiten Verbreitung schließt man auf eine genetische Festlegung. Es handelt sich um Verhaltensweisen, die für den sozialen Nahbereich bedeutsam sind, also für den Umgang mit Menschen, zu denen Blickkontakt möglich ist. Dazu zählen Verhaltensweisen bei Begrüßung, Abschied, Streit und Schäkern, wie z. B Lachen, Lächeln, Stirnrunzeln, Augenflirt und andere Elemente der sogenannten Körpersprache.

Auch erlernte Programme sind im menschlichen Sozialleben zu finden. „Erlernt" im Sinne der Biologie bedeutet, daß ein Individuum durch Zufall ein neues, erfolgreiches Verhalten entdeckt, das die Artgenossen dann nachahmen. Da man annimmt, daß

Tiere nicht rational handeln – nur bei hochentwickelten Arten sind sogenannte ratiomorphe Verhaltensweisen zu entdecken –, handelt es sich um Programme, die unterhalb der Verstandesebene gespeichert sind. Die entsprechenden Progamme sind beim Menschen Gegenstand der Sozialwissenschaft, sie werden oft mit dem Begriff „Moden" bezeichnet. Es handelt sich um Verhaltensweisen, derer wir uns nicht bewußt sind. Wir haben z. B. unsere Bekleidungsgewohnheiten „gelernt", mit denen wir Zugehörigkeit zu und Abgrenzung von sozialen Gruppen demonstrieren und gleichzeitig die eigene Person darstellen. Wir brauchen aber erst einen „Bewußtmachungsprozeß", um unsere Verhaltensweisen auch auf der Verstandesebene präsent zu haben, und erlangen erst dadurch die Chance, sie verändern zu können. Wahrscheinlich „erlernen" wir diese Verhaltensprogramme, indem wir unsere Mitmenschen unterhalb der Verstandesebene ständig beobachten und Selbstorganisationsprozesse, wie es die Bekleidungsmode, die Etablierung einer öffentlichen Meinung, die Änderung von Tischsitten usw. sind, sorgfältig registrieren. Offensichtlich lernen wir ein Kochrezept, eine Gebrauchsanweisung, eine Regel des Rechts oder Richtlinien der Unternehmensleitung nicht in der beschriebenen Art und Weise. Hier findet kein Lernen unterhalb der Verstandesebene und kein Prozeß des Vor- und Nachmachens statt, sondern ein intellektuelles Lernen, ein Lernen durch Übernahme eines von der Praxis abstrahierten Programms, das am Planspiel, in der Trockenübung, am Modell, am erdachten Fall oder am „Sandkasten" eingeübt wird, bevor die Umsetzung in die soziale Wirklichkeit stattfindet. Als Musterbeispiel dieses intellektuellen Lernens kann der theoretische Fahrschulunterricht dienen, in dem die Regeln der Straßenverkehrsordnung an Modellsituationen eingeübt werden, bevor der Fahrschüler sie im Straßenverkehr praktiziert.

Auch im Zustandekommen und Ausbreiten unterscheiden sich „erlernte" und intellektuell erlernte Verhaltensmuster. Während die Biologie den Zufall für die erstmalige Praktizierung eines neuen Verhaltens verantwortlich macht, sind die neuartigen Programme absichtsvolle Konstruktionen zur Verwirklichung von

Ideen; wir werden sie deshalb zur Unterscheidung von den „erlernten" als „erdachte Programme" bezeichnen. Ebenso unterschiedlich wie die Art des Lernens und des Zustandekommens kann die Methode der Verbreitung sein. Während erlernte Programme langsam von Individuum zu Individuum übertragen werden müssen, können erdachte Programme durch eine Verbindlichkeitserklärung schlagartig in einem Kollektiv eingeführt werden, nicht nur bei Gesetzen, sondern auch bei systeminternen Regeln, wie sie in Unternehmen, in Börsen, Vereinen oder im staatlichen Bereich in Gestalt behördeninterner Anweisungen oder politisch-militärischer Weisungsketten zu finden sind.

Für die Evolutionstheorie ist jedes neue Verhalten, das sich am Milieu bewährt hat, ein Anpassungserfolg. Unsere Hypothese muß deshalb angeben können, worin der Evolutionsfortschritt beim Übergang vom „erlernten" zum „erdachten Programm" liegt. Er bringt die Abkürzung der „Totzeit" des Systems, d. h. eine Abkürzung des Zeitraums, der vergeht, bis das System auf eine Änderung von Umweltbedingungen mit der Einführung neuer Verhaltensmuster reagieren kann. Individuen mit einem genetisch festgelegten Programm brauchen eine Generation, um auf eine Änderung der Umweltbedingungen mit einem besser angepaßten Programm zu reagieren. Mit solchen Programmen können nur Arten überleben, die unerhört individuenreich sind und sich in kürzester Zeit massenhaft vermehren. Erlernte Programme sind ein großer Fortschritt, da sie zu Lebzeiten den Individuen die Einführung neuer Verhaltensmuster erlauben, doch zunächst muß ein Individuum das neue Verhalten entdecken, und alle anderen müssen es ihm nachmachen. Das Recht erlaubt dagegen die plötzliche Einführung neuer Muster des Soziallebens und deren beliebige Veränderung. Der Schritt zum Recht erscheint zwangsläufig, denn er macht den beim Individuum entwickelten Geist, bzw. den Stirnvorderlappen des Großhirns als dessen vermutlichen Träger, der Weiterentwicklung der Sozialordnung dienstbar.

Auch erlernte und erdachte Programme durchdringen sich vielfältig. Das Verhalten im Straßenverkehr wird sowohl durch die erdachte Straßenverkehrsordnung als auch von erlernten Höflichkeitsregeln bestimmt. Das Kaufverhalten läßt sich gar nicht exakt in ein an rechtlichen Regeln und ein an überlieferten Verhaltensnormen orientiertes Handeln trennen. Für das Verhalten der Kaufleute auf dem Markt ist einerseits das Handelsrecht, sind andererseits Handelsbräuche bestimmend. Die Beispiele lassen sich vermehren.

Wenn erdachte und erlernte Programme so leicht kompatibel sind wie erlernte und genetisch fixierte, dann ist es wiederum vernünftig, von einem einzigen Programm zu sprechen; genauer gesagt, von einem stets nach derselben Anleitung geschriebenen Programm. Die Gesetzgebungskunst wäre demnach das Wissen von der Beherrschung dieser Anleitung. Aus dieser sehr allgemeinen Hypothese lassen sich zahlreiche Einzelaussagen gewinnen, an denen sie zu falsifizieren ist oder die für ihre Richtigkeit sprechen.

S. Literaturhinweise 3.

## Zusammenfassung:

1. Selbstorganisation im tierischen Sozialleben beruht auf teleonomen Wenn-Dann-Programmen, d. h. angeborenen und erlernten, lebens- und arterhaltenden Verhaltensmustern.
2. Alle teleonomen Programme scheinen nach derselben Programmieranweisung geschrieben zu sein.
3. Das Recht ist ein „erdachtes" Programm, sein Evolutionsfortschritt liegt in der Abkürzung der „Totzeit" des sozialen Systems.
4. Für das Recht gilt vermutlich keine andere Programmieranweisung wie für die ererbten und erlernten Programme, denn das Recht muß für die genetisch fixierten Programmspeicher aller Rechtsunterworfenen sowie für den vorhandenen Programminhalt – ererbtes und erlerntes Verhalten – kompatibel sein.

5. Gesetzgebungskunst ist vermutlich das Wissen von einer von der Natur für alle teleonomen Programme vorgegebenen Programmieranweisung.

# 3 Die Vorgaben der Evolution für die Gesetzgebung

Unsere Untersuchung hat zu einigen Hypothesen geführt:

1. Gesetze sind teleonome Wenn-Dann-Programme.
2. Alle teleonomen Wenn-Dann-Programme sind nach derselben Programmieranweisung – in demselben Sollenscode – geschrieben bzw. zu schreiben.
3. Die Gesetzgebungskunst ist das Wissen von dieser Programmieranweisung der Natur. (Daneben enthält sie ein Wissen vom Sprachcode.)

Diese Hypothesen bieten zahlreiche Untersuchungsmöglichkeiten, denn die Programmieranweisung muß nach unserer Hypothese universell gültig sein. Jedes erfolgreich praktizierte Recht muß gleichartige, nicht inhaltsbezogene Strukturelemente besitzen, in denen sich die Beachtung der Programmieranweisung niedergeschlagen hat. Systematik sollte z. B. ein weltweit zu beobachtendes Phänomen eines jeden Selbstorganisation auslösenden Rechts sein. Auch die Struktur der Norm erwarten wir im Recht aller Kulturen wiederzufinden, selbst wenn die Kultur kein Normenrecht, sondern ein case law hervorgebracht hat.

Da die Programmieranweisung nicht nur für das Recht eigentümlich ist, dürfen wir die Strukturelemente, in denen ihre Beachtung zum Ausdruck kommt, auch in sonstigen Regeln erwarten wie z. B. in jenen der Gesellschaftsspiele, des Sports oder in den ungeschriebenen Regeln der scientific community. Besonderen Erkenntnisgewinn versprechen alle Regeln, deren Umsetzung in Sozialverhalten deutlich erkennbare raum-zeitliche Muster hervorruft, deshalb werden wir auch politisch-militärische Weisungsketten in die Betrachtung einbeziehen und können deren gefährliche Strukturfehler aufzeigen, ohne jemals über Moral sprechen zu müssen. Da die Strukturelemente des Rechts mit jenen der teleonomen Wenn-Dann-Programme der Tierwelt übereinstimmen, erwarten wir, daß das geisteswissenschaftlich-handwerkliche Wissen der Gesetzgebungskunst in den auf Beobachtung gestützten Befunden der Zoologie über Strukturelemente teleonomer Programme seine Entsprechung findet. Wo dies nicht der Fall ist, sollten die Ursachen in den unterschiedlichen erkenntnistheoretischen Prämissen und den unterschiedlichen Beobachtungsmöglichkeiten begründet sein.

Gesetzgebung verbindet Sollen und Sein, Information und Wirkung, politisches Postulat und praktisches Sozialverhalten. Das Programm bleibt also nicht unverbindlich, sondern ruft beobachtbare Wirkungen hervor, ähnlich wie eine programmgesteuerte Holzbearbeitungsmaschine als beobachtbare Wirkung z. B. aus einem Kantholz den Holm einer Leiter fertigt. Wenn bei der Programmierung ein Fehler unterlaufen ist, wenn man in unserem Beispiel die gebotene Reihenfolge der Bearbeitungsschritte nicht beachtet hätte, müßte der Programmfehler in einem fehlerhaften, nicht der Zielsetzung entsprechenden Produkt sichtbar werden. Gleiches ist bei der Gesetzgebung zu erwarten. Jeder Verstoß gegen die Programmieranweisung sollte sich in einer charakteristischen Störung im Sozialleben niederschlagen. Da auch die Natur nicht störungsfrei arbeitet und vielleicht nicht jeden Programmfehler mit sofortiger Selektion beantwortet, sollten gleiche Programmfehler in Natur und Kultur analoge Störungen hervorrufen.

Wir werden nun die einzelnen Strukturelemente des Rechts untersuchen, in denen sich die Programmieranweisung niedergeschlagen hat, deren Universalität im Recht und ihre Entsprechungen in außerrechtlichen Regeln und in den teleonomen Wenn-Dann-Programmen der Zoologie aufzeigen.

## 3.1 Die Norm: Entscheidungsfeld im teleonomen Programm

In der Rechtswissenschaft besteht Einigkeit darüber, daß alle Normen einen identischen Aufbau haben: Sie bestehen aus Tatbestand, Rechtsfolge und einer beides verbindenden Wenn-Dann-Verknüpfung. Sie lauten also: Wenn dies geschieht (geschehen ist, gegeben ist), dann soll jenes die Folge sein. Der sprachliche Ausdruck ist von diesem inneren Aufbau üblicherweise sehr verschieden, doch läßt sich jede Norm in die Gestalt eines Wenn-Dann-Satzes bringen. Der Tatbestand ist nun nichts weiter als die sehr grobe, abstrakte Beschreibung einer realen Situation im Sozialleben, man kann auch von einem Muster sprechen. Die Rechtsfolge, das rechtliche Sollen, ist ebenfalls ein Muster, und zwar ein Muster für das Verhalten in dieser Situation, das „Rechtsverfahren", „Schadensersatz leisten" usw. lauten mag. Jede Norm hat also eine Struktur ähnlich einem Entscheidungsfeld in einem Computerprogramm.

Im Gegensatz zu den heutigen Computerprogrammen verbindet aber das Wenn-Dann Tatbestand und Rechtsfolge nicht völlig deterministisch miteinander, sondern beläßt einen Entscheidungsspielraum. Eine wichtige Ursache dafür ist die Diskrepanz zwischen dem groben Tatbestand, dem Muster, und dem detailreichen Sachverhalt, der Wirklichkeit. Der Tatbestand verhält sich zum Sachverhalt wie die Landkarte zur Landschaft, hatten wir oben (S. 29) angemerkt; er reduziert die Komplexität der Wirklichkeit auf die entscheidungsrelevanten Dinge. Die Komplexität einer Begegnung mit dem Querverkehr reduzieren die Tatbestände der Straßenverkehrsordnung auf die Art der Kreuzung und die Fahrtrichtung der Fahrzeuge. Dadurch ist nicht exakt bestimmbar, von wann ab der Verpflichtete dem Berechtigten Vorfahrt gewähren muß. Es gibt also zwangsläufig Grenzfälle, bei denen nicht genau bestimmbar ist, ob die Norm einschlägig ist oder nicht.

Auch die Rechtsfolge, also das Verhalten, das der Bürger unter Zwang oder freiwillig an den Tag legen soll, liegt meist nicht exakt fest, vielmehr geben die Normen eine Bandbreite für das Sozialverhalten vor. So legen Strafvorschriften üblicherweise nur einen Strafrahmen fest, das Zivilrecht gibt Muster vor, die meist der Konkretisierung durch Verträge bedürfen, dispositive Normen können von den Parteien sogar ganz abbedungen werden, selbst das Rechtsfahrgebot der Straßenverkehrsordnung legt nicht fest, wie nahe der Autofahrer dem rechten Straßenrand bleiben soll. Normen sind also Entscheidungsfelder in einem Programm, dieses Programm gibt aber meist keine Entscheidungen vor, sondern legt Entscheidungsspielräume fest, in denen jeder Programmanwender seine eigene Entscheidung treffen darf.

Wenn unsere Hypothese richtig ist, muß der Fall im angelsächsischen case law die Funktion eines Entscheidungsfeldes im teleonomen Programm erfüllen. Die Rechtswissenschaft hat in den letzten Jahren die Einsicht gewonnen, daß sich Normenrecht und case law nur durch die „Schreibweise", aber nicht in der Sache unterscheiden. Die Subsumtion des Falles unter die Normen eines Gesetzes ist ebenso ein Klassifizierungsvorgang wie der Vergleich des Falles mit dem bereits entschiedenen Musterfall. Im case law prüft man, ob die Charakteristika des zu entscheidenden Falles auch die des entschiedenen Falles sind; im Normenrecht findet der Rechtsanwender den abstrakt ausgedrückten Gehalt des Musterfalles bereits als Tatbestandsmerkmal der Normen vor und vergleicht Gesetz und Fall. Vermutlich arbeitet kein Rechtsanwender im Normenrecht nur mit den Tatbestandsmerkmalen des Gesetzes, jeder Kundige hat gleichzeitig den oder die „Normalfälle" im Kopf, an die der Gesetzgeber bei der Abfassung der Normen gedacht hat. Umgekehrt erhält der Rechtsanwender im case law den oder die Musterfälle als Vorgabe, aber gedanklich reduziert er deren Komplexität auf die für die Entscheidung erheblichen Umstände, und dies wären die Tatbestandsmerkmale einer Rechtsnorm. Der Unterschied zwischen case law und Normenrecht findet sich in jeder beliebigen Klassifizierungsmethode wieder: Wer Pilze sammeln will, kann drei Musterexemplare mitnehmen oder ein Pilzbuch mit abstrakten Beschreibungen; die Kombination von beidem verleiht die größte Sicherheit.

Normen sind demnach abstrakte Beschreibungen von Mustersituationen für Entscheidungslagen, in denen ein nicht ganz präzise festgelegtes Verhalten gefordert wird. Nach unserer Hypothese muß diese Aussage auch für die teleonomen Programme der Tierwelt zutreffen. Die biologische Literatur sieht das Entscheidungsfeld im teleonomen Programm aus zwei Elementen zusammengesetzt, die K. Lorenz anschaulich als „Wissen" und „Können" bezeichnet. Das Tier besitzt ein angeborenes oder erlerntes Wissen von der Welt, aber nicht von der Welt schlechthin, sondern von dem, was auf der Welt relevant ist, so relevant, daß ein angeborenes oder erlerntes Können ausgelöst wird, also Flucht, Kampf usw. Für den Umgang mit der unendlich komplexen Welt hat die Evolution zwei Filter hervorgebracht. Der begrenzte Erkenntnisapparat zeigt nur einen (bereits interpretierten) Ausschnitt aus der Welt, so kann z. B. das menschliche Auge „sichtbares" Licht, nicht aber elektromagnetische Schwingung schlechthin erkennen. Einen weiteren Filter enthalten die Programme in Gestalt sog. „Detektoren", bei ererbten Programmen auch „angeborene Auslösemechanismen" genannt. Sie beschreiben „Schlüsselreize" einer Situation, unterrichten also z. B. den Frosch über die Möglichkeit, eine Fliege zu fangen, die Zecke über Säugetiere usw.

Die Situation wird im Muster nicht vollständig beschrieben; das wäre einmal gar nicht möglich, da die Summe der wahrnehmbaren Merkmale unendlich wäre; zum anderen wäre die Situationsbeschreibung unbrauchbar, da jede Situation in einer komplexen, indeterminierten Welt einmalig ist. Vielmehr handelt es sich um eine selektive Beschreibung, die biologische Literatur sprach zuerst von einem Schema, dann von einer „Summenwirkung" einzelner „Reizkonfigurationen".

Versuche mit besonders gelehrigen Schimpansen und Gorillas haben gezeigt, daß diese Tiere die Bedeutung eines Wenn-Dann-

Symbols verstehen können. Die Symbole zur Verständigung entnahmen die Forscher teils der amerikanischen Taubstummensprache, teils verwendeten sie markierte Klötze. Alle Elemente der Norm sind also auch der Zoologie bei der Erforschung teleonomer Wenn-Dann-Programme vertraut.

Die Entscheidungsfelder der Programme tun also das, was der Rechtswissenschaft von Tatbeständen vertraut ist: Sie reduzieren die Komplexität der Welt auf das Relevante. Alle Entscheidungsfelder der biologischen Programme haben abstrakt ausgedrückt folgende Struktur: Wenn dieses Muster in der Situation erkennbar wird, dann reagiere mit folgendem Verhalten. Wir können also keinen Strukturunterschied zur Norm erkennen. Selbstverständlich gibt der Ethologe seine Forschungsergebnisse als Beschreibung des Seins wieder, da er externer Beobachter ist. Das Tier dagegen bekommt seine Information als Entscheidungsfeld, also als „Sollenssatz". Die ausgelöste Reaktion ist stets teleonomisch, wie die Zoologen sagen, doch dies ist bereits eine Frage der Systematik.

S. Literaturhinweise 2.1, 2.6, 3.4, 4.2, 4.3.

Zusammenfassung:

1. Alle Normen haben einen identischen Aufbau: Tatbestand – Rechtsfolge – Wenn-Dann-Verknüpfung. Diese Struktur ist mit der des case law identisch, der Unterschied liegt lediglich in der „Schreibweise".
2. Die Struktur der Norm deckt sich mit jener der Entscheidungsfelder aller teleonomen Wenn-Dann-Programme, diese bestehen aus: Muster einer Situation – Muster einer Reaktion – Wenn-Dann-Verknüpfung.

## 3.2 Systematik: Verknüpfung von Teleonomie und Teleologie

Jeder Gesetzgeber ordnet Normen durch eine Paragraphenfolge sowie eine Unterteilung umfangreicher Gesetze in Abschnitte, Unterabschnitte oder andere formale Gliederungselemente. Diese äußere Ordnung sollte von einer inneren Ordnung begleitet sein, denn jede Norm ist nur als ein Stück Text innerhalb eines Kontextes denkbar; jedenfalls erwartet dies die juristische Methodenlehre. Auch nach unserer Hypothese ist diese innere Ordnung zumindest bei jedem Rechtsgebiet zu erwarten, das Selbstorganisationsprozesse auslöst, denn dieses Recht hat Programmcharakter, und Programme können wir uns nur als geordnetes Gefüge von Entscheidungsfeldern vorstellen. Die Ordnung muß aber nicht notwendig die eines heutigen Computerprogramms sein, da unsere Denkprozesse auch nicht wie in einem Computer ablaufen.

Ein zweiter Grund verstärkt diese Erwartung. Normen verknüpfen Sollen und Sein, ihre Anwendung soll geordnete Gebilde des Soziallebens entstehen lassen, wie Unternehmen, Markt, Straßenverkehr oder Staat. Es ist kaum vorstellbar, daß ein ungeordnetes Sammelsurium von Wenn-Dann-Befehlen ein geordnetes soziales Gebilde hervorrufen kann, vermutlich kann nur geordnetes Sollen geordnetes Sein bilden. In unserem Standardbeispiel Straßenverkehr ist leicht erkennbar, daß man offenbar eine Sackgassen- und eine Einbahnstraßenregelung nicht miteinander kombinieren darf. Ebensowenig läßt sich der „Kreisverkehr" mit „Einfahrtverboten" kombinieren. Diese Kombinationen würden beobachtbare Störungen im Verkehrsfluß hervorrufen.

Nach unserer Hypothese sollten die Entscheidungsfelder aller teleonomen Wenn-Dann-Programme nicht nur geordnet sein, sie sollten sämtlich nach demselben Muster geordnet sein; wir erwarten also, in den Regeln der Gesellschaftsspiele, des Sports und jenen der scientific community sowie in den teleonomen Programmen der Tierwelt eben die Ordnung innerhalb der Entscheidungsfelder vorzufinden, die Juristen im Recht als „Systematik" bezeichnen. Die Zoologie kann die teleonomen Programme der Tierwelt nicht am Speicherort, im Nervensystem, lesen, sondern muß ihren Inhalt aus der Beobachtung des Seins, des tierischen Soziallebens, erschließen. Wir untersuchen deshalb auch die Systematik des Rechts und von Spielregeln so, als ob wir nicht Gesetzestexte, also „ausgedruckte" Programme, vor Augen hätten, sondern den Inhalt der Regeln aus der Beobachtung des Soziallebens erschließen müßten; erst dann sind die Aussagen über das Recht usw. und die Aussagen der Zoologie über teleonome Wenn-Dann-Programme miteinander vergleichbar.

### *Die Zweckorientierung der Normen*

Nehmen wir an, Beobachter einer fremden Intelligenz könnten vorübergehend einen sehr kleinen Ausschnitt aus einem Geschehen in Raum und Zeit auf unserem Planeten verfolgen, nämlich 20 Züge einer Partie Schach. Der Beginn der Partie ist ihnen entgangen, das Ende erleben sie ebenfalls nicht. Sie wissen auch nicht, wer oder was Träger des Geschehens ist, ob dies Subjekte oder Objekte sind. Den Spieltheoretikern unter den Beobachtern würden vermutlich 20 Züge genügen, um alle Regeln des Spiels (game) zu entdecken. Sie würden die Partie (play) als Wettbewerb zweier Spieler oder Mannschaften beschreiben. Die Beobachter würden Zweckhaftigkeit in dem Geschehenen entdecken. Zumindest wären die Züge eines jeden Spielers zweckhaft, denn sie sind daran orientiert, das Spiel zu gewinnen. Die einzelnen Züge sind also Maßnahmen innerhalb einer auf Gewinn bzw. Überleben gerichteten Strategie.

Möglicherweise blieben die Beobachter wegen der Kürze der Beobachtungszeit über den letzten Zweck der Spielzüge, das Schachmatt, im Unklaren, sie würden aber entdecken, daß die Strategien darauf gerichtet sind, die eigenen Verluste zu minimieren, die des Gegners zu maximieren, den eigenen König zu schützen, usw. Die Beobachter würden Zweckhaftigkeit nicht nur in den Handlungen der Spieler, sondern auch in den Regeln (game) entdecken. Jeder Spielzug ist eine Entscheidung, die den Gegner in eine neue Entscheidungslage bringt. Die Regeln gewährleisten, daß in jeder Entscheidungslage eine Entscheidung gefällt werden kann, wodurch – bis zu dem unbekannten Ziel des Spiels – ein permanenter Spielfluß aufrecht erhalten bleibt. Die Beobachter würden vermutlich behaupten, der Zweck der Regeln bestehe darin, den Spielfluß zu erhalten, jedenfalls sei durch Beobachtung kein weiterer Zweck erkennbar. Die Beobachter würden also zwei Zwecke entdecken, den Zweck „Spielfluß" im „game" und den Zweck „Sieg" (oder Überleben) in den Strategien. Der Zweck „Spielfluß" wäre für sie der Orientierungspunkt für alle Regeln des Schachspiels. Zu analogen Ergebnissen würden die Beobachter der fremden Intelligenz gelangen, wenn ihr Beobachtungsgegenstand ein Straßenverkehrssystem wäre und sie aufgrund ihrer Andersartigkeit den Subjektcharakter der Menschen nicht zu erkennen vermöchten oder ihn aufgrund ihrer Erkenntnistheorie verleugneten. Durch Beobachtung der Verkehrsströme würden sie alle Regeln der Straßenverkehrsordnung entdecken und konstatieren, diese Normen seien sämtlich zweckorientiert und der Zweck sei die Aufrechterhaltung eines permanenten Verkehrsflusses. Statt von „Verkehrsfluß" könnten die Beobachter auch von „Systemerhaltung" sprechen, denn ohne Verkehrsfluß gäbe es auch kein Verkehrssystem zu beobachten.

Wenn die Beobachter nach dem Zweck hinter dem Zweck des Verkehrssystems fragten, würden sie konstatieren, es diene der Beschleunigung des Güter- und Personentransportes, was eine höhere Populationsdichte erlaube, was der Erhaltung der Population diene, was wiederum im Dienst der Arterhaltung stehe. Das ist der letzte durch Beobachtung feststellbare Zweck; er erschiene den Beobachtern als Selbstzweck. Die Beobachter einer fremden Intelligenz könnten bei jeder beliebigen Norm der Straßenverkehrsordnung beginnen, etwa dem Rechtsfahrgebot, und würden mit Fragen nach dem Zweck stets ganze Zweck-Mittel-

Hierarchien aufdecken, die sämtlich bei der Arterhaltung als Selbstzweck enden.

Eben diese Zweckausrichtung mit entsprechenden Zweck-Mittel-Hierarchien entdecken die Ethologen in den Verhaltensprogrammen der Tierwelt und bezeichnen sie dann entsprechend als „teleonome", d. h. als zweckgerichtete, Wenn-Dann-Programme. So mag eine Muskelkontraktion das Mittel zum Zweck einer Beinbewegung sein, die das Mittel zum Zweck der Fortbewegung ist, was der Nahrungssuche, der Individuenerhaltung bis zur Fortpflanzung, letztlich dem Selbstzweck der Arterhaltung dienen mag. Bei diesen Gegebenheiten würden die Beobachter der fremden Intelligenz nicht zögern, das Recht unter die teleonomen Wenn-Dann-Programme einzureihen.

Auch die Zoologie bedient sich seit einigen Jahren der Spieltheorie, wenn sie das tierische Sozialleben, d. h. die Umsetzung der teleonomen Wenn-Dann-Programme im Sozialverhalten, beschreiben will. Während die Spieltheorie im menschlichen Sozialleben dazu dient, für Teilnehmer von Gesellschaftsspielen oder Marktteilnehmer optimale Strategien, das sind Entscheidungsprogramme, zu entwickeln, sucht die Zoologie nach evolutionsstabilen Strategien im Sozialverhalten einer Art; sie möchte also die Frage beantworten, warum sich unter gegebenen Bedingungen eben diese Verhaltensprogramme durchsetzen konnten. Wo immer teleonome Wenn-Dann-Programme Selbstorganisation auslösen, scheint die Spieltheorie geeignete Beschreibungen liefern zu können. Das führt zu der Vermutung, auch im militärischen Bereich, auf den die Spieltheorie ebenfalls prinzipiell Anwendung findet, müßten die beschriebenen Mittel-Zweck-Hierarchien zu finden sein. Tatsächlich hat der Militärtheoretiker Clausewitz diese Hierarchien schon im letzten Jahrhundert nicht nur entdeckt, sondern ihre Beachtung als Notwendigkeit für die Staatserhaltung (heute für die Menschheitserhaltung) erkannt.

Clausewitz sah als obersten Zweck aller militärisch-politischen Maßnahmen die Staatserhaltung an. Dieser Zweck erfordert, daß sich alles Geschehen in einer Zweck-Mittel-Hierarchie einordnen läßt: Das Gefecht ist ein Mittel zur Schlacht, diese ein Mittel zum Krieg, dieser zum Sieg, dieser zum Frieden, dieser garantiert die Staatserhaltung. Dies erfordert eine entsprechende Schichtung der Weisungskette vom Souverän bis zu den untersten Trägern von Befehlsbefugnis. Eine Weisung (Richtlinie, Befehl) darf also nie Selbstzweck sein, sondern muß stets einem nächst höheren Zweck dienen. Selbst der Souverän ist nicht frei, sondern muß sein Handeln in den Dienst der Selbsterhaltung des Staates stellen.

Mißachtet z. B. der Feldherr diese Hierarchie, sieht er im Krieg den Selbstzweck, so gefährdet er den nächst höheren Zweck, die Staatserhaltung. Das gleiche würde geschehen, wenn der Feldherr Sinnbezügen, etwa der Soldatenehre, Vorrang vor Zweckorientierungen einräumte. Aus heutiger Sicht ist leicht zu erkennen, daß Clausewitz keine Theorie des Krieges, sondern eine Theorie der Staats- und Menschheitserhaltung (Arterhaltung) aufgestellt hat, die zeitlos gültig ist. Da sich die heute verfügbaren Kriegsmittel in keine Zweck-Mittel-Hierarchie einbinden lassen, haben die Entscheidungsträger in Fortführung Clausewitz'scher Ideen nach nichtmilitärischen Konfliktbewältigungsstrategien zu suchen, und das Recht müßte ihre Strategiewahlfreiheiten insoweit begrenzen.

Als Zwischenergebnis unserer Frage nach der Ordnung von Normen ist festzuhalten, daß einem scientistischen Beobachter alle Entscheidungsfelder in teleonomen Wenn-Dann-Programmen zweckgerichtet erscheinen, der Zweck ist die Aufrechterhaltung des jeweiligen biologischen oder sozialen Systems, also des Unternehmens, Marktes, Staates, letztlich der Art.

Die Dinge liegen noch grundsätzlicher, denn offenbar sind nicht nur die Entscheidungsfelder der im zentralen Nervensystem gespeicherten Programme, sondern auch die des genetischen Programms, das den Körperbau der Individuen einschließlich der Gehirnstruktur der Individuen bestimmt, nach dieser Ausrichtung geordnet. Dies zeigt ein Blick auf die Strukturen des Körpers der Individuen, also auf das Endergebnis der Programmdurchführung. Von jedem Detail des Körpers führen Mittel-Zweck-Hierarchien zur Individuen- und schließlich zur Arterhaltung. So ist der Atlaswirbel ein Mittel im System der Halswirbelsäule, diese ein Mittel in der Wirbelsäule, diese im Skelett, jenes im Bewegungsapparat des Wirbeltieres usw. Jedes Zwischenstück in einer solchen Hierarchie ist Mittel und Zweck zugleich. Jede Abweichung von der Hierarchie würde uns als Mißbildung erscheinen, wie z. B. ein ins Ellenbogengelenk eingeschobener Halswirbel.

Die eigentümlichen Zweck-Mittel-Hierarchien finden sich in räumlichen Strukturen wieder, die Produkte des menschlichen Geistes sind, die wir also durch Gebrauch unseres nach dem genetischen Programm gebildeten Gehirns entworfen haben, wie z. B. Bauwerke. Von jedem Detail aus führen Schichten aus Mitteln und Zwecken zu den vom Bauherrn gewünschten Funktionen. So ist der Schlüssel das Mittel zum Zweck, das Schloß zu bewegen, dieses das Mittel, die Tür zu schließen, jenes das Mittel, das Gebäude geschlossen zu halten bzw. Zugang zu gewähren usw. Man gelangt schließlich zu einer allgemeinen Nutzenidee des Bauherrn wie dem beabsichtigten Schutz vor Kälte oder ungebetenen Besuchern.

Auch das Gebäude kann man sich als Ergebnis einer Programmdurchführung vorstellen, wobei das Programm als Netzplan vorliegen könnte. Dann würde sich die Zweckorientierung der Gebäudebestandteile in den Entscheidungsfeldern des Planes widerspiegeln, die Entscheidungsfelder wären also an einem Zweck orientiert wie die Gebäudeteile selbst. Vermutlich würde man eher von einer Funktion des Gebäudes sprechen. Die Zweckausrichtung der Entscheidungsfelder des Programms spiegelt sich also in der Zweckausrichtung (oder Funktionalität) der Einzelteile wider. Allgemeiner gesagt: Die Zwecksystematik, die Teleonomie im Sollen, ruft die beobachtbare Zweckhaftigkeit der dynamischen oder statischen Struktur im Sein hervor.

*Die Notwendigkeit geschlossener Normenkomplexe*

Bei der Zweckausrichtung der Entscheidungsfelder dürfen offenbar die Hierarchiestufen nicht oder nur ausnahmsweise übersprungen werden, d. h. die Entscheidungsfelder dürfen ihre Zweckbestimmung nicht unmittelbar von dem letzten Zweck, sondern nur von dem nächst höheren Zweck erhalten. Ein Beispiel mag dies erläutern: Vor einigen Jahrhunderten erfüllte das Feuer den Zweck der Beleuchtung und den Zweck des Wärmespenders. In den heutigen Gebäuden sind Beleuchtung und Heizung zu getrennten, spezialisierten Funktionseinheiten ausdifferenziert. Wer ein Gebäude entwirft, beachtet diese Trennung der Funktionen, er wird für Heizung wie Beleuchtung sorgen, er wird aber bei einer Lampe nur danach fragen, ob sie für den unmittelbaren Zweck Beleuchtung optimal ist, der Einwand, sie könne nicht heizen und die Heizung sei eine grundlegendere Gebäudefunktion als die Beleuchtung, ist nicht statthaft.

Gleiche Gegebenheiten sind im menschlichen Körper anzutreffen, in dem ausdifferenzierte, spezialisierte Zellen zu Zellverbänden, diese zu Organen und diese zum Gesamtorganismus zusammengefaßt sind. Jede Einheit erhält ihre Zweckbestimmung von der nächst höheren Einheit. Die Zellen der Bewegungsorgane tragen zu der – lebenswichtigen – Leberfunktion nichts bei, denn die Zusammenfügung der getrennten Funktionen findet erst auf einer höheren Hierarchieebene, im Zusammenspiel der Organe statt. Auch im tierischen Sozialleben ist diese Reinheit der Hierarchiestufen zu beobachten. Die Evolution hat die Entscheidungsfelder zu möglichst reinen Programmkomplexen zusammengefaßt; aus gutem Grund. Offenbar ist es überlebenswichtig, den Programmkomplex „Flucht" nicht mit Handlungsabläufen aus dem Programm „Hochzeit" oder „Nahrungssuche" zu durchsetzen.

Fassen wir die Befunde noch einmal zusammen: In Spielregeln, in Regeln des Rechts, in den Verhaltensprogrammen der Tierwelt, im genetischen Programm und in Programmen zur Schaffung nutzenorientierter Gebilde der Kulturevolution, wie Gebäuden oder Maschinen, ist eine Zweckausrichtung der Entscheidungsfelder zu beobachten. Setzt „man" derartige Programme in die Tat um, so treten als beobachtbare Erscheinungen des Seins Phänomene auf, die wir bei dynamischen Gebilden als „Spielfluß, Systemerhaltung, tierisches Sozialleben" bezeichnen. Bei Individuen ist die Zweckausrichtung des genetischen Programms offenbar eine Voraussetzung für „Leben", bei Gebäuden oder Maschinen eine Voraussetzung für „Funktionstüchtigkeit" und „Nutzbarkeit".

Es wäre erstaunlich, wenn diese Teleonomie, die offenbar eine grundlegende Eigenschaft der Programme ist, zur Disposition des Gesetzgebers stünde. Im Straßenverkehrsrecht ist offenkundig, daß jede Norm auf den Zweck „möglichst reibungsloser Verkehrsfluß" ausgerichtet sein muß. Im fließenden Verkehr dürfen Alte und Behinderte keine nur für sie gültigen Vorfahrtberechtigungen erhalten, eine solche Durchsetzung der Straßenverkehrsordnung mit „Sozialzwecknormen" ist offensichtlich untunlich. Auch Schwangere können keine besonderen Rechte beanspruchen, obwohl der Schutz Schwangerer nicht nur zweckhaft, sondern ein elementares Anliegen eines jeden, auf Selbsterhaltung programmierten sozialen Systems ist. Solche Zwecke lassen sich in das System Straßenverkehr nicht einfügen, seine Normen dürfen nur an dem Zweck seiner eigenen Hierarchiestufe „Verkehrsfluß" ausgerichtet sein, nicht an entfernteren Zwecken.

Auch in den neutralen Instituten des Bürgerlichen Gesetzbuches, wie z. B. im Kaufrecht sowie im Handelsrecht, schafft der Gesetzgeber Regelungen, die unserem Postulat entsprechen. Jenseits dieser Bereiche sind praktisch alle Rechtsgebiete mit zweckfremden, nach unserer Deutung – unsystematischen – Normen durchsetzt. Das beginnt in den nichtneutralen Instituten des Bürgerlichen Gesetzbuches, mit denen der Gesetzgeber Sozialpolitik zu Lasten Dritter betreibt, setzt sich fort im Steuerrecht, dessen Finanzzwecknormen immer stärker von Sozialzwecknormen durchsetzt werden, bis hin ins Recht des Gesundheitswesens. An dieser Stelle sei bereits angemerkt, daß diese Unsystematik mit einer Wucherung des Rechts einhergeht und mit einem Trend zur bürokratischen Steuerung sowie zahlreichen Streitfällen.

*Die Sinnorientierung der Normen*

Wir waren von einem rein scientistischen Beobachter des sozialen Seins ausgegangen und hatten gezeigt, daß er die Zweckssytematik des Rechts entdecken würde. Diese Teleonomie ist aber nur ein Selektionselement, kein Konstruktionselement. Wir können die Normen immer nur in einer Richtung, nämlich vom Speziellen zum Allgemeinen, lesen und dabei als geordnetes Gefüge erkennen. In umgekehrter Richtung erscheinen sie als Ergebnis des Zufalls: Vom Prinzip Arterhaltung führt kein Weg zu einer bestimmten Art, wie deren Vielfalt beweist; vom Prinzip Lebenserhaltung kein Weg zum Säugetier, von dort keiner zum Eisbär.

Auch die Normen des Straßenverkehrs erscheinen, wenn man sie von der Arterhaltung bis zum Rechtsfahrgebot liest, als ungeordnete Sammlung. Solange wir unseren scientistischen Standpunkt nicht verlassen, müssen wir den Würfel zum Konstruktionselement erklären. Offensichtlich wäre diese Erklärung für die Schöpfungen der kulturellen Evolution falsch. Architekten entwerfen Baupläne von der allgemeinen Idee und einer detailarmen Handskizze ausgehend zum Detail. Ingenieure konstruieren von der Prinzipzeichnung zum Detail. Gesetze – jedenfalls gelungene – entwirft man ebenfalls vom Prinzip ausgehend bis zur letzten Ausführungsbestimmung; selbst Feldherren entwerfen eine militärische Befehlskette von der allgemeinen Direktive zum Befehl an die kleinste Einheit, ohne jemals zu würfeln. Wenn aber keiner der Konstrukteure in der kulturellen Evolution würfelt, obwohl er vom Allgemeinen zum Speziellen konstruiert, wenn es gute und schlechte Architekten, Manager, Feldherren, Ingenieure und Gesetzgeber gibt, dann muß es auch ein Ordnungsgefüge der teleonomen Programme geben, das man vom Allgemeinen zum Speziellen lesen kann. Anders ausgedrückt: Die Teleonomie kann nicht das einzige Ordnungsprinzip teleonomer Wenn-Dann-Programme sein.

Da wir erkenntnistheoretisch nicht auf eine philosophische Schule festgelegt sind, sondern den Standpunkt der praktischen Jurisprudenz einnehmen, können wir die Erkenntnistheorie und die wissenschaftliche Vorgehensweise bei unserem Forschungsgegenstand auswechseln, ohne die Richtigkeit der zuvor erlangten Ergebnisse anzweifeln zu müssen. Wir halten also die Teleonomie der Normen und die Beachtung der Hierarchiestufen als naturgesetzliche Vorgaben für die Gesetzgebung fest, suchen aber gleichwohl nach einem weiteren Ordnungselement und wenden uns der Selbstbeobachtung zu, da eine scientistische Vorgehensweise keine weiteren Ordnungsparameter erkennen läßt.

Beginnen wir wieder mit dem Schachspiel. Wenn wir selbst eine Partie spielen, ist uns nichts gleichgültiger, als daß unser Handeln den Spielfluß aufrecht erhält und wir dadurch mit unserem Mitspieler ein soziales System bilden. Für uns hat das Spiel nicht einen objektiven Zweck, sondern erfüllt einen von uns selbst erkannten, subjektiven Sinn. Anders ausgedrückt, wir leben beim Spiel unsere Motivationen aus. Der Professionelle strebt nach Sicherheit (Geld), andere nach Zugehörigkeit (kein Spielverderber sein), wieder andere wollen ihr Spielgeschick zur Schau stellen (Anerkennung). Wenn wir die Spielregeln unter diesem Gesichtspunkt betrachten, sind alle Regeln daran orientiert, unsere Motivationen anzuregen und uns einen freien Wettbewerb für unsere persönlichen Ziele zu bieten. Chancengleichheit, also eine Gerechtigkeitsidee, scheint uns aus der Spielerperspektive der Ausrichtungspunkt der Spielregeln zu sein.

Eine analoge Erfahrung machen wir im Straßenverkehr. Wir fahren nicht mit dem Auto, um den Verkehrsfluß aufrecht zu erhalten, sondern um unser Fahrtziel zu erreichen. Die Regeln der Straßenverkehrsordnung gewährleisten uns eine risikoarme Fahrt, denn das Straßenverkehrsrecht macht völlig unterschiedliche, einander kreuzende Wege der Autofahrer miteinander vereinbar. Aus unserer Sicht als Systemteilnehmer sind alle Regeln an Sinnbezügen des Individuums orientiert, an seiner Handlungsfreiheit, seinem Leben, seiner Gesundheit und seinem Vermögen.

Ein entsprechendes Bild ergibt das Recht des Marktes. Die Marktteilnehmer wollen nicht den Markt bilden, sondern ihre Versorgungs- und Bereicherungswünsche befriedigt sehen, und das Recht schafft eine Bandbreite des Sozialverhaltens, so daß die Kooperation von Egoisten mit konträren Interessen möglich ist. Als Strafrecht verbietet es – spieltheoretisch ausgedrückt – Nullsummenspiele, bei denen man nur auf Kosten und zu Lasten eines Dritten gewinnen kann, was bei Raub, Diebstahl, Betrug, Untreue usw. der Fall wäre. Als Kauf-, Werkvertrags-, Gesellschafts- und sonstiges Recht stellt es den Marktteilnehmern erprobte Muster kooperativen Handelns bereit. Diese Normen des Marktrechts sind also aus der Sicht des Marktteilnehmers sinnorientiert, an Werten des Individuums ausgerichtet, wie Chancengleichheit im Wettbewerb, Handlungsfreiheit, Schutz des eingesetzten Vermögens vor den Strategien von unfairen und Nullsummenspielern.

Im staatlich-militärischen Bereich hatte schon Clausewitz erkannt, daß Befehlsketten nicht nur durch eine Zweck-Mittel-Hierarchie geordnet sind, sie müssen auch eine individualistische Komponente aufweisen, d. h. den Befehlsempfängern eine Sinnorientierung geben, die Clausewitz das „moralische Element" nannte. Tatsächlich waren die Staaten in diesem Punkt immer sehr erfinderisch und belohnten Befehlsgehorsam kombiniert mit militärischen Tugenden mit materiellen Gütern wie Sold, Beute, Altersversorgung oder Immateriellem wie Ehre, Ruhm, Ansehen, das sie durch Orden, Ehrenzeichen, Denkmäler und Paraden sichtbar machten. Mit Strafandrohungen allein ist eine militärische Organisation nicht aufrecht zu erhalten.

Diese Sinnausrichtung der Normen kann man auch als deren Teleologie bezeichnen, denn ein Sinnelement gibt Normen eine Art Wegweiserfunktion für das Individuum. Diesem Sinnelement entspricht bei räumlichen Konstruktionen der kulturellen Evolution die Ästhetik. Ein Architekt entwirft Baupläne nicht von der Nutzenidee des Bauherrn oder der Materialkunde des Statikers aus, sondern nimmt deren Wünsche und Erfahrungswissen als Vorgabe, innerhalb derer er seine ästhetischen Vorstellungen verwirklicht. Er konstruiert vom Allgemeinen zum Besonderen, von der ersten Handskizze über immer detailreichere Zeichnungen zum umsetzbaren Entwurf.

Auch eine Spielregel oder ein Gesetz kann man nur von der allgemeinen Spielidee oder einer Gerechtigkeitsidee her bis zur letzten Norm hin entwerfen. Auf wissenschaftlichem Gebiet hat dies die Finanzwissenschaft erkannt, die eigentlich eine empirische Wissenschaft ist. Will sie konzeptionell arbeiten, also z. B. der Politik Entwürfe von Steuergesetzen bereitstellen, so braucht sie Gerechtigkeitsideen, die sie z. B. der Verfassung entnehmen kann, also einem Normenkomplex, der noch allgemeinere Ideen enthält als das Steuerrecht. Ein Normengebäude läßt sich nicht durch Rückgriff auf empirische Größen oder Zweckideen bauen. Es entsteht durch Konkretisierung von Sinnideen, von Gerechtigkeitsideen, in deren Mittelpunkt das Individuum mit seinen Motivationen steht. Dies schlägt sich in einer zweiten, geisteswissenschaftlichen Leserichtung des Normengefüges nieder.

Wenn der Autofahrer die Normen der Straßenverkehrsordnung praktiziert, mögen sie ihm individuumorientiert erscheinen; ihr oberster Sinn ist dann, den Schutz von Leben, Gesundheit, Freiheit und Vermögen zu gewährleisten. Dazu ist eine freie Zielwahl und eine möglichst sichere Zielerreichung erforderlich, was eine Optimierung der Transportströme erfordert, die das Austarieren von Geschwindigkeit und Risiko notwendig macht, wozu eine Voraussehbarkeit der Manöver aller anderen Fahrteilnehmer gehört, was durch das Rechtsfahrgebot, Vorfahrtregeln usw. gewährleistet wird.

In entsprechender Weise dürften sich die systematischen Normen aller Rechtsgebiete lesen lassen. Der Zweck aller Finanzzwecknormen des Steuerrechts ist die Staatsfinanzierung, ihr Sinn, die individualistische Gerechtigkeitsidee, ist die Heranziehung der Bürger nach ihrer Leistungsfähigkeit. Der Zweck der Vorschriften des Handelsrechts ist Erhaltung des Marktes und der Unternehmen, ihr Sinn der persönliche Vorteil der Marktteilnehmer usw. Systematik bedeutet demnach, daß die Normen eines Rechtsgebietes sowohl zweckhaft als auch gerecht sind, die Normen des Steuerrechts müßten also einmal einer Prüfung duch die Finanzwissenschaft standhalten und sich in eine Zweck-Mittel-Hierarchie bis zur Staatsfinanzierung eingliedern lassen. Sie müßten sich gleichzeitig in eine Pyramide aus Gerechtigskeitsideen einfügen, in der noch die letzte Norm als Konkretisierung einer Verfassungsidee erkennbar wird.

### *Der Zweck als Selektions-, der Sinn als Konstruktionselement*

Es liegt auf der Hand, daß diese doppelte Systematik eines Rechtsgebietes nur der spezielle Ausdruck eines allgemeinen Problems ist, das auf den obersten Ebenen des Rechts als Spannung zwischen Menschenwürde und Staatserhaltung und auf der philosophischen Ebene als Frage nach dem Vorrang von Gerechtigkeits- oder Nutzideen auftaucht. Das Begriffspaar „Sicherheit und Ordnung" spiegelt die doppelte Systematik ebenfalls wider, wenn man „Sicherheit" individualistisch und „Ordnung" systembezogen interpretiert.

Nach der hier vorgelegten Hypothese ist Gesetzgebung Fortschreibung des von der Struktur her festliegenden Sollens-Programms und das heißt: Gesetzgebung ist Evolution machen. Individualistischer Sinn und Zwecksystematik sind nichts anderes als geisteswissenschaftliche Beschreibungen für die beiden Baumeister der Evolution: Nämlich Variation und Selektion. Der Sinn ist das Konstruktionselement, der Zweck die einzuhaltende Bedingung. Der Zweck Systemerhaltung (letztlich Menschheitserhaltung) ist der Rahmen, innerhalb dessen Sinnverwirklichung möglich ist. Normen, die dem Sinn Vorrang vor dem Zweck geben möchten, also z. B. ein Straßenverkehrsrecht, das auf eine

Überlebensgarantie für jeden einzelnen Autofahrer hinausläuft, wäre der Versuch der Individuen, aus der Evolution auszusteigen. Dies würde nach kürzerer oder längerer Zeit sowohl Sinn wie Zweck, Systemteilnehmer und System zerstören. Der Zweck muß immer hundertprozentig erfüllt werden, der Sinn muß so weit wie möglich erfüllt werden.

Mit einer rein scientistischen Biologie ist schon aus Gründen der Erkenntnistheorie kein Dialog über die Teleologie möglich, er scheitert nicht erst an den mangelnden Dialogmöglichkeiten zwischen Mensch und Tier. Diese Biologie kann dem Tier keine aktive Rolle in der Evolution zugestehen, sondern muß den Zufall zum Konstrukteur erheben. Mit einer entsprechenden Erkenntnistheorie und Methodik würde der Beobachter einer fremden Intelligenz auch im menschlichen Sozialleben weder Ethik noch Gerechtigkeit entdecken und könnte bei einem Bauwerk keine Ästhetik feststellen. Er würde behaupten, aus den Nutzenvorgaben des Bauherrn und dem empirischen Wissen des Statikers habe der Architekt die Konstruktion erwürfelt.

### *Das Verbot der Güterabwägung zwischen Sinn und Zweck*

Die Biologie kann aber einen Beitrag leisten, um einen in Natur und Kultur auftretenden Programmfehler zu entdecken. Die Zoologie hat ein Tier berühmt gemacht, bei dem das Verhaltensprogramm einen Konstruktionsfehler zu besitzen scheint: Es handelt sich um den Argusfasan. Hier wählen die weiblichen Tiere ihren Hochzeitspartner aus und bevorzugen dabei männliche Tiere mit prachtvollen, überlangen Armschwingen. Sie geben also ihrem „Schönheitsideal", der nutzlosen Pracht, Vorrang vor dem Zweck, der Flugtüchtigkeit. Damit lenken sie die innerartliche Selektion in eine Richtung, die der Arterhaltung abträglich ist, denn die dauernde Bevorzugung des Unnützen bei der Fortpflanzung wird schließlich die Flugunfähigkeit der männlichen Tiere herbeiführen, so daß sie Bodenräubern zum Opfer fallen können. Diesen Überhang des Prachtvollen vor dem Nützlichen und Zweckhaften gibt es auch noch in einigen anderen Bereichen der Natur, die Biologen bezeichnen das als „luxurierende Strukturen".

Die Parallelität zum menschlichen Sozialleben ist zu naheliegend, um übersehen zu werden. Konrad Lorenz hat sie wohl entdeckt. Bei statischen Konstruktionen der kulturellen Evolution findet man Nutzloses als aufgepfropfte „Kunst am Bau", als Galionsfigur bei Schiffen oder als Chromzierat bei Autos. Hier droht der Käufer die Evolution des Handwerks und der Technik in falsche Richtungen zu drängen, indem er dem „Ansprechenden" Vorrang vor dem „Nützlichen" gibt. Ändert sich aber die soziale Umwelt, indem sich der Wettbewerb verschärft oder die Energie verteuert, so ändert sich bald auch das Käuferverhalten, der Autokäufer koppelt nicht mehr überladenen Chromzierat, sondern „Windschlüpfigkeit" positiv zurück. Damit verengt sich der Spielraum des Karosseriedesigners, er findet sich unter den Vorgaben des Windkanalingenieurs wieder, der seinerseits unter den Vorgaben der Ökonomen arbeitet.

Würde über die Form der Autos nicht von Käufern und Autoproduzenten, sondern vom Gesetzgeber entschieden, so änderte sich an den Gegebenheiten nichts Grundsätzliches. Die Parlamentarier könnten versucht sein, den Wählern immer prachtvollere Autos zu verschaffen, die Wähler müßten den Überhang der Schönheit über den Nutzen teuer bezahlen, was wohl für alle Wahlgeschenke charakteristisch ist.

Entsprechende Effekte treten auf, wenn der Gesetzgeber nicht einem Schönheitsideal, sondern einem Gerechtigkeitsideal Vorrang vor Zweck und Nutzen einräumt. Das dabei auftretende Phänomen wird in der Wirtschaftswissenschaft als „production of slack" bezeichnet. Ein System beginnt, massenhaft angenehme, aber überflüssige Dinge zu produzieren, die man sich zu Lasten des eigenen Geldbeutels vermutlich nicht anschaffen würde. Im Gesundheitswesen sind das ebenso angenehme wie überflüssige Kuren, Taxifahrten, Luxusgebisse und so weiter. Im Schulwesen verführte das Ideal „Chancengleichheit" die Politik zur Einführung „kostenloser“ Schulbücher. Die Bücher wurden prächtiger und drastisch teurer, die Drucker erhielten höhere Löhne, die Autoren höhere Honorare, die Auflagen überschlugen sich, da sich angeblich die padägogisch-didaktischen Erkenntnisse vervielfachten, die Lebensdauer der Schulbücher verkürzte sich, und der Handel mit gebrauchten Büchern verschwand. Wenn die Politik die Wissenschaft in solche Prozesse verwickelt, hört Wissenschaft auf, im Dienst der Evolution von Erkenntnis zu stehen, sie dient auf einmal den Menschen, zuallererst denen, die ihr am nächsten stehen, den Wissenschaftlern selbst. Die Medizin produziert das 39. symptomatische Schmerzmittel, statt ein neues, kausales Pharmakon zu suchen, Pädagogik und Soziologie produzieren – auch – des Kaisers neue Kleider, aufgeblasene Nichtigkeiten, die zusammenfallen, wenn man die Forscher zwingt, ihre Befunde auf Deutsch wiederzugeben; Naturwissenschaft und Technik widmen Teile ihres Forschungspotentials der Entwicklung sogenannter „MASER“ (money acquisition scheme for expensive research).

Die Ursachen dieser Phänomene entsprechen sich: Ein Gesetz oder ein sonstiges staatliches Programm geben einem Gerechtigkeitsideal oder einer politischen Modetorheit oder einem netten Schein Vorrang vor dem Systemzweck, und der unter bürokratischer Kontrolle stehende Geldgeber ist unfähig, die Nutzlosigkeit zu durchschauen oder auf das Nutzlose negative Rückkopplungen zu geben. Hat der individualistische Sinn Vorrang vor dem Systemzweck, so wird der Selektionsmechanismus der kulturellen Evolution ausgehebelt, denn das Nutzlose läßt sich maximieren, das Nützliche nur optimieren. Symptomatische, das heißt nur die Leiden des Kranken lindernde Behandlungsmethoden lassen sich in beliebigem Umfang produzieren, kausale, das heißt dem Kranken wie der Volksgesundheit nützliche Behandlungen nur in begrenztem Umfang. Mit wissenschaftlichen Nichtigkeiten, die nur dem Forscher nützen, lassen sich beliebig große Bibliotheken füllen, für wirkliche Erkenntnis, die dem Forscher und dem Kollektiv von Nutzen ist, genügt begrenzter Raum. Für das individualistische Gerechtigkeitsideal „Chancengleichheit", die nur Individuen nützt, lassen sich die Bildungssysteme maximieren; wenn die Chancengleichheit nur im Rahmen des für Staat und Gesellschaft Nützlichen angestrebt wird, genügen optimierte Ausbildungsstätten.

Wenn die Menschen nicht mehr wissen, daß der Staatszweck die Staatserhaltung ist, sondern glauben, der Staat lasse sich in ein Mittel zur Verfolgung individualistischer Sinnideen verwandeln, wird der Baufehler des teleonomen Programms gefährlich. Das illustriert unsere Parabel vom Turmbau zu Babel. Der nutzlose Turm symbolisiert den Überhang des individualistischen Sinns über den Zweck. Statt für die Unsterblichkeit des Staates bzw. der Menschheit und ihrer Untersysteme besorgt zu sein, will der Herrscher, wenn schon nicht sich selbst, dann wenigstens seinen Namen unsterblich machen. Sein Architekt findet Selbstdarstellung, und seine Handwerker finden Bereicherung, ohne gleichzeitig anderen Nutzen bringen zu müssen. Philosophen, Priester, Schriftsteller und Bänkelsänger lassen sich von der dadurch ausgelösten Welle mittragen. In unserer Deutung enthält die Geschichte des Turmbaus zu Babel eine Warnung an die Individuen vor dem Versuch, mit Hilfe des von der Evolution geschaffenen Geistes den Ausstieg aus der Evolution zu versuchen, das heißt den Sinn über den Zweck zu stellen.

Vermutlich ist der beschriebene Baufehler in politisch-militärischen Weisungsketten am besten untersucht, da er dort die dramatischsten Wirkungen hervorruft. Unsere Hypothese bestätigt die Aussagen von Clausewitz, daß der oberste Zweck alles politisch-militärischen Geschehens die Staatserhaltung ist. Sinnideen, die jeweiligen ideologischen Ziele der Gesellschaft, dürfen nur im Rahmen dieser Vorgabe verfolgt werden. Die Geschichte wäre ziemlich friedlich verlaufen, wenn ihre Akteure das beherzigt hätten. Statt dessen führen sie ohne Rücksicht auf den Staatszweck Kriege, die angeblich Gott wollte, die das Prestige, die nationale Ehre, der geschichtliche Auftrag, die Sendung, die Selbstachtung usw. „notwendig" machte. Sie konnten keinen Frieden schließen, den der Staatszweck forderte, weil die Ehre nach weiterem Krieg rief.

Nach unserer Hypothese sind aber nicht nur militärische, sondern alle Sinnideen geeignet, den Staat oder ein anderes Kollektiv zu zerstören, wenn man sie nicht nur im Rahmen von Zweck- und Nutzenvorgaben verfolgt. Das gilt auch für so friedliche Ziele wie Chancengleichheit, Solidarität oder Emanzipation. Wir werden noch darauf zurückkommen.

S. Literaturhinweise 1, 2.1, 2.5, 3, 4.3, 5, 6.

## Zusammenfassung:

1. Die Entscheidungsfelder (Normen) aller teleonomen Wenn-Dann-Programme müssen nach einer von der Evolution vorgegebenen Ordnung ausgerichtet sein, wenn sie Selbstorganisation auslösen sollen; sie müssen sowohl teleonom (zweckorientiert, systemorientiert) als auch teleologisch (sinnorientiert, individuumorientiert) sein. Das ist in den Spielregeln des Sports und der Gesellschaftsspiele evident, die einerseits Spielfluß (Systemerhaltung) bis zum Spielende garantieren, andererseits den Spielern Chancen auf Gewinn und Gleichbehandlung im Wettbewerb gewähren.
2. Durch die Teleonomie sind die Normen in eine Mittel-Zweck-Hierarchie eingebunden, die sich nur vom Mittel zum Zweck erschließt, das heißt von der speziellsten Norm zum allgemeinsten Prinzip Systemerhaltung. Durch die Teleologie sind die Normen in ein Sinngefüge eingebunden, das sie als fortlaufende Konkretisierung allgemeiner, am Individuum ausgerichteter Gerechtigkeitsideen erscheinen läßt. Dieses Ordnungsgefüge ist vom allgemeinsten Prinzip zur speziellsten Norm hin zu lesen.
3. In Begriffspaaren wie „Gerechtigkeit und Nutzen", „Sicherheit und Ordnung", „Menschenwürde und Staatser-

haltung" steckt eine geisteswissenschaftliche Kenntnis der beiden Baumeister der Evolution: Variation und Selektion. Die Begriffe stehen jeweils in einem Sowohl-als-auch-Verhältnis, sie sind komplementär. Allerdings muß der Zweck (Arterhaltung, Staatserhaltung, Systemerhaltung ... Ordnung, Spielfluß) stets vollständig, der Sinn (Gerechtigkeit) kann nie ganz vollständig erfüllt werden. Ein dauerhafter Überhang des individuellen Sinns über den Zweck kann eine Teufelsspirale der Selbstvernichtung auslösen.

## 3.3 Summum ius summa iniuria: Das Ökonomieprinzip der Evolution

Neben dem Erfordernis der Systematik gilt die Einfachheit der Norm seit jeher als elementares Anliegen der Gesetzgebungskunst. Nach unserer Hypothese ist Einfachheit kein juristisches Schönheitsideal, das der Gesetzgeber nach Gutdünken berücksichtigen oder mißachten könnte. Einfachheit ist eine Sachgesetzlichkeit, der alle teleonomen Programme unterliegen. In der Natur ist die Einfachheit der „Tatbestände" selbst bei hochentwickelten Arten anzutreffen, so daß die Individuen auf grobe Atrappen der Verhaltensforscher hereinfallen. Die „Tatbestände" sind einfach, obwohl die Evolution genügend Zeit hatte, kompliziertere, informationsreichere Muster zu bilden.

Wir haben Tatbestände als Situationsbeschreibungen, als Muster zum Umgang mit der Welt charakterisiert. Tatbestände können die Situation nie vollständig beschreiben, da diese einmalig und die Zahl ihrer Merkmale unendlich ist. Im Straßenverkehr werden sich zwei Fahrzeuge mit denselben Fahrern zur gleichen Tageszeit bei demselben Sonnenstand, gleicher Wetterlage und gleicher Geschwindigkeit an derselben Kreuzung nie wieder begegnen. Zwangsläufig reduziert der Tatbestand der Vorfahrtregelung die Komplexität des Geschehens auf wenige Merkmale: Fahrzeuge, Fahrtrichtung, Kreuzung. Wie die Erfahrung zeigt, erfüllt diese Regelung den Zweck (Verkehrsfluß) vollständig, der Sinn (Erreichung des Fahrtziels) wird aber bei konkreten Individuen (z. B. Unfallopfer) verfehlt. Die einfache Norm bietet keinen vollständigen Schutz vor Unfällen, denn der Zeitpunkt der Vorfahrtgewährung bleibt offen. Jeder Teilnehmer am Straßenverkehr muß also Leben, Gesundheit und Vermögen riskieren. Entsprechendes gilt für die Muster aller teleonomen Programme: Sie sind so gestaltet, daß der Zweck (in der Natur Arterhaltung usw.) erfüllt, keineswegs aber das Überleben aller Individuen gewährleistet wird. Wenn Insekten ihrem Programm entsprechend zur Strahlungsquelle streben, ist das Überleben der Art gewährleistet, aber der Tod aller Individuen vorprogrammiert, die von einer offenen Flamme angelockt werden. Wenn eine bestimmte Tageslänge den herbstlichen Vogelzug auslöst, ist das Leben aller Individuen gefährdet, die noch nicht die nötigen Energiereserven gespeichert haben usw.

Die Einfachheit ist das Ergebnis eines Optimierungsprozesses. Ein ideales Tatbestandsmerkmal ist treffsicher, d. h., es kommt immer dann und nur dann in der Situation vor, wenn das Auslösen der Reaktion (Rechtsfolge) zu einem Erfolg (z. B. Nahrungsgewinn) führt. Über fast ideale Tatbestandsmerkmale verfügt z. B. das Programm der blutsaugenden Zecke zur Erkennung von Säugetieren, das aus nur zwei Merkmalen besteht: Temperatur 37 Grad und Vorkommen von Buttersäure. Die biologische Wissenschaft beschreibt die Säugetiere noch mit vielen weiteren Merkmalen, die aber entweder nicht auf alle Säugetiere oder nicht nur auf Säugetiere zutreffen. An diesem Beispiel wird ein allgemeines Problem sichtbar: Wird die Zahl der Merkmale erhöht, werden zwangsläufig Merkmale von immer geringerer Treffsicherheit eingeführt. Zusätzliche Merkmale tragen der Komplexität der Welt Rechnung, aber sie komplizieren den Entscheidungsprozeß, denn die Merkmale sind nicht gleichgewichtig. Sie können nicht mehr gezählt, sondern müssen „gewogen" werden, da ein Merkmal mit einer 90%igen Treffsicherheit ein anderes Gewicht hat als ein solches mit einer 30%igen Treffsicherheit.

Ein ideales Merkmal ist nicht nur treffsicher, sondern auch leicht erkennbar. Auch die leichte Erkennbarkeit dürfte mit steigender Zahl der Merkmale fallende Tendenz haben; d. h. Sachverhaltsfeststellung und Subsumtion werden aufwendiger und fehleranfälliger. Bei optischen Merkmalen – nur diese sind von der Biologie gut erforscht – hat die Natur der Erkennbarkeit vielfach nachgeholfen. So besitzen Individuen oft eine Kennzeichnung, an der sie als Artgenossen oder Hochzeitspartner erkennbar sind (z. B. die auffällige Rotfärbung des Rotkehlchens). Das Bauprogramm des Individuums hat also ein Merkmal geschaffen, das dem Verhaltensprogramm zur Anknüpfung dient. Analog verfährt das Recht mit Verkehrszeichen. Sie sind in die Situation gestellte reale Merkmale. Ähnlich wirken Fiktionen, die in die Situation gedachte Merkmale sind.

Ideale Gegebenheiten dürften im Recht kaum vorkommen, denn regelmäßig steht kein Merkmal von idealer Treffsicherheit zur Verfügung. (Man denke z. B. daran, wie viele Merkmale notwendig sind, um Selbständige von Arbeitnehmern zu unterscheiden.) Dies erfordert, die Zahl der Merkmale zu erhöhen. Gleichzeitig sinkt aber deren leichte Erkennbarkeit, steigt der Aufwand der Sachverhaltsfeststellung ebenso wie die Fehlerquote. Dies erfordert, die Zahl der Merkmale klein zu halten. Damit wird der Prozeß der Musterbildung zum Optimierungsprozeß, in dem das Ökonomieprinzip gilt: so wenig wie möglich und so viel wie zur Zweckerreichung nötig. In der Natur scheinen die Muster um so gröber zu sein, je schneller sich die Individuen einer Art massenhaft vermehren, d. h. je wertloser das einzelne Individuum für den Zweck Arterhaltung ist (Beispiel: Insekten). Je länger die Generationenfolge, je kleiner die Nachkommenschaft pro Wurf, d. h. je wichtiger das einzelne Individuum für die Arterhaltung, desto aufwendiger sind die „Tatbestände" der Programme (Beispiel: hochentwickelte Wirbeltierarten).

Mit der Gesetzgebung haben die Individuen die Macht über die Gestaltung der Muster gewonnen. Sie können aber das Ökonomieprinzip nicht außer Kraft setzen. Der Versuch, nicht nur den Zweck der Norm (Systemerhaltung), sondern auch ihren Sinn (Erfüllung der Motivation des Individuums) vollständig zu erfüllen, würde Zweck- und Sinnverfehlung zugleich bedeuten, denn alle teleonomen Programme können bestenfalls Erfolgsrezepte beim Umgang mit der Normalität der Welt sein, vor ihren Zufälligkeiten schützen sie das Individuum nicht. Theoretisch ist eine Vorfahrtregelung denkbar, die auch den Zeitpunkt der Vorfahrtgewährung nicht mehr der Entscheidungskompetenz der Autofahrer überläßt, sondern genau bestimmt, indem sie auch Geschwindigkeiten und Bremswege in ihren Tatbestand aufnimmt. Eine solche Norm könnten die Autofahrer nur (wenn überhaupt) bei Fußgängertempo praktizieren, d. h. der Zweck des Straßenverkehrssystems würde verfehlt. Die gleiche Wirkung hat eine Rechtsprechung, die rechtsschöpferisch immer weitere Merkmale schafft. Eine Prospekthaftung, die den privaten Anleger nicht nur vor den allgemeinen, sondern vor „allen" Risiken der Kapitalanlage bewahren will, erzeugt schon heute in den USA Prospekte mit 500 Seiten. Lesen, vergleichen und auswählen wäre eine falsche Strategie für den privaten Anleger, denn dann sind die Professionellen bei den guten Geldanlagen schneller, der vermeintlich nun besser geschützte Private muß zur Strategie „Würfeln" übergehen.

Das Steuerrecht dürfte sich für einen empirischen Nachweis unserer These eignen. Der Steuergesetzgeber hängt der Illusion an, Gerechtigkeit (Sinn) lasse sich mit komplizierten Normen erreichen. Diesem aller juristischen Überlieferung widersprechenden Irrglauben verdanken z. B. § 15 a EStG und § 15 a UStG ihre Existenz. Beide Vorschriften sind so kompliziert, daß sie auch dem Fachmann Probleme bereiten. Prüfungsberichte zeigen, daß die Finanzbeamten beide Normen mit Fehlerquoten von mehr als 80 % „praktizieren".

Die Notwendigkeit komplizierter Normen ist abstrakt nicht begründbar. Die kulturelle Evolution macht unsere Lebensumstände nicht kompliziert, sondern komplex. Das Chaos ist kompliziert, aber die durch die Evolution geschaffenen Systeme durchlaufen sehr selten chaotische Phasen; sie sind nur durch sehr viele unüberschaubare Wechselbeziehungen gekennzeichnet. Jedes Lebewesen existiert in einer hochkomplexen Lebensgemeinschaft, die Ameise im Wald nicht anders als wir. Auch die Großfamilie oder eine andere, interagierende Gruppe von begrenzter Größe ist bereits so komplex, daß sie dem entschlüsselnden Forscher größte Probleme bereitet. Das Mitglied der Familie oder Gruppe hat diese Schwierigkeiten aber nicht. Es ist möglich, sicher mit einer Welt umzugehen, ohne sie verstanden zu haben.

Dies zu gewährleisten, ist die Aufgabe der teleonomen Wenn-Dann-Programme und damit der Gesetzgebung. Der Straßenverkehr als Ganzes mag hochkomplex sein, der einzelne Autofahrer benötigt aber nur wenige Regeln, um sich darin zurechtzufinden. Der Markt ist hochkomplex und entzieht sich dem völligen Verständnis der Wissenschaft, aber Käufer und Verkäufer müssen dieses Gebilde nicht verstanden haben, um darin ihre Konsum- und Bereicherungswünsche zu erfüllen. Es ist nicht begründbar, warum das Zahlen von Steuern oder die Mitgliedschaft in einem Solidarsystem komplizierter sein und ein komplizierteres Recht fordern sollten, als das Handeln in Straßenverkehr und Markt.

Verläßt man die abstrakte Ebene der Erörterung und versucht, eine komplizierte Norm zu vereinfachen, so scheint dies unmöglich zu sein. So ist die Notwendigkeit des § 15a UStG dem Sachkenner offenkundig, jeder Satz der Norm erscheint wohlbegründet und andere als marginale Verbesserungen hat noch niemand vorgeschlagen. Die Notwendigkeit der Norm ergibt sich aber erst, weil der Gesetzgeber die Systematik des Rechts verletzt hat. Die allgemeinste Prinzipidee des Umsatzsteuerrechts lautet: Staatsfinanzierung durch gleichmäßige Besteuerung des Konsums. Dies wird technisch durch die Besteuerung aller Umsätze gewährleistet. Der Vorsteuerabzug der Unternehmer bewirkt, daß nur bei Umsätzen von Unternehmern an Verbraucher ein Aufkommen und eine Steuerbelastung entsteht. Diese Prinzipidee hat der Gesetzgeber sehr bald verlassen und in 22 Absätzen des § 4 UStG Ausnahmen von der Regel normiert, deren Inanspruchnahme zum Verlust des Vorsteuerabzugs führt. Die Ausnahmen bewirken, daß der Konsument entlastet und der Unternehmer belastet wird. Die Ausnahmen stellen also das Prinzip auf den Kopf. § 15 a UStG wäre ohne die Verletzung dieses Prinzips überflüssig.

Verstöße gegen die Systematik müssen zwangsläufig kompliziertere Normen nach sich ziehen, denn sie bringen Desinformation in das Gefüge der Normen. Desinformation auf der Ebene der allgemeineren Vorinformation, auf der Prinzipebene, erfordert aber zwangsläufig ein Mehr an Information auf der ausfüllenden Ebene, der Normebene. Die Norm muß versuchen, jene Klarstellung zu bringen, die auf der Prinzipebene fehlt.

Eine weitere, wichtige Ursache für den vermeintlichen Sachzwang zu komplizierten Normen ist der Versuch des Gesetzgebers, „Schlupflöcher" zu verschließen. Millionen clever gewordener Einkommensteuerzahler suchen nach jeder „Lücke" im Gesetz, um den Steuerdruck zu mindern, und zahllose Menschen greifen nach ihrer Chance, wenn es die „Oma auf Krankenschein" oder irgendetwas zum Nulltarif gibt, sei es die Taxifahrt zum angeblichen Arztbesuch oder die Umschulung. Diese Menschen wollen gesetzlichen Belastungen entgehen, obwohl das Gesetz auch sie erfassen wollte, oder sie möchten in den Genuß von Begünstigungen gelangen, die nicht für sie gedacht waren. Die Menschen tun das, was der Verhaltensforscher mit seinen Versuchstieren macht: Sie lösen den Programmablauf – die Rechtsfolgen – durch Attrappen aus. Sie fahren per Taxi zum Einkaufen und gehen dann noch beim Arzt vorbei, damit die Krankenkasse zahlt; sie wollen Urlaub und nehmen ihn als bezahlte Kur; sie fahren in Ferien und bezeichnen es dem Finanzamt als Tagung; sie speisen fürstlich und verbuchen es unter Arbeitsessen.

Die Lösung scheint nun in einer immer genaueren Beschreibung des gesetzlich Gewollten zu liegen, was aber nach unserer Hypothese „unzulässig" ist. Jede einfache Norm kann durch Attrappen übertölpelt werden, aber den massenweisen Bau von Attrappen gibt es nur in kranken Rechtsgebieten. Es muß also in gesundem Recht einen Mechanismus geben, der eine Suche nach den Grenzen der Norm verhindert und die Menschen danach drängt, die Normalität und die Erfassung durch die Norm zu suchen, statt ihr auszuweichen. Die römische Überlieferung gibt bereits den entscheidenden Hinweis.

Der Patrizier Chremes diskutiert einen Rechtsfall mit seinem gebildeten Sklaven Syrus. Seine Tochter hat Schulden gemacht, für die er nach dem Buchstaben des Rechts nicht haftet, aber die Gläubiger konnten erwarten, daß der reiche Chremes dafür geradestehen würde. Chremes zahlt, er würde die Achtung seines Sklaven Syrus verlieren, wenn er anders handelte, denn „ius summum saepe est malitia". So berichtet es Terenz. Anstelle des Chremes mag man sich eine Konzernmutter vorstellen, die ihre Tochtergesellschaft durch den Konzernnamen und eine rechtlich unverbindliche Patronatserklärung flügge macht. Sie kann das Kind, wenn es mißrät, nicht fröhlich in Konkurs gehen lassen, auch wenn das Recht es erlaubt, denn der soziale Druck des Marktes wird sie meistens daran hindern.

Die römische Überlieferung empfiehlt dem Gesetzgeber, Normen zu schaffen, deren Einhaltung durch sozialen Druck gewährleistet wird, so daß sie der Betroffene im eigenen Interesse erfüllt oder sogar übererfüllt, auch wenn es ihn hart ankommt. Mit diesem Problem der Steuerung der Motivationen durch Gesetzgebung befaßt sich das Kapitel 3.5.

S. Literaturhinweise 3, 4.3, 4.7.

## Zusammenfassung:

1. Die Gesetzestatbestände reduzieren die Komplexität der Welt auf die für menschliches Verhalten relevanten Umstände. Entsprechendes geschieht in allen biologischen teleonomen Wenn-Dann-Programmen (angeborene Auslösemechanismen, Detektoren).
2. Für alle Programme gilt: Mit steigender Zahl der Tatbestandsmerkmale sinkt deren Treffsicherheit und Erkennbarkeit. Folglich bieten nur einfache Tatbestände (Situationsbeschreibungen) die Gewähr, das Gesetzesziel zu erreichen.
3. Mit einfachen Tatbeständen läßt sich der Systemzweck (Arterhaltung, Systemerhaltung) vollständig, der individualistische Sinn (die Gerechtigkeitsidee) aber nicht ganz vollständig erreichen. Strebt der Gesetzgeber gleichwohl nach vollständiger Gerechtigkeit, wird der Systemzweck verfehlt, was die Verfehlung der Gerechtigkeitsidee nach sich zieht.
4. Wenn Menschen die Grenzen der Norm suchen, ist dem Problem durch „engmaschige" Tatbestände nicht beizukommen. Es ist prinzipiell unmöglich, durch Vermehrung der Tatbestandsmerkmale „Schlupflöcher" zu stopfen. Der Gesetzgeber muß die massenweise Suche nach Grenzen der Norm als Indikator für verfehlte Gesetzesinhalte nehmen (vergleiche dazu Kapitel 3.5).

## 3.4 Rechtsanwendungsgleichheit: Systemkonsistenz im Sozialleben

Wenn der Gesetzgeber für einen bestimmten Bereich des Soziallebens Vorschriften erläßt, müssen diese Regeln für alle Menschen dieses Bereichs gültig sein. Die Straßenverkehrsordnung gilt für alle Verkehrsteilnehmer, das Handelsrecht für alle Kaufleute, das Steuerrecht für alle Bürger. Diese Rechtsanwendungsgleichheit ergibt sich für die Bundesrepublik Deutschland aus dem Gleichheitssatz der Verfassung. Rechtsanwendungsgleichheit ist aber keine Erfindung des Grundgesetzes, sondern Ergebnis einer langen Rechtstradition; außerdem ist das Prinzip nicht nur dem europäischen Recht, sondern wohl jedem Recht eigentümlich.

Außerrechtliche Regeln zeichnen sich ebenfalls durch eine Anwendungsgleichheit aus. Spielregeln des Sports gelten für alle Wettkämpfer, und den Spielregeln von Gesellschaftsspielen müssen sich alle Mitspieler unterwerfen. Wettkampfregeln und Spielanleitungen setzen die Anwendungsgleichheit üblicherweise als nicht erwähnenswerte Selbstverständlichkeit voraus. In Hausordnungen und unternehmensinternen Regelungen ist Entsprechendes zu beobachten. Ein Physiker, Müller-Krumbhaar, hat die Rechtswissenschaft darauf hingewiesen, daß die Sollensregel „Rechtsanwendungsgleichheit" im Sein als „Selbstkonsistenz" eine Entsprechung hat. Darunter versteht man eine für geordnete Systeme der belebten wie die der unbelebten Natur charakteristische Eigentümlichkeit: Greift man einen beliebigen Teil aus einem Gesamtsystem heraus, so zeigt die Beobachtung eine Übereinstimmung des herausgegriffenen Zustandes oder Ablaufs mit dem Gesamtsystem. Der Verkehrsablauf in einem Teil von München zeigt dieselben Regelmäßigkeiten wie in einem anderen Teil der Stadt, und beim Vergleich entsprechender Beobachtungen in Düsseldorf und Barcelona zeigen sich erneut die schon bekannten Übereinstimmungen. So weit die Regeln der Straßenverkehrsordnung oder inhaltsgleiche Regeln eines anderes Staates gelten, wird der Systembeobachter stets Systemkonsistenz konstatieren.

Die Erklärung ist einfach: Nur Träger identischer oder annähernd identischer Programme können geordnete Systeme bilden. Dies mögen unsere Körperzellen sein oder Ameisen, die zum Bau des Ameisenhaufens zusammenarbeiten, oder Menschen, die regelbildend ein gruppendynamisches System formen. In der Natur können Träger korrespondierender Programme sogar über die Grenzen der Art hinweg geordnete Systeme bilden; bei Symbiosen ist es eine „friedliche" Kooperation, bei Räuber-Beute-Systemen eine „unfriedliche" Konkurrenz. Räuber können niemals die Beutetiere vollständig ausrotten, die Beutetiere können niemals durch hemmungslose Vermehrung ihre Lebensgrundlage zerstören.

Annähernde Programmidentität bzw. Programmabstimmung ist also eine notwendige Bedingung für die Systembildung in der Natur, aber keine Garantie dafür. Auch eine wuchernde Bakterienkultur wird von Trägern gleicher Programme gebildet, aber die Kultur ist kein geordnetes System. Gleiches gilt für eine Krebswucherung, die zwar räumlich dem Körpergewebe zugehört, aber an der Kooperation der übrigen Körperzellen nicht teilnimmt. Programmgleichheit ist also nur eine von zahlreichen, zu erfüllenden Bedingungen.

Nach unserer Hypothese ist Rechtsanwendungsgleichheit eine Vorgabe der Evolution für die Gesetzgeber. Es handelt sich um eine für den juristischen Bereich formulierte, allgemeine Sachgesetzlichkeit. Wer als Gesetzgeber geordnete Systeme schaffen will, muß das Prinzip Rechtsanwendungsgleichheit beachten, weil es die Natur von ihm fordert. Das Prinzip steht – historisch bedingt – in der Verfassung, es enthält aber eine Seinsgesetzlichkeit, eine Vorgabe der Evolution. Da die Natur keiner Legitimation durch die Verfassung bedarf, ist es nicht notwendig, ein Seinsgesetz zusätzlich unter die Sollensgesetze aufzunehmen.

S. Literaturhinweise 4.3, 4.4.

Zusammenfassung:

1. In der Natur können nur Träger gleicher und abgestimmter Programme geordnete Systeme bilden.
2. Rechtsanwendungsgleichheit bewirkt, daß alle Rechtsunterworfenen zu Trägern gleicher Programme werden.
3. Das Handeln von Trägern gleicher Programme ruft eine beobachtbare Wirkung hervor: die Systemkonsistenz. Beispiel: An allen Straßenkreuzungen sind gleichartige Verkehrsabläufe zu erkennen, soweit gleiche Regeln gelten.
4. Rechtsanwendungsgleichheit ist folglich keine Sollensregel, sondern ein Seinsgesetz, eine Vorgabe der Evolution, die aus historischen Gründen in der Verfassung steht.

## 3.5 Keine Rechte ohne Pflichten: Aussteuerung der Motivationen

Selbstorganisation tritt in der unbelebten Welt nur unter ständiger Energiezufuhr auf. In einem Wasserkessel formieren sich die Wassermoleküle erst bei Ermwärmung zu walzen- oder rollenförmigen Gebilden; nur über sehr warmen, tropischen Meeren können sich Luftwirbel bilden, die dem Außenstehenden chaotisch erscheinen, die aber tatsächlich geordnet sind, da sie durch ein „abgestimmtes Verhalten" der an der Wirbelbildung beteiligten Moleküle entstehen. Wo die Technik das Wissen der Physiker von der Selbstorganisation nutzt, ist gleiches zu beobachten. Im Laser führt erst Energiezufuhr zum Entstehen von Laserlicht, also einer kohärenten Lichtwelle, die das Ergebnis eines „gemeinsamen Handelns" der dafür „verantwortlichen" Atome bzw. Moleküle ist. Die Energiezufuhr des Selbstorganisationssystems muß recht genau bemessen sein. Ist sie zu hoch, bilden die Moleküle ein turbulentes Chaos. Ist sie zu niedrig, herrscht das gewöhnliche, für die unbelebte Welt geradezu charakteristische Chaos. Der Ordnungszustand Selbstorganisation ist also sozusagen nach oben und nach unten durch zwei verschiedene Zustände von Unordnung begrenzt.

Entsprechendes gilt für die biologische Natur. Die Individuen der Tier- und Pflanzenwelt sind wie die Selbstorganisationssysteme der unbelebten Natur sogenannte „offene Systeme", die nur unter ständiger Energieaufnahme bestehen, das heißt leben können. Die Bandbreite ihrer Existenz ist schmal, Energiemangel verurteilt sie ebenso zum Tode wie übermäßige Energiezufuhr. Das tierische Sozialleben zeigt eine entsprechende Erscheinung. Hier fehlt zwar eine beobachtbare und meßbare Energiezufuhr, aber die Zoologie berichtet von einem subtilen Wechselspiel aus Antrieben und Hemmungen, das ein sich selbst organisierendes Sozialleben erst ermöglicht. Es liegt nahe, Antriebe und Hemmungen als „psychische Energie" zu nehmen.

Auch Arthur Schopenhauers Stachelschweinparabel (vgl. S. 45) schildert das Entstehen von Selbstorganisation als eine Gratwanderung zwischen dem gewöhnlichen Chaos, mit dem die Geschichte beginnt, und einem turbulenten Zustand. Zunächst lebt jedes Tier selbstgenügsam und benötigt keine Abstimmung mit dem Artgenossen. Dann treibt die Kältewelle die Tiere in ein turbulentes Chaos, da der Überlebenswille die Tiere schmerzlicher aufeinander prallen läßt, als ihnen zuträglich ist. Schließlich kommt es zum Austasten des richtigen Abstandes, der die Tiere sowohl die Kältewelle als auch die Nähe des Artgenossen aushalten läßt, wodurch sie dem außenstehenden Beobachter als wohl geordnete Herdenformation erscheinen.

Unsere Hypothese, Gesetzgebungskunst sei ein Erfahrungswissen von Selbstorganisation, führt zu drei Erwartungen: Wenn wir in den Selbstorganisationssystemen der unbelebten Natur, der Technik, der belebten Natur und sogar in den erdachten Systemen der Philosophie ein analoges Phänomen beobachten, wird dieses Phänomen auch in den durch das Recht gebildeten sozialen Systemen auftreten. Zum zweiten erwarten wir, in der 6000 Jahre alten Handwerkskunst der Gesetzgebung ein naives Wissen von diesem Phänomen und einige Regeln zu seiner Beherrschung zu finden. Schließlich erwarten wir von dem modernen Gesetzgeber eine Mißachtung dieses überlieferten Wissens.

Das Wissen vom „turbulenten Chaos" ist in der juristischen Überlieferung mit dem Namen des griechischen Philosophen Karneades verbunden. Er erfand den Fall vom Brett bzw. der Planke: Nach einem Schiffbruch hängen zwei Matrosen an einer Planke, die nur einen trägt. Welche Lösung hält das Recht bereit? Die Antwort lautet: keine. Das Recht tritt vollständig zurück und regelt nichts. Diese Nichtregelung verbirgt die Rechtswissenschaft sorgfältig, indem sie in Gestalt von Grundsätzen oder gesetzlichen Regelungen (§ 35 StGB) sagt, an sich seien die Tötungsdelikte des Strafrechts einschlägig, doch werde der Überlebende nicht bestraft, auch wenn er sein Leben durch die Tötung des anderen erkauft habe. Das Recht tritt also zurück, wenn es um das bloße Überleben geht, wenn die stärkste Motivation ausgelöst wird, mit der die Natur uns Menschen ausgestattet hat. In solcher Lage kann jedenfalls das Recht keine Sozialordnung mehr bilden. Auf der gleichen Erkenntnis beruht die Straflosigkeit der Selbstbefreiung des Gefangenen. Wer durch Führerschein- oder Konzessionsentzug oder Gewerbeuntersagung aus bestimmten sozialen Systemen ausgeschlossen ist, von dem erwartet das Recht eine freiwillige Beachtung des Ausschlusses. Wer aber durch eine Freiheitsstrafe aus praktisch allen sozialen Systemen ausgeschlossen wird, dem wirft das Recht keinen Bruch der Rechtsordnung vor, wenn er flieht.

Das Wissen von einer notwendigen Mindeststärke der Motivationen hat der Satiriker Jonathan Swift in seinem „Steuereinmaleins" auf dem Punkt gebracht. In einer modernisierten Form könnte es lauten: Beträgt der Steuersatz der Einkommensteuer null Prozent, so muß auch das Steueraufkommen Null sein. Steigt der Steuersatz ein wenig, so wird auch das Steueraufkommen steigen. Beträgt der Steuersatz schließlich 100 Prozent, so wird das Aufkommen wieder auf Null fallen, denn die Bürger werden ihre Einkünfte in der Schattenwirtschaft erzielen oder sich vom Staat aushalten lassen. Manche werden vielleicht beides gleichzeitig versuchen. Im Steuerrecht ist eben zwei mal zwei nicht vier, meinte Jonathan Swift und drückte damit eine schon der Antike geläufige Erfahrung der Gesetzgebung aus.

Aus heutiger Sicht beschreibt Swift den zum Scheitern verurteilten Versuch eines mechanistischen, in Vorstellungen von linearer Kausalität befangenen Gesetzgebers, ein nichtlineares hoch komplexes System zu steuern. Leider gehört sein Gedankenexperiment nicht so selbstverständlich zum Erfahrungsschatz der Rechtswissenschaft wie der Fall des Karneades, denn der Befund des „Steuereinmaleins" ist einem auf das Individuum konzentrierten, rechtlichen Denken schwer zugänglich. Während der Fall des Karneades Gedankenexperiment und Rechtsfall zugleich ist, stellt Jonathan Swifts „Steuereinmaleins" nur ein Gedankenexperiment dar. Ein rechtliches Denken, das streng zwischen Sein und Sollen trennt und nur einen Blick für die Überforderung von Individuen, nicht aber für die von Systemen hat, tut sich leicht, an Swift vorbeizugehen.

Mit Karneades ist also ein Wissen von der Obergrenze der „Energiezufuhr" verbunden, mit Swift ein Wissen, daß Gesetzgebung die Stärke der Motivation zu gesetzestreuem Verhalten nicht unter eine Untergrenze sinken lassen darf. Die Untergrenze darf man sich nicht als feste Größe vorstellen, sie schwankt mit der Umweltsituation. Während des Zweiten Weltkrieges bezahlten die deutschen Steuerbürger auch dann noch exorbitant hohe Steuern, wenn das zuständige Finanzamt mit allen Akten vor ihren Augen verbrannt war. Zu anderen Zeiten lösten höchst maßvoll anmutende Steuererhöhungen Revolutionen aus. Die Gesetzgebung muß deshalb Methoden finden, diese Grenzen in jeder Lage neu auszutasten. Wir kommen noch darauf zurück.

Die Rechtswissenschaft weiß nicht nur von einer Mindest- und Höchststärke der Motivationen, sie besitzt auch Kenntnis von einem Regelungsmechanismus, der die Motivationen stets in einer mittleren Bandbreite hält. Dieses Wissen gibt die juristische Handwerkerregel „keine Rechte ohne Pflichten" wieder. Wo Gesetzgebungskunst praktiziert wird, hält man sich weitgehend daran, Rechte mit Pflichten, Chancen mit Risiken und Ansprüche mit Einwendungen zu belasten. In der rechtstheoretischen Literatur hat Hagen Hof bereits die Beziehung zwischen diesem juristischen Denken in Gegensätzen und den Befunden der Ethologie zum Wechselspiel aus Antrieben und Hemmungen hergestellt. Das bürgerliche und das Handelsrecht hindern den Verkäufer nicht, hohe Preise zu fordern, aber das Risiko, Käufer zu finden, ist gleichfalls seine Sache. Das Verbot des Vertrages zu Lasten Dritter wird erst vor dem Hintergrund der Aussteuerung von Motivationen in seiner ganzen Bedeutung erkennbar; niemand darf die Chancen eines Vertrages für sich beanspruchen und Risiken und Lasten auf Dritte abwälzen. In der modernen, ökonomischen Rechtstheorie taucht diese Erkenntnis unter dem Aspekt der „internalisation of externalities" auf. Das Recht darf einem Produzenten nicht erlauben, die Vorzüge seines Handelns selbst einzustreichen, während er mit den Nachteilen seines Tuns die Umwelt bzw. konkrete Dritte belastet.

Unter diesem Gesichtspunkt brachte das liberale Wirtschaftsrecht des 19. Jahrhunderts einen folgenschweren Bruch mit der juristischen Tradition, denn es gewährte die Freiheit, zu Lasten Dritter zu handeln, indem es erlaubte, Kosten der Produktion nicht nur auf die Marktteilnehmer, sondern auch auf den Staat oder die nachfolgenden Generationen abzuwälzen. An den Folgen dieses Fehlers werden wir in Gestalt der Umweltverschmutzung noch lange zu tragen haben, da auch das heute geltende Recht noch keine vollständige Internalisierung aller Kostenfaktoren erzwingt. Die ökonomische Rechtstheorie hält aber das theoretische Wissen zur Lösung des Problems bereit (vgl. Kapitel 4.6, S. 207).

Bedenkliches ist selbst in unserem Standardbeispiel Straßenverkehr zu beobachten. Versicherungen verändern das Risikokalkül des Autofahrers, sie belassen ihm weitgehend die Chancen des

Schnellfahrens und erlauben ihm, jedenfalls die ökonomischen Risiken seines Handelns auf ein Kollektiv abzuwälzen.

Das Ende des 19. Jahrhunderts brachte noch einen weiteren, folgenschweren Bruch mit dem Austarieren von Motivationen. Die europäischen Staaten änderten ihren Umgang mit den Staatsdienern. Soldaten waren bis dahin entweder Söldner, die gute Bezahlung und eventuell Chance auf Beute mit schlechtem Ansehen sowie dem erhöhten Todes-, Gesundheits-, Erwerbs- und Alterssicherungsrisiko bezahlen mußten, oder sie waren Berufssoldaten, die Ehre, Reputation und staatliche Versorung mit kärglicher Bezahlung zu erkaufen hatten. Für Beamte galt Entsprechendes. Noch in den 20er Jahren unseres Jahrhunderts verlor ein deutscher Beamter an Reputation, wenn er Beihilfeleistungen in Anspruch nahm. Dadurch spielte man in raffinierter Weise Motivationen gegeneinander aus, denn das Streben nach materieller Sicherheit und das Streben nach Ansehen konnten nicht gleichzeitig in Erfüllung gehen. Als die Staaten daran gingen, ihre militärischen und zivilen Diener mit Ehre und Geld zugleich zu belohnen, setzte eine gewaltige Ausdehnung der Staatsapparate einschließlich des Militärwesens ein.

Das Recht des modernen Sozialstaates macht aus dem Handeln zu Lasten Dritter geradezu ein Rechtsprinzip. Die großen Solidarsysteme gewähren umfangreiche Möglichkeiten, die Kosten des persönlichen Tuns auf anonyme Gemeinschaften abzuwälzen, sie zu sozialisieren und die Gewinne selbst einzustreichen. Ob es die Anbieter von Gesundheitsleistungen sind, ob freiwillige Kinderlosigkeit, risikoreiche Lebensweise, Scheidung oder sonstige, teure Selbstverwirklichungsideen, stets schafft das Recht anonyme Gruppen von Zahlern, die die Kosten zwangsweise übernehmen müssen. Solches Recht klinkt die Motivationen aus und schafft Erscheinungen, die jedermann als Anspruchs-, Subventions- und Kaskomentalität geläufig sind. Wir werden noch zeigen, daß die großen Solidarsysteme durch diesen Fehler prinzipiell auf Selbstzerstörung programmiert sind.

S. Literaturhinweise 2.2, 3, 4.3.

Zusammenfassung:

1. Selbstorganisationssysteme können in der unbelebten und biologischen Natur nur unter Energiezufuhr bestehen. Die Energiezufuhr darf eine Obergrenze nicht über- und eine Untergrenze nicht unterschreiten.
2. Dieser Gegebenheit ist auch die Kultur unterworfen, die menschlichen Motivationen müssen durch Normen innerhalb einer Bandbreite gehalten werden.
3. Das Wissen von dieser Vorgabe der Evolution ist in der Geisteswissenschaft vielfältig vorhanden. Der Fall vom Brett des Karneades, in § 35 StGB gesetzlich geregelt, gibt das Wissen von der Obergrenze der Motivationen wieder. Swifts „Steuereinmaleins" beschreibt die Untergrenze, Schopenhauers „Stachelschweinparabel" einen Austastmechanismus. Das Recht hält die Motivationen durch Schaffung von Ambivalenzen, durch Belastung sozialer Vorteile mit sozialen Nachteilen, in einer mittleren Bandbreite: Rechte – Pflichten, Eigentum – Sozialbindung, Ansprüche – Einwendungen.
4. Mißlingt das Austarieren, werden Motivationen ausgeklinkt, was als Kasko-, Anspruchs- und Schnorrermentalität im Sozialleben in Erscheinung tritt.

## 3.6 Glücksspiele für die Menschen, Strategiespiele für die Kollektive: Tod und Arterhaltung

*Die „letzte Karte" in Wirtschaft, Sport und Krieg*

Ein Vorstand tritt vor den Aufsichtsrat und schildert den entsetzten Mitgliedern dieses Gremiums die Lage des Unternehmens: „Unser Kredit ist erschöpft, unsere Waren sind Ladenhüter, unsere Entwicklungsabteilung schläft, unsere Verkäufer laufen zur Konkurrenz über." „Wir haben nur noch eine Chance", fährt der Vorstand fort, „wir müssen die uns verbliebenen, liquiden Mittel beim Roulette einsetzen." Sicherlich darf eine Unternehmensleitung in Krisenlagen kühne und unkonventionelle Ideen entwickeln, aber dieser Vorschlag könnte Vorstand und Aufsichtsrat ins Gefängnis bringen. Das Strafgesetzbuch sieht nicht nur Roulette, sondern auch Glücksspiele wirtschaftlichen Inhalts wie Termin- und Optionsgeschäfte sehr kritisch, wenn Kaufleute ihr Kapital dabei riskieren.

Im Bürgerlichen Gesetzbuch regelt § 1365 die Frage, ob jemand über sein Vermögen als Ganzes verfügen darf. Eine solche Transaktion hat Elemente eines Glücksspiels. Während der eigentliche Glücksspieler einen Einsatz wagt, der ihm nur zufällig einen großen Gewinn bringen kann, riskiert der Verkäufer einer Gemäldesammlung, die sein ganzes Vermögen darstellt, daß ein böser Zufall in Gestalt eines Betrügers ihn um seine Habe bringen kann. Der Glücksspieler setzt also auf eine oder viele sehr schlechte Karten, der Verkäufer im Sinne des § 1365 BGB setzt alles auf eine einzige, beim gewöhnlichen Verlauf der Dinge – aber auch nur dann – todsichere Karte. Im einen Fall soll der Zufall das Glück bringen, im anderen kann ein Zufall mit dem Geschäft zugleich die wirtschaftliche Existenz ruinieren. Wir werden im folgenden beide Methoden als Glücksspiele bezeichnen, weil man in beiden Fällen durch Zufall alles verlieren kann. Auf die Frage, „Darf man sein ganzes Vermögen bei einem einzigen Geschäft einsetzen?", antwortet das BGB: Junggesellen dürfen, Ehegatten brauchen die Zustimmung des Partners.

In der rechtlichen Sicht unserer beiden Ausgangsfälle steckt offenbar die Idee, jedermann dürfe jederzeit seine eigene wirtschaftliche Existenz auf's Spiel setzen, aber nicht gleichzeitig die eines Kollektivs, der Familie oder eines Unternehmens. Positiv gewendet, wer für Kollektive handelt, soll offenbar Existenzsicherungsmaßnahmen ergreifen, bei denen Erfahrung, Ideenreichtum und persönlicher Einsatz honoriert werden und der Erfolg nicht allein vom Zufall abhängt und nicht ein einziges, unvorhersehbares Ereignis – wie die Zahlungsunfähigkeit des einzigen Geschäftspartners – den wirtschaftlichen Ruin bedeutet. Vielleicht meint das Gesetz, Kollektive hätten keine letzte Karte, sondern allenfalls unfähige Vertreter, denen es für eine Krisenlage an Einfallsreichtum mangele. Dann müßte der Aufsichtsrat in unserem Beispiel den Vorstand feuern und Krisenmanager suchen, die auch die in einem dösenden Unternehmen noch schlummernden Kräfte zum Leben erwecken können.

Im Sport kann man Verhaltensweisen beobachten, die diesem Prinzip entsprechen. Beim bezahlten Fußballsport gehen die sportlichen Wettkämpfe mit wirtschaftlichen Existenzkämpfen einher. Auf dem Spielfeld streiten die Mannschaften um Sieg oder Niederlage, während gleichzeitig Spieler, Trainer, Vereinsführung und Vereine um die Aufrechterhaltung oder Verbesserung ihrer gegenwärtigen, wirtschaftlichen Existenz kämpfen. Letztlich hängt das wirtschaftliche Wohlergehen aller davon ab, wieviele Tore fallen und ob sie dazu einen Beitrag leisten.

Wenn Mannschaften der Abstieg droht, pflegt man die Akteure nach einer ziemlich feststehenden Reihenfolge zu „opfern", wie es in der etwas martialischen Sprache dieses Gewerbes und seiner Journalisten heißt. Zunächst muß der „glücklose" Spieler weichen, dann der „ideenlose" Trainer, schließlich die Vereinsführung, die sich in einer „ausweglosen" Lage wähnt, weil sie die Existenz des Vereins mit dem Klassenerhalt der Fußballmannschaft verknüpft sieht und zum Beispiel als letzte Karte Schulden aufnehmen möchte, die nur beim glücklichen Ausgang des Kampfes gegen den Abstieg zurückzahlbar wären. Auch Vereinsführungen dürfen offenbar keine letzte Karte ausspielen. Dieser

Maßnahmekatalog ist eine gute Gewähr dafür, daß die zufallsbestimmten Ereignisse des Spielgeschehens und der Personenauswahl nicht auf den Verein durchschlagen. Die Akteure mit ihren Fähig- und Unfähigkeiten, ihren Glücks- und Pechsträhnen wechseln, der Verein bleibt – notfalls zweitklassig – bestehen.

Die amerikanische Historikerin Barbara Tuchman ist dem Problem der „letzten Karte" im politisch-militärischen Geschehen nachgegangen. Ihr fiel auf, daß Menschen in praktisch allen Bereichen des Soziallebens aus Erfahrung lernen, nur Politiker scheinen nichts oder nur wenig dazuzulernen. Wir hatten einen Aspekt dieses Befundes bereits oben (Kapitel 2.6, S. 54) als Problem der Rechtswissenschaft erörtert und angemerkt, daß jedermann unter dem Druck des Strafrechts aus Erfahrung lernen muß, nur Politiker, Juristen und Militärs sind davon in unserer Rechtsordnung ausgenommen. Sie dürfen Mißerfolgskonzepte, so oft sie wollen, wiederholen, und sie tun es auch zu Lasten Dritter. Die „letzte Karte" gehört nach Barbara Tuchman zu den Standardtorheiten der Politiker und der in ihren Diensten – manchmal umgekehrt – stehenden Militärs. Der Ausgang des Ersten Weltkrieges wurde nach ihrer Meinung durch eine solche „we-have-no-alternative" Entscheidung bestimmt, nämlich den Beschluß des kaiserlichen Deutschland zum unbeschränkten U-Boot-Krieg, auf den die USA, wie angekündigt, mit ihrem Kriegseintritt reagierten. Die Deutschen riskierten ein Glücksspiel um Sieg oder Niederlage, statt Ende 1916 das sich abzeichnende Patt als Alternative anzuerkennen, merkt Frau Tuchman kopfschüttelnd an.

Übrigens hat das militärische Glücksspiel bei allen führenden deutschen Militärs nach dem älteren Moltke Tradition. Schon dessen Gehilfe Waldersee wollte eine politische Krise des Jahres 1887 durch einen plötzlichen Winterfeldzug (!) gegen Rußland lösen. Der nächste Generalstabschef, Schlieffen, entwickelte einen Aufmarschplan, bei dem der zahlenmäßig Unterlegene die Armee des Überlegenen umfassen und vernichten sollte. Um das nicht Plausible plausibel zu machen, verrechnete er zählbare Faktoren, nämlich Soldaten und Waffen, mit wägbaren, wie Führungsqualität, und beides mit unwägbaren Faktoren wie dem Mut und der Einsatzbereitschaft der Soldaten. Er verplante Einheiten, für die noch nicht einmal Haushaltsmittel bewilligt waren. Sein Nachfolger, der jüngere Moltke, machte das Glücksspiel komplett, indem er die Arbeiten an einem Alternativplan einstellen ließ. So konnten die Militärs den Politikern in der Krise des Jahres 1914 bei einer von Rußland drohenden Kriegsgefahr nur eine einzige Karte, einen Aufmarsch gegen Frankreich präsentieren, in dessen Sachlogik die sofortige Eröffnung von Feindseligkeiten gegen Belgien lag, was den Kriegseintritt Englands nach sich zog. Das „Dritte Reich" erhob das Glücksspiel zum Prinzip des Umgangs mit anderen Mächten. Von der Rheinlandbesetzung bis zu den „Blitzkriegen" setzte jede Aktion voraus, daß der Gegner etwas bestimmtes tat beziehungsweise nicht tat. Die Aktionen hatten also nicht nur die eigenen Fähigkeiten, sondern immer auch die Unfähigkeit des Gegners und damit eine zufällige Gegebenheit zur unerläßlichen Voraussetzung. Ein solcher, glücksspielender Staat ist längerfristig zum Untergang verurteilt, wie immer er sonst beschaffen sein mag.

Es erscheint höchst seltsam, daß Unternehmern beim Glücksspiel um die Existenz des Unternehmens Gefängnis droht, während Militärs und Politiker straflos Glücksspiele um Nationen wagen dürfen. Folgt man Frau Tuchman, so ist das Glücksspiel in Gestalt der letzten Karte eine Torheit. Leider stimmt das nur, wenn man, wie sie das tut, die Ereignisse nicht aus der Perspektive der Individuen, sondern aus jener der Nationen beziehungsweise Staaten betrachtet. Aus der persönlichen Sicht der Akteure war der unbeschränkte U-Boot-Krieg eine gute Sache. Den U-Boot-Fahrern verbesserte er zunächst einmal die entscheidenden, kurzfristigen Überlebenschancen. Der Marineführung brachte er eine Ausweitung des Apparates mit entsprechenden Karrierechancen. Für jedes Individuum der Führungsspitze war die Entscheidung ebenfalls vernünftig, denn alle rechneten damit, daß ein siegloser Frieden, auch das Patt, soziale Umwälzungen bringen würde.

Das Ausspielen der angeblich letzten Karte ist also staatsmännisch eine Torheit, kann aber persönlich höchst vernünftig sein.

So ist es auch in unserem Eingangsbeispiel. Der Vorstand ist für die desolate Lage des Unternehmens verantwortlich; das würde ihn, sobald die Lage offenkundig ist, die eigene berufliche Position kosten. Unter diesen Umständen wäre es aus seiner persönlichen Sicht vernünftig, die eigene Zukunft mit der des Unternehmens zu verknüpfen und mit dem Geld der Aktionäre und der Gläubiger noch ein Gücksspiel zu wagen. Letztlich kann nur das Recht Vorstände, Vereinsführungen, Politiker und Militärs daran hindern, die Sicherung der eigenen Existenz mit der eines Obersystems zu verknüpfen und dann ein Glücksspiel zu wagen. Das Recht kann dies nicht nur, es muß es tun, denn in der aufgezeigten Problematik steckt eine Sachgesetzlichkeit aller teleonomen Programme.

### *Die Zuweisung von Berechenbarem und Zufälligem in der Evolution*

Die teleonomen Programme der Tierwelt sind einmal an der Lebenserhaltung des Individuums, zum anderen an der Arterhaltung orientiert. Die Natur liefert die Individuen den Zufälligkeiten der Welt aus und zwingt sie, ständig ihr Leben als letzte Karte einzusetzen. Das Individuum spielt also immer mit letztem Einsatz. Das ist nach unserer Definition ein Glücksspiel, auch wenn diese letzte Karte „todsicher" scheint, denn die letzte Karte ist in einer grundsätzlich indeterminierten Welt niemals völlig sicher. Dagegen spielt die Art ein Strategiespiel um ihre Erhaltung. Das bedarf einer etwas genaueren Erörterung.

Beginnen wir zunächst nicht mit einer Beobachtung, sondern mit einer Überlegung. Nehmen wir an, von einer Art gäbe es nur ein Individuum, das sich nicht vermehrt, das seiner Umwelt optimal angepaßt und dessen Tod nicht vorprogrammiert ist. Bei unveränderter Umwelt würde das Individuum also ewig leben. Wir haben es mit zwei Spielen zu tun, einem Spiel der Art und einem des Individuums, die hier wie ein einziges aussehen. Beide spielen um ewige Existenz. Beide spielen nach unserer Definition ein Glücksspiel, denn jede zufällige Veränderung der Welt (Blitzschlag, Hochwasser, neue Krankheitserreger, neue Feinde) kann den Tod des Individuums und gleichzeitig das Aussterben der Art bedeuten. Das gilt unabhängig davon, ob das Individuum vollständig vorprogrammiert ist, ob es „lernen" kann oder – wie der Mensch – zu begrenzter Voraussicht fähig ist. Aus einem unvorhersehbaren und tödlichen Geschehen könnte das Individuum nichts mehr lernen. Da ein solches Ereignis in einer indeterminierten Welt sicher kommen wird, ist das Aussterben von Art und Individuum gewiß. Offen ist nur der Zeitpunkt.

Wenn die Art aus einer Million Kopien solcher Individuen bestünde, wäre das Ergebnis nicht anders. Art und Individuum spielen immer noch Glücksspiele um ewige Existenz, allerdings hat jedes Individuum nur einen Wurf, während die Art eine Million Würfe hat. Auch das letzte Individuum wird aber eines Tages den Zufälligkeiten einer indeterminierten Welt zum Opfer fallen, und mit seinem Tod wird die Art ausgestorben sein. So weit das Gedankenexperiment.

In der biologischen Natur liegen die Verhältnisse anders. Die Natur produziert bei der Vermehrung keine Kopien, selbst bei Einzellern nicht, sondern erlaubt es, daß sich in die Reproduktionen winzige Fehler einschleichen, die Mutationen, also Abweichungen von der Vorlage. Aus der Sicht der Art ist Reproduktion das Herstellen einer Versuchsserie zur Optimierung der Anpassung. Die Art lernt aus ihren Versuchen, denn zumindest bei einem erhöhten Anpassungsdruck, also bei größeren Umweltänderungen, produzieren die optimal angepaßten eine größere Nachkommenschaft als ihre Artgenossen. Die Art vermehrt also die Zahl der Versuche dort, wo der Erfolg am größten war. Damit ist ihr Spiel um ewige Existenz schon auf der Ebene der Einzeller kein reines Glücksspiel mehr, sondern weist Elemente eines Strategiespiels auf.

Beim Übergang zur Mehrzelligkeit hat die Evolution vermutlich den Tod der Individuen vorprogrammiert und dadurch dem Spiel der Art ein weiteres Strategieelement mitgegeben. Durch den Tod des Individuums wird jeder Versuch oder Einsatz, auch der erfolgreiche, einmal abgeschlossen; dadurch sind für neuere, stets erfolgsversprechendere Versuche oder Einsätze mehr Mittel, das heißt Lebensgrundlagen, vorhanden. Der Evolutionsschritt zur sexuellen Vermehrung bringt die Rekombination von zwei erfolgreichen Versuchen und damit ein weiteres Strategieelement für das Spiel der Art.

Während die Art ein Strategiespiel um ewige Existenz spielt, ist das mehrzellige Individuum einem Glücksspiel um begrenzte Überlebenszeit ausgeliefert. Daran ändert der Evolutionsschritt zum „lernenden", das heißt sich selbst mit Erfolgsprogrammen versehenden Individuum nichts Grundsätzliches. Das lernende Individuum kann durch Abwandlung seines Verhaltens, also einen vorsichtigeren oder wagemutigeren Einsatz, die Wahrscheinlichkeit seines Überlebens erhöhen, aber es spielt stets mit letztem Einsatz, mit dem Einsatz seines Lebens, und hat nie die Gewähr, daß ihm dieser Einsatz erhalten bleibt.

In unserem Standardbeispiel für das Recht, dem Straßenverkehrssystem, sind die gleichen Gegebenheiten zu beobachten. Der Straßenverkehr ermöglicht es der Menschheit, eine höhere Populationsdichte aufrecht zu erhalten, als es sonst möglich wäre. Aber kein Individuum, das an ihm teilnimmt, hat eine Garantie seines Überlebens. Jede Fahrt könnte die letzte sein. Vorsichtigeres oder unvorsichtigeres Fahren ändern nur die Wahrscheinlichkeiten, aber nicht das Prinzip. Wollte das Recht den Individuen eine Überlebensgarantie gegen die Zufälligkeiten des Straßenverkehrs verschaffen, so müßte man die Geschwindigkeit auf Fußgängertempo herabsetzen. Dann würde aber der Systemzweck – optimaler Verkehrsfluß und schnelle Verschiebung von Personen und Gütern – nicht mehr erreicht, mit anderen Worten, der Straßenverkehr wäre überflüssig.

Die gleiche Sachgesetzlichkeit ist selbst dort noch zu erkennen, wo es um Hilfe und Heilung für das Individuum geht, im Bereich der Medizin. Alle Heilkunst beruht auf Erfahrung, die dort, wo sie mit moderner, naturwissenschaftlicher Methodik gesammelt wird, in mathematisch-statistischer Form vorliegt. Da Menschen aber keine Kopien, sondern verschiedene Individuen, wenn auch derselben Art sind, kann keine medizinische Erfolgsstatistik für den individuellen Behandlungserfolg garantieren. Sie kann nicht einmal für den Einzelfall schädliche, möglicherweise tödliche Nebenwirkungen völlig ausschließen, selbst dann nicht, wenn sie bisher noch nie aufgetreten sind. Es ist leicht zu erkennen, daß die Art, die Menschheit, ein Strategiespiel um die arterhaltende Vermehrung des medizinischen Wissens spielt. Auch der schlimmste Mißerfolg, der Tod des Patienten, vermehrt dieses Wissen. Der Patient dagegen spielt mit jeder Behandlung um sein Leben, er spielt seine letzte Karte aus, auch wenn das Risiko bei einem Hustensaft sicher minimal ist.

Das Recht kann auch diese Gegebenheit nicht ändern. Wollte es den Arzneimittelherstellern nur den Vertrieb garantiert unschädlicher oder gar nebenwirkungsfreier aber wirksamer Medikamente erlauben, so wäre die Evolution des pharmakologischen Wissens beendet, denn solche Medikamente gibt es prinzipiell nicht. Das Recht kann nur die Anforderung an die Sicherheit der Medikamente immer höher schrauben und das Haftungsrisiko der Hersteller immer weiter erhöhen. Aber damit legen Rechtsprechung und Gesetzgebung sozusagen die Hand an den Geschwindigkeitsschalter der Evolution. Ist das Haftungsrisiko hoch, können nur große Firmen, die viele Medikamente herstellen, neuen Ideen nachgehen, und der Zeitraum von der Idee des Forschers bis zum ersten klinischen Test wird entsprechend lange sein. Das scheint erträglich, aber leider bringt jede Änderung von Lebensgewohnheiten neue Krankheiten; für fast jede Generation sind jeweils andere Krankheiten charakteristisch. Wenn das Recht den Geschwindigkeitsschalter der Evolution des medizinischen Wissens auf „langsam" stellt, weil die jetzt lebenden Individuen außerstande sind, Leidenserfahrung und Tod als Bestandteil ihrer Existenz hinzunehmen, dann muß vielleicht die nächste Generation dafür bezahlen.

Das Recht würde die kulturelle Evolution zum Stillstand bringen, wenn es das Individuum aus dem Glücksspiel um Leben und Gesundheit befreien wollte, es hat auch keinen Anlaß, ihm wirtschaftliche Glücksspiele zu verbieten. Die Kehrseite dieser Gegebenheit ist die Frage, bei welchen Kollektiven das Recht Glücksspiele verbieten muß, um welche Kollektive nur Strategiespiele zulässig sind; Spiele, bei denen man aus Fehlern lernt, bei denen man Erfolgsrezepte nicht vergißt und bei denen man niemals alles auf eine Karte, und sei es eine „todsichere" Karte, setzt. Unsere biologische Art bezeichnen wir als Menschheit, wobei die so verstandene Menschheit so wenig mit der Summe der augenblicklich lebenden Individuen identisch ist, wie irgendeine zoologische Art. Wir müssen also einen Trennungsstrich zu den Vertretern einer einseitig individuumorientierten Moral ziehen, die den Begriff „Menschheit" augenblicklich okkupiert haben und meist glauben, das Glück der Individuen und das Wohl der Menschheit seien identisch, und die meinen, Staaten, Unternehmen und Märkte seien Zweckschöpfungen der Individuen und stünden deshalb auch in deren Diensten.

Leider antwortet die Biologie auf diese Frage nach Wesen und Struktur der Art mit einer Vielzahl unvereinbarer Theorien. Sie beginnen bei der Auffassung, die Art habe keinen Realitätscharakter, sondern sei ein von der Wissenschaft entwickeltes Klassifizierungsinstrument, und reichen bis zu Realitätstheorien, die in der biologischen Art ein realobjektives Gebilde mit objektiv in Raum und Zeit bestehenden Grenzen sehen. Fragt man die Rechtswissenschaft nach Wesen und Struktur menschlicher Kollektive, so wird man bei Familie und Staat Probleme erwarten. Leider werfen auch moderne, am Schreibtisch entworfene Kollektive, wie z. B. die GmbH, keine geringeren Probleme auf. Auf die Frage nach Wesen und Struktur moderner juristischer Personen antwortet die Rechtswissenschaft mit einer Anzahl von Theorien, deren Bandbreite eben jener der Biologie über die Art entspricht. Sie erstreckt sich von einer Fiktionstheorie bis zu einer Realitätstheorie. Dazwischen liegen die Analogietheorie, die Funktions- und die Sondervermögenstheorie.

Die Schwierigkeiten von Biologie und Rechtswissenschaft lassen sich zu dem Befund zusammenfassen, daß die Obersysteme von

Individuen unserem Erkenntnisapparat nicht gut zugänglich sind. Bei Subsystemen bestehen keine entsprechenden Probleme, unsere Organe, Zellverbände und Zellen regen nicht zu Theorien über deren Wesen und Struktur an. Diese Gegebenheiten legen ein Gedankenexperiment nahe. Nehmen wir an, unsere Zellen erforschten ihre Obersysteme, also Zellverbände, Organe und das Individuum. Die Natur hätte ihnen nur einen zur Wahrnehmung ihres Mesokosmos ausreichenden Erkenntnisapparat gegeben, das heißt sie könnten andere Zellen wahrnehmen, sehr viel größere und sehr viel kleinere Strukturen wären ihnen aber „unbegreiflich". Dann würden die Zellen den Zellverband, dem sie angehören, das Organ und das Individuum nur als Produzenten von Informationen erleben, als Informationen, die in Gestalt von Aktivatoren und Inhibitoren die Handlungsspielräume der Zellen eröffnen und begrenzen. Die Zellen könnten behaupten, ihre Obersysteme hätten keinen Realitätscharakter, vielmehr seien sie von ihnen selbst, den Zellen, zum Zweck ihrer Selbsterhaltung geschaffene Gebilde, und auch die Information sei das Werk der Zellen. Das wäre ziemlich gefährlich für uns Individuen, denn wir sind auf Zellen angewiesen, die als Zweck ihres Arbeitsprogramms die – aus ihrer Sicht – ewige Existenz des Zellverbandes anerkennen, der Zellverband muß die ewige Existenz des Organs und dieses jene des Individuums als Orientierungspunkt anerkennen. Nur Krebszellen unterwerfen sich der Versklavung durch Aktivatoren und Inhibitoren nicht.

Das Gedankenexperiment soll nun nicht „beweisen", eine GmbH sei ein dem Individuum und der Zelle analoges, lebendes Gebilde, oder der Staat, der Markt oder die Menschheit habe diese Qualität. Wir müssen aber in der Gesetzgebung so tun, als ob es so wäre, denn nur dann setzen wir die Evolution fort. Das Recht muß die ewige Existenz der Menschheit als Orientierungspunkt anerkennen, und dazu gehört, daß niemand ein Glücksspiel um eben diese Existenz wagen darf. Der Grundsatz wird operationabel, wenn wir Staaten, Märkte, Unternehmen, Familien und sonstige prinzipiell unsterbliche Obersysteme des Individuums ebenfalls durch ein Verbot des Glücksspiels und damit einen Zwang zum Strategiespiel sichern, denn die Menschheit wird vermutlich um so sicherer, je mehr eingeschobene Subsysteme es zwischen Individuum und Art gibt.

Das Prinzip bietet reichlich Stoff zum Nachdenken. Europa wären zwei Weltkriege erspart geblieben, wenn das Recht dieses Prinzip nicht nur für Kaufleute und Ehegatten, sondern auch für Politiker und Militärs etabliert hätte. Das Völkerrecht hätte die Frage zu erörtern, ob die Strategie der atomaren Abschreckung mit diesem Prinzip zu vereinbaren wäre. Im innerstaatlichen Bereich wäre das Problem der Atomkraftwerke (Kapitel 4.7, S. 209 ff.) ebenso zu erörtern wie der freizügige Umgang mit Versicherungen, durch den Individuen die ökonomischen Risiken ihrer Glücksspiele von sich weg auf ein Obersystem übertragen dürfen.

S. Literaturhinweise 3.

## Zusammenfassung:

1. Die Welt ist teils von vorhersehbaren, teils von unvorhersehbaren Ereignissen bestimmt.
2. Die biologische Evolution ist so eingerichtet, daß die unvorhersehbaren Ereignisse nur das Individuum, nicht aber die Art treffen. Die Art spielt ein Strategiespiel um ihre Selbsterhaltung, indem sie ständig aus Erfahrung lernt, während die Individuen trotz zunehmender, eigener Lernfähigkeit immer dem Zufall überantwortet bleiben.
3. Dies ist eine Vorgabe der Evolution für die Kultur. Das Wissen davon ist rudimentär im Recht vorhanden: Jedes Individuum darf seine eigene, wirtschaftliche Existenz in Spielen mit Glücksspielcharakter riskieren; um die Existenz der Obersysteme (Familie, Unternehmen) des Individuums soll Strategie gespielt werden.

> 4. Die Kenntnis dieser Vorgabe ist für den Umgang mit dem Recht der Sicherheitsvorschriften und dem Haftungsrecht bedeutsam, ferner für das Völkerrecht, für das Atomrecht und für das Recht der Versicherungen.

## 3.7 Prinzipien und Kompetenzhierarchien: Abstimmung von Wissen und Macht

Wenn ein Unternehmen allmählich aus einem Ein-Mann-Betrieb zu bescheidener Größe wächst, liegt die Leitung für begrenzte Zeit bei einem Chef und Firmeninhaber, der „alles" weiß. Mit dessen Ausscheiden endet dieser Zustand, dann kommt ein Nachfolger, der – hoffentlich – von „allem etwas" weiß. Er hat Mitarbeiter, die – hoffentlich – „von etwas alles" wissen. Der frühere Chef wußte nicht nur alles, er konnte auch alles und konnte es oft besser. Daraus resultierte seine Autorität sowie seine Fähigkeit und Neigung, ins einzelne gehende Anweisungen zu geben. Mit der neuen Leitung steht das Unternehmen vor einem Führungsproblem, das mit einem Organisations- und Motivationsproblem verknüpft ist. Der neue Chef kann mangels Detailkenntnis keine detaillierten Anweisungen geben; versucht er es dennoch, untergräbt er mit „praxisfernen" Weisungen seine Autorität. Begnügt er sich aber mit Richtlinien, so eröffnet er den Mitarbeitern Spielräume, an die sie nicht gewöhnt sind. Außerdem sitzt der neue Chef den Mitarbeitern nicht mehr so dicht im Nacken, denn er kann mangels Sachkenntnis keine beständige Kontrolle über sie ausüben.

Offensichtlich geht es in diesem Beispiel um eine spezielle Erscheinungsform des Problems zunehmender Komplexität und seiner Auswirkungen auf die Entscheidungskompetenzen und -techniken. In einer komplexen Organisation besteht eine charakteristische Entweder-Oder-Lage: Mitglieder der Organisation können entweder Ausschnitthaftes konkret und im Detail wissen, oder von zunehmend größeren Teilen der Gesamtorganisation zunehmend abstraktere und überblickhaftere Kenntnisse besitzen. Wie die Erfahrung zeigt, beeinträchtigt dieses Entweder-Oder nicht zwangsläufig die Fähigkeit der Menschen, Großorganisationen der Wirtschaft, wie z. B. Konzerne, zu bilden.

Die Militärs scheinen die ersten gewesen zu sein, die das Problem der zunehmenden Komplexität im Sozialleben nicht nur pragmatisch angingen, sondern auch gedanklich zu durchdringen versuchten. In der Mitte des 18. Jahrhunderts besagte die militärische Theorie, daß Armeen eine natürliche Obergrenze von etwa 50 000 Mann hätten, denn mehr könne ein Feldherr nicht führen. Der Feldherr, an dem sich die Theorie orientierte, wußte „alles", denn er stand bei Schlachten auf dem Feldherrenhügel. Das bloße Auge vermittelte ihm den Überblick, das Fernrohr die erforderliche Detailkenntnis: Der allwissende Feldherr dirigierte Menschen wie Marionetten, denn ständiger Gruppendrill und Rhythmisierungen durch Gleichschritt und Marschmusik unterdrückten die individuellen Motivationen. Kein Wunder, daß die Theorie behauptete, eine Schlacht müsse wie ein Uhrwerk ablaufen und ihr Ausgang sei berechenbar, wenn man alle Daten schon vorher kenne. Der geistige Hintergrund für diese Theorie ist unverkennbar das mechanistische Zeitalter mit Newton, dem Laplace'schen Dämon und Hobbes' Leviathan.

Ungeachtet der Theorie stellten die Staaten immer größere Armeen auf und überließen es den Feldherren, die Theorie der natürlichen Obergrenze zu widerlegen. In der Folge veränderten sich die Informationen, die Entscheidungskompetenz und die Befehlstechnik der Feldherren und aller Offiziere. An die Stelle der konkreten Information trat eine abstrakte Information, das heißt aus dem Blick auf Landschaft und Truppen wurde ein Blick auf Landkarte und Ziffern. Am Beispiel der Landkarte zeigt sich eine charakteristische Wechselbeziehung zwischen der Hierarchieebene der Organisation und der Art der zur Entscheidungsfindung zu verarbeitenden Informationen. Arbeiten alle

Hierarchieebenen vom Feldwebel bis zum Feldherrn mit Karten desselben Maßstabes, so wird es dem Feldwebel an Detailinformationen fehlen, wenn der Maßstab den Bedürfnissen des Feldherrn entspricht; dem Feldherrn ginge der Überblick verloren, wenn der Maßstab den Bedürfnissen des Feldwebels entspricht, und ein Kompromiß würde bei einem sehr großen Kriegsgebiet weder dem einen noch dem anderen nützen. Statt dessen statteten die Militärs jede Hierarchieebene mit dem für ihre Bedürfnisse zugeschnittenen Kartenmaterial aus, soweit das möglich war. Nach dieser Maßnahme gab es keine Zentralstelle mehr, die gleichzeitig Detailkenntnis und Überblick besaß.

Das mußte Folgen für die Befehlsgebung haben, denn weder durfte der Feldherr Detailregelungen treffen, da er die Einzelheiten des Geländes nicht kannte, noch durfte der Feldwebel weisungsunabhängig werden, weil nur er alle Einzelheiten wußte. Die Lösung war eine charakteristische Verknüpfung der Art der Information mit der Art der Entscheidung. Wer nur überblickhaftes, abstraktes Wissen besitzt, darf nur Prinzipielles entscheiden. Wer nur Konkretes ausschnitthaft kennt, darf nur Sekundäres im Rahmen des Prinzipiellen entscheiden. Damit wurde jede Hierarchieebene nicht nur ausführendes Organ fremder Befehle, sondern erhielt gleichzeitig eigene Befehlskompetenz. In der Befehlskette wurde jeder Befehl zu einer Festlegung, die gleichzeitig einen Spielraum eröffnete, wie der Befehl umzusetzen ist. Da das Gefechtsfeld im 19. Jahrhundert mit steigender Waffenwirkung immer leerer wurde, verwandelte sich auch der einfache Soldat aus einer Marionette in einen „Einzelkämpfer" mit eigenem Entscheidungsspielraum, für den man neue Motivationsformen erfand. In juristischer Sprache müßte man sagen: Die komplexe Organisation wird über Ketten von „Rahmenvorschriften" geregelt.

Was die Militärs nach und nach erkannten, auch wenn sie sich häufig nicht nach ihren eigenen Kenntnissen richteten, denn es ist verlockend, persönliche Macht mit Allwissenheit gleichzusetzen, das ist heute praktisch in jeder Großorganisation als Problem der richtigen Delegation von Entscheidungskompetenz geläufig. Im Einzelhandel gibt es sogar eine Konkurrenz zu beobachten zwischen Filialbetrieben einerseits, bei denen alle Informationen und die Entscheidungsbefugnis herkömmlich beim Filialleiter konzentriert sind, und Shop-in-Shop-Systemen andererseits, bei denen man sozusagen die frühere Verkäuferin als Inhaberin einer eigenen Theke oder eines Miniladens wiederfindet. In einem herkömmlichen Filialbetrieb ging alle Information nicht in die Entscheidungsfindung ein, die ein Rechnungswesen nicht aufnehmen kann, also z. B. die wichtige nonverbale Kommunikation Verkäufer – Kunde. Diese Schwäche möchte das Shop-in-Shop-System überwinden. Wer Käse verkauft, also dem Kunden am nächsten ist, bestimmt die Sorte und den Preis. Ob es überhaupt eine Käsetheke gibt, auf wieviel Quadratmetern, in welcher Lage, welcher Nachbarschaft, zu welcher Ladenmiete, entscheidet sich eine oder zwei Hierarchieebenen höher, wo man von Rede- und Minenspiel des Kunden nichts weiß, aber statistische Daten über Entwicklungstendenzen im Käuferverhalten auswertet.

In den beschriebenen Organisationsformen versucht man also zu gewährleisten, daß keinerlei Information untergeht, sondern alle Information als Entscheidungsgrundlage genutzt wird. Niemand muß alles wissen, niemand droht, in einer Informationsflut zu ertrinken, nirgendwo müssen alle Informationen gesammelt werden, und doch wird alle Information zur Entscheidungsfindung genutzt.

Die belebte Natur scheint das Problem der Komplexität in entsprechender Weise zu lösen. Wir sind zwar Herr über unseren Körper, aber die Evolution hat uns bewußten Individuen nur ein sehr begrenztes Wissen über dessen Funktionen und eine diesem Wissen entsprechende, beschränkte Entscheidungsmacht mitgegeben. Wir können einen Teil unserer Muskeln bewegen, wissen, wie man das tut und was dann geschieht; wir können aber keinem inneren Organ geschweige denn einzelnen Zellen Befehle geben. Wir besitzen zwar ein Zentralnervensystem, aber darin findet sich keine allwissende und alles entscheidende Zentrale. Unsere Zellen und sonstigen Untereinheiten sind nicht einmal zu bedingungslosem Gehorsam verpflichtet, denn sie koppeln jede Überforderung im harmlosesten Fall durch Müdigkeit, im schlechtesten durch Krankheit zurück. Offensichtlich hat die Evolution unseren Körper nicht als Leviathan im Hobbes'schen Sinne erschaffen, in dem die Zellen die Befehle des souveränen Individuums als eigene Befehle ausführen.

Auch im tierischen Sozialleben ist kein Analogon für einen zentralgesteuerten Leviathan zu finden. Staatenbildende Insekten werden oft als Bilder für totalitäre, zentralgesteuerte Organisationen mißbraucht. Zu Unrecht. Die Ameisen kommen ohne Plan, ohne Bauaufsicht und ohne Antreiber zu ihrem Bau und zur „Staatserhaltung".

Für das Recht müßte die Bewältigung von Komplexität ein Zentralthema sein, denn Armeen oder Kaufhausfilialen sind gemessen an den durch das Recht gebildeten Sozialstrukturen, wie Markt und Staat, leicht überschaubare Gebilde. Die Rechtswissenschaft hat bislang keine Theorie der Koordination von Entscheidungskompetenz und verfügbarem Wissen hervorgebracht; in der Realität des Rechts sind aber die offenbar notwendigen Hierarchieebenen leicht erkennbar, und eine rudimentäre Kenntnis des Prinzips findet sich ebenfalls. Das heutige Recht kennt weltweit geltende Regeln, danach folgen Regeln einer Region – in Europa repräsentiert durch die EG. Innerstaatliches Recht besitzt mit der Verfassung eine Ebene für allgemeine Prinzipien- und Organisationsentscheidungen; dann folgt eine Ebene des bundesweit geltenden Rechts, das als Rahmengesetzgebung der Hierarchieebene der Bundesländer einen Spielraum eröffnen mag, die wiederum eine Festlegung und zugleich einen Spielraum für die Satzungsbefugnis der Gemeinden geben kann. Verordnungsermächtigungen und Befugnisse sonstiger Körperschaften zum Erlaß autonomer Satzungen schaffen weitere Hierarchieebenen und eröffnen weitere Spielräume.

Es gibt also genügend Hierarchieebenen, aber es gibt kein Bewußtsein dafür, wie man sie nutzen sollte. Charakteristischerweise lassen die Rechtsgebiete, in denen Gesetzgebungskunst praktiziert wird, ziemlich große Spielräume. Das Straßenverkehrsrecht schreibt dem Autofahrer weder das Ob einer Fahrt, noch das Ziel, noch den Weg vor und läßt ihm größte Auswahl bei Fahrweg und Geschwindigkeit. Es bietet den Straßenverkehrsbehörden einen Katalog von Verkehrszeichen an, legt aber nicht fest, wo sie anzubringen sind, und ermöglicht so die Verarbeitung lokaler Erfahrungen. Die Verfassung macht einen besonders klugen Gebrauch von der beschriebenen Sachgesetzlichkeit, denn sie regelt gleich zwei Spielräume, einen für den Gesetzgeber, der die Verfassung als Festlegung und Vorgabe zu wahren hat, und einen zweiten für das Individuum. Als Abwehrrechte – nicht als Ansprüche – interpretierte Grundrechte sichern dem Individuum stets einen persönlichen Entscheidungsspielraum, in dem das nur ihm bekannte Wissen von seiner Person und seinem Umfeld zur Grundlage höchst persönlicher Entscheidungen werden kann.

Ähnlich verfährt das Recht der Marktteilnehmer; grundsätzlich ist niemandem vorgeschrieben, ob, wann, wo, wem, zu welchen Bedingungen er einen Gegenstand verkaufen, vermieten oder verleihen soll. Für Dienstleistungen gelten entsprechende Spielräume. Das Recht des Marktes stellt lediglich mit den verschiedenen Vertragstypen abwandelbare Erfolgsrezepte des Sozialverhaltens zur Auswahl. Im Gegensatz zu den oben erörterten Weisungsketten von Konzernen oder militärischen Organisationen verzichtet das Recht darauf, Aufgaben zuzuweisen. Dennoch ruft dieses weisungslose Recht den Markt hervor, ein offenbar wohlgeordnetes Gebilde, das sich durch seine unerhörte Komplexität sowohl der empirischen Erforschung durch die Wissenschaft wie der Steuerung durch die Politik entzieht. Mit solchem Recht gesteht der Gesetzgeber, daß nur der Käufer, das Individuum, seine Bedürfnisse, seinen Geldbeutel und seine Präferenzen kennt, während sie einem Parlament, einem Wirtschaftsminister, der Wissenschaft oder wem auch immer unbekannt sind.

Neben solcher Gesetzgebung finden sich Rechtsgebiete, in denen keine oder nur bedeutungslose Spielräume bestehen. Das Sozialversicherungsrecht weist die Individuen zwangsweise bestimmten Solidargemeinschaften zu, legt das Ausmaß der zu leistenden Solidarität im Detail fest und weiß auf Mark und Pfennig den Anteil der Solidargemeinschaft selbst an der nächsten Gehaltserhöhung. Offensichtlich beruht der gesetzgeberische Mut zum Detail nur auf dem brennenden Wunsch, soziale Probleme zu lösen, nicht etwa auf vorhandener Sachkenntnis, denn der Sozialgesetzgeber hat von Solidarbedürfnissen und Solidarverhalten so wenig Ahnung wie der Marktgesetzgeber von Konsumbedürfnissen und Konsumverhalten.

Was geschieht nun, wenn der Konzernchef dem Portier Benimmregeln vermittelt, der Feldherr dem Feldwebel im Frieden die korrekte Aktenführung vermittelt und der Gesetzgeber die Krankenkassenmitglieder darüber belehrt, bei welcher Art Abtreibung sie solidarisch sein müssen? Es kann gut gehen, möglicherweise findet der „Chef" (Gesetzgeber) den Dreh für ein Problem, auf das der betriebsblinde Sachbearbeiter (Bürger) gerade nicht kam. Aber solche Glückstreffer sind selten, und Gesetzgebung muß auf Wissen und Können, nicht auf Zufall setzen. Wenn die Gesetzgebung nicht zufällig ein Erfolgsrezept gefunden hat, das sie dem Bürger durch Gesetzgebung aufoktroyiert, dann wird sie ihr vermeintlich besseres Wissen gegen den Bürger durch gesetzesvollziehende Bürokratien durchzusetzen versuchen.

Das Prinzip der Koordination von verfügbarem Wissen und Entscheidungskompetenz scheint ein allgemeines Naturprinzip zur Bewältigung der Komplexität zu sein. Der Nobelpreisträger Manfred Eigen wollte der Rechtswissenschaft diese Sachgesetzlichkeit mit einer Metapher nahebringen. Er beschreibt Gesetzgebung als Gratwanderung zwischen zwei Übeln. Auf der einen Seite liegt das Chaos einer wuchernden Bakterienkultur, auf der anderen Seite ein System festgelegter Massepunkte. Ordnung, auch Sozialordnung, ist ein Zustand dazwischen. Die Allgemeingültigkeit des Prinzips ist inzwischen auch in den privaten Bereich der Normsetzung, in die Kindererziehung als verbindlich vorgedrungen. Hier sind die Eltern die normsetzende Institution. Nach den Irrtümern der autoritären und der antiautoritären Erziehung weiß man nun, was Erziehung leisten muß: Grenzen setzen und gleichzeitig Spielräume eröffnen. Ist „alles" erlaubt, herrscht Chaos, ist „alles" verboten, sind Verhaltensstörungen zu erwarten. Mit der Kenntnis des Prinzips fängt die Arbeit natürlich erst an, wer aber schon das Prinzip leugnet, von dem ist nur zufällig gute Arbeit zu erwarten.

Ganz sporadisch findet sich auch in der Gesetzgebungstheorie Wissen von der Notwendigkeit von Spielräumen. J. A. Bergk, der Verfasser einer 200 Jahre alten, dem Zaren gewidmeten Gesetzgebungslehre, wußte davon, daß ein Herrscher Untertanen Spielräume eröffnen muß. Er gibt dafür eine individualistische, eine sinnorientierte Begründung. Menschen brauchen die Spielräume zu ihrer Entfaltung. Bei Frederic Beutel findet sich eine von der Zweckorientierung her gegebene Begründung, die er mit einem praktischen Beispiel untermauert: Der Gesetzgeber im fernen Washington will den Einzelstaaten das Anpflanzen von Allee-Bäumen vorschreiben. Wenn er aber auch noch vorschreibt, in welchen Abständen die Bäume zu stehen haben, wird das Projekt scheitern, also den Zweck verfehlen, denn das können nur Menschen entscheiden, die die örtlichen Verhältnisse kennen. Beide Begründungen sind als zwei Seiten derselben Medaille anzusehen. Die Führungsmethode hängt immer sowohl mit einem Motivationsproblem als auch einem Organisationsproblem zusammen. Das gilt auch für die Führungsmethode des Gesetzgebers.

S. Literaturhinweise 2.4, 3, 4.3.

## Zusammenfassung:

1. In allen komplexen Systemen des Soziallebens stehen die Entscheidungsträger vor demselben Problem: Sie wissen entweder von „etwas alles" oder von „allem etwas".

2. Die Evolution gibt ein Erfolgsrezept zur Bewältigung des Problems vor: Die Entscheidungskompetenz ist auf um so mehr Hierarchieebenen zu verteilen, je unübersichtlicher das System ist. Jede Hierarchieebene erhält eine ihrem Wissen entsprechende Kompetenz. Wer nur abstraktes, überblickhaftes Wissen besitzt, darf nur Prinzipielles entscheiden. Wer nur Konkretes ausschnitthaft weiß, darf nur begrenzte Kompetenzen im Rahmen prinzipieller Festlegungen erhalten. Systeme dieser Bauart haben eine Chance, alle vorhandenen Informationen bei Entscheidungen zu berücksichtigen, obwohl niemand das System vollständig versteht.
3. Dieses Baumuster komplexer Systeme ist Konzernen und Armeen ebenso vorgegeben, wie den durch das Recht gebildeten Sozialstrukturen. Wo das Recht dieses Baumuster als Vorgabe einhält (Beispiel: Markt und Verkehrswesen), berücksichtigt es eine Bedingung der Selbstorganisation. Wo es z. B. die Entscheidungskompetenz dem Parlament zuweist, obwohl das entscheidungserhebliche Wissen beim Bürger liegt (Beispiel: Solidarsysteme), ist keine Selbstorganisation möglich.

## 3.8 Die „Allwissenheit" der Juristen: Das Recht als selbstlernendes Programm

Die Rechtswissenschaft ist die einzige Wissenschaftsdisziplin, die auf alle ihr gestellten Fragen eine Antwort geben soll – und es auch tut, sagt Karl Larenz. Sind Juristen Schwindler oder wirklich allwissend? Weder noch, lautet unsere Antwort, sie erzeugen Informationen und bewirken dadurch jenen informationsschöpfenden Vorgang, den wir Evolution nennen. Karl Larenz hat nicht ganz recht; in einigen, ziemlich alltäglichen, aber innerhalb des Rechts exotischen Fällen wissen auch Gesetzgeber und Richter keine Antwort und verweigern sie. Selbst unser Paradebeispiel Straßenverkehr kennt einen solchen Fall: Nähern sich vier Fahrzeuge gleichzeitig einer Kreuzung, so ist unklar, wer zuerst in den Kreuzungsbereich einfahren darf. Das Gesetz schweigt, die Kommentatoren wissen es ebensowenig wie die Richter. Würden die vier Autos von Juristen gesteuert, die ihr Problem allein nach rechtlichen Kriterien lösen wollten, so käme der Verkehr zum Erliegen.

Im Familienrecht gibt es eine entsprechende Konstellation. Wenn Vater und Mutter keine gemeinsame Entscheidung über den Lebensweg ihres Kindes zustandebringen, können sie das Vormundschaftsgericht anrufen. Der Richter wird zunächst einen Schlichtungsversuch machen und schließlich eine Entscheidung treffen, mit der nach seiner Überzeugung dem Wohl des Kindes am besten gedient ist. Solange die Eltern um den Ausbildungsweg, über diese oder jene ärztliche Behandlung oder eine Vermögensdisposition streiten, mag man sich mit der Hoffnung trösten, die Prognose des Vormundschaftsrichters sei die beste. Streiten sie aber über den Vornamen des Neugeborenen oder seine Religion, so weiß auch der Vormundschaftsrichter nicht weiter, denn niemand kann erkennen, ob „Herbert" oder „Heinrich", die evangelische oder die katholische Taufe dem Kindeswohl dienlicher sein werden.

Auch das Steuerrecht kann einen lehrreichen, unlösbaren Fall vorweisen. Ein Standardproblem des Einkommensteuerrechts ist die Abgrenzung der betrieblichen bzw. beruflichen von der privaten Sphäre. Bilanzierende Kaufleute müssen die Wirtschaftsgüter ihres Betriebsvermögens in die Bilanz aufnehmen, Wirtschaftsgüter des Privatvermögens dürfen nicht bilanziert werden. Nun gibt es „neutrale Wirtschaftsgüter", wie z. B. Wertpapiere oder unbebaute Grundstücke, denen man weder einen betrieblichen noch einen privaten Bezug ansehen kann. Das Gesetz nennt keine Zuordnungskriterien und weder Richter noch Wissenschaftler konnten sie bisher entwickeln.

Die genannten Fälle haben eins gemeinsam: Dem Richter bliebe nur noch das Würfeln, um sie zu entscheiden. Aber das Recht verhindert Würfelentscheidungen der Gerichte, indem es die Entscheidungssuche an das Sozialleben zurückgibt, auf daß dort eine Lösung gefunden werde. Die Autofahrer an der Kreuzung müssen selbst sehen, wie sie ihre Symmetrielage überwinden. Einer von ihnen wird schon winken und so eine Information erzeugen. Das Steuerrecht überläßt es dem Kaufmann, ob er das neutrale Wirtschaftsgut bilanziert oder nicht, und dem Vormundschaftsrichter hat eine nicht gerade mutige Gesetzgebung die Aufgabe gestellt, einem der Eltern das Entscheidungsrecht zu übertragen. Glücklicherweise kommt der letztere Fall so gut wie nie vor. Für Ehegatten gehört die Entscheidung von Unentscheidbarem zum Alltag. Nach rein rationalen Kriterien können sie weder über das nächste Mittagessen, noch das nächste Urlaubsziel, noch über die Frage entscheiden, ob sie ein weiteres Kind haben wollen. Sie besitzen also reichlich Übung in rational nicht nachvollziehbaren Entscheidungsprozeduren.

Offenbar sollen Richter – speziell Richter der Revisionsgerichte – weder Fälle entscheiden, deren Lösung im Gesetz steht, dazu braucht man keine Juristen, noch Fälle, die prinzipiell unlösbar sind, die nur durch Würfeln entscheidbar wären. In den verbliebenen, also lösbaren, aber nicht im Gesetz geregelten Fällen ist zu Beginn des Verfahrens keine Information zur Lösung des Falles verfügbar, während man diese Information am Ende des Verfahrens besitzt. Der Rechtsfall und die Information zu seiner Lösung sind miteinander verkoppelt: Erst der Fall erzeugt die Information, und die Information enthält die Lösung des Falles.

Da Gesetze nach unserer Hypothese teleonome Wenn-Dann-Programme sind, ist der Gesetzgeber und ist der rechtsfortbildend tätige Jurist ein Programmschreiber. Wer unbekannte, vom Gesetzgeber nicht vorausgesehene Fälle löst, indem er neue Entscheidungskriterien, neue Abgrenzungsmerkmale erfindet oder alte neu gewichtet, der schreibt neue Informationen in ein vorhandenes Programm. Nach diesem Schritt ist der nächste gleichartige Fall bereits ein Routinefall, denn nun ist die Information zu seiner Lösung von Anfang an vorhanden. Das Programm „Recht" lernt also hinzu, es kann Fälle lösen, die nicht vorprogrammiert sind. Es ist ein selbstlernendes Programm und unterscheidet sich dadurch von den heutigen Computerprogrammen, die diesen Schritt noch nicht bewältigt haben. Die juristische Theorie sieht die Dinge nicht anders, sie bezeichnet sie nur anders. Der Streit darüber, ob ein allwissender Gesetzgeber die Information zur Lösung des Falles stets vollständig ins Gesetz geschrieben hat oder nicht, ist in der Theorie längst im letzteren Sinne entschieden worden. Die schöpferische Interpretation des Richters liest mehr aus dem Gesetz heraus, als die am Gesetzgebungsverfahren beteiligten Personen hineingeschrieben haben. Die Theorie legitimiert den Richter zu einer schöpferischen Interpretation, solange er sich bei dieser Lösung der juristischen Methodik bedient.

Das Recht teilt die Eigenschaft, ein selbstlernendes Programm zu sein, mit den biologischen Programmen, die nach unserer Hypothese seine evolutionäre Basis bilden. In der Evolution überleben Arten, solange ihre Individuen auf die Milieubedingungen richtig reagieren, also z. B. landbewohnende Tiere, die von einer Flutwelle erfaßt werden, mit zielgerichteten Schwimmbewegungen zum rettenden Ufer. Die Individuen überleben, weil sie Kenntnis von ihrer Umwelt und von dem richtigen Umgang mit ihr besitzen. Über diese Kenntnis verfügen sie durch ihr genetisches Programm. Das Programm ist der Ort, an dem die belebte Natur ihre in der Welt gewonnene Erfahrung sammelt und in Form von Aufbauanleitungen für den Bau des Individuums und Betriebsanleitungen für das Funktionieren der Organe und das Verhalten der Individuen weitergibt.

Vollständig vorprogrammierte Individuen können nichts dazulernen, da sie keinen leeren Speicher besitzen. Bei ihnen lernt nur die Art. Die „Fälle", aus denen sie lernt, sind gravierende Änderungen der Milieubedingungen, wie z. B. der Einsatz von Pestiziden für Blattläuse. Diesen „Fall" überleben nur Individuen, die eine „Antwort" auf das Gift „wissen" und deshalb überleben, sich vermehren und den durch den Tod der unangepaßten

Artgenossen erweiterten Lebensraum mit einer Nachkommenschaft füllen, die dieses Wissen sofort präsent hat, wenn der nächste Pestizideinsatz erfolgt.

Dieser Vorgang des Lernens aus unbekannten Fällen und der Ausbreitung der erfolgreichen Lösung des Falles über die Art findet auch bei „erlernten" Programmen statt. Hier ist der Lernvorgang abgekürzt. Zunächst lernt ein Individuum, für eine bisher unbekannte Umweltsituation eine Antwort zu finden. Zum Beispiel lernt ein Rabe, bestimmte Farbrikabfälle als Nestbaumaterial zu verwenden. Er speichert diese Lösung in Gestalt eines neuen Programmabschnitts und besitzt von nun an eine Problemlösung für diese Art Fälle. Andere Individuen kopieren diese Lösung und nehmen sie ihrerseits in ihr Programm auf.

In Gestalt von Gesetzgebung und Rechtsprechung findet diese Programmierung eine Fortsetzung, Vervollkommnung und Beschleunigung bei gleichzeitiger Minimierung des Aufwandes. Gesetzgebung bedeutet, ganze Programme entwerfen und mit einer Verbindlichkeitserklärung in einer Population verbreiten zu können. Wenn es wahr ist, daß Tiere auf neue Gefahren nur durch Zufall eine richtige Antwort finden, dann bedeutet das Recht einen gewaltigen Fortschritt, denn die juristische Methodik lehrt, wie man bei der Suche nach einer Lösung möglichst wenig Fehler begeht. Die Orientierung an der Systematik gewährleistet, daß die neue Idee keine Widersprüche mit anderen Lösungen darstellen wird. Die Möglichkeit der Analogie gestattet es, erfolgreiche Lösungsideen aus anderen Rechtsbereichen herüberzuziehen. Allerdings ist jede Lösung zeitgebunden und nie mehr als eine Hypothese über optimales Sozialverhalten. In einer sich ständig indeterminiert ändernden Welt muß auch das Programm ständig lernen. Es gibt keine endgültig richtigen Lösungen. Jede Umweltveränderung kann alte Problemlösungen entwerten und neue erforderlich machen. Außerdem kann die gefundene gute Lösung durch eine noch bessere übertroffen werden.

S. Literaturhinweise 2.1, 3.

Zusammenfassung:

1. In einer sich indeterminiert ändernden Welt können nur Träger selbstlernender Programme überleben. Alle teleonomen Wenn-Dann-Programme sind selbstlernend.
2. Das Recht erhält seinen Selbstlerneffekt auf der Ebene der Gesetzgebung durch die Regelungskompetenz des Gesetzgebers; auf der Ebene der Rechtsprechung durch die moderne Methodenlehre, die – im Einklang mit den Vorgaben der Evolution – eine die Information „Recht" fortschreibende, d. h. informationserzeugende Interpretation zuläßt.
3. Gesetzgebung und richterliche Rechtsfortbildung sind biologisch ausgedrückt gezielte Suche nach optimalen Anpassungsleistungen. Bei dieser Suche ist das Würfeln verboten, so daß stets der schöpferische Verstand im Dienst der kulturellen Evolution am Werk ist.

## 3.9 Weitere Vorgaben der Evolution

Wenn der scientistische Beobachter einer fremden Intelligenz das Verhalten einzelner Menschen beobachtet, würde er vielleicht die Hypothese aufstellen, die beobachteten Handlungen seien das Ergebnis genetischer und gesellschaftlicher Prägung; das Handeln der Menschen sei also allein durch eingegebene Programme bestimmt. Als Systemteilnehmer wissen wir durch Selbstbeobachtung, daß dies nicht stimmt, wir unterscheiden schon im Alltag und nicht erst in der Wissenschaft zwischen Programmen, die wir für uns selbst „geschrieben" haben, und solchen, die uns die soziale Umwelt eingibt. Bei Fragen der Etikette – Benimmregeln sind nach unserer Hypothese erlernte Programme – unterscheiden wir zwischen dem, was „man" tut, und dem, was wir selbst tun. In Modefragen beobachten wir, was „man" trägt, und überlegen, ob wir es auch tragen. Ein Koch bereitet den Fasan im Restaurant nach dem Rezept (Programm) des Betriebes zu, zu Hause hat er „sein" Rezept. Wir wissen also sehr wohl zwischen „unseren" und den Programmen der Gesellschaft zu unterscheiden.

Offensichtlich erleben wir Gesetze nicht als „unsere" Programme, sondern als die der Gesellschaft. Betrachtet man sie genauer, so zeigt sich, daß sie noch keine Handlungskonzepte sind. Sie sagen uns meist nicht, was wir tun sollen, sondern stecken Spielräume ab, die wir mit eigenen Programmen ausfüllen. Das Kaufrecht sagt uns nicht, ob wir kaufen sollen, auch nicht welche Ware, von wem, zu welchem Preis. Die Straßenverkehrsordnung sagt uns nicht, welches Ziel wir wann, über welche Strecke, mit welchem Fahrzeug ansteuern sollen. Selbst das Einkommensteuerrecht schreibt uns nicht vor, Einkünfte zu erzielen, sondern gibt uns die Wahl, lieber Kostgänger des Sozialstaates zu werden, als mit steuerpflichtigen Einkünften für den eigenen Unterhalt zu sorgen.

Für das Zustandekommen des Soziallebens würde es offenbar nicht genügen, Menschen mit Gesetzen zu programmieren und dann auf die Motivationen als Programmauslöser zu hoffen; die Menschen müßten erst den gesetzlichen Handlungsrahmen mit eigenen Handlungskonzepten ausfüllen. Mit derartigen Problemen befaßt sich in der Wissenschaft die Spieltheorie. Die Spielregeln (game) bilden den Handlungsrahmen einschließlich der Spielfeldbeschreibung. Innerhalb dieses Handlungsrahmens entwerfen die Spieler Strategien. Zum Zustandekommen des Spiels müssen sich alle Spieler gemeinsam mit den Regeln programmieren und dann, jeder für sich, eine Strategie entwickeln, also ein Handlungskonzept. Die Spieltheorie betrachtet Strategien als Entscheidungsprogramme. Die Spielregeln sind also das für alle Spieler gemeinsame Programm, Strategien sind individuelle Programme eines jeden einzelnen Spielers.

Unsere Hypothese läßt nun erwarten, daß die Spielregeln und die Strategien der Spieler nach derselben Programmieranweisung geschrieben bzw. zu schreiben sind, denn beide sind teleonome Wenn-Dann-Programme. Ein Spiel hat einen Zweck, er lautet: „Spielfluß", Verkehrsfluß, Markterhaltung, Ordnung, Arterhaltung, Systemerhaltung usw. Außerdem eröffnet das Spiel den Individuen die Chance zum Ausleben ihrer Motivationen, geisteswissenschaftlich betrachtet eine Chance zur Sinnsuche. Dies verwirklichen die Spieler in ihren Strategien, die auf „Spielgewinn" gerichtet sind, was jenseits von Gesellschaftsspielen und Sport eine Vermögensmehrung, Erreichung des Fahrtziels, Gewinn von Prestige, die Erhaltung von Leben und Gesundheit oder der Gewinn von sonst erstrebenswerten materiellen oder immateriellen Gütern bedeuten mag.

Nach unserer Hypothese sind wir also ständig damit beschäftigt, sozusagen Gesetzgebung in eigener Sache zu treiben, uns selbst zu programmieren, also mit Programmen auszustatten, die nur für uns selbst Gültigkeit haben. Die Kunst, für den Alltag solche Programme zu schreiben, wird inzwischen gelehrt, allerdings nicht als Wissenschaftsdisziplin und erst recht nicht von der Spieltheorie, sondern von der gewerblichen Unternehmensberatung. Ihre Ursprünge sind wohl in der „Arbeitsvorbereitung" des technischen Sektors der Unternehmungen zu suchen. Diese Kunst wird auch als „Hirth-Methode", „Mewes-System", „Strategie", „Zeitmanagement", „Arbeitsmethodik für Führungskräfte", „Management by Zeitplanbuch", manchmal sogar schlicht als „Arbeitstechnik" angeboten. Schüttet man aus den angebotenen Lehren die (wichtigen) technischen Kniffe und die Seifenblasen heraus, so bleibt als gemeinsamer Kern eine aus wenigen Aussagen bestehende, formale Lehre der Selbstprogrammierung übrig. Unsere Hypothese läßt erwarten, daß die formalen Elemente dieses Programmierwissens für Individuum und Gesetzgeber in gleicher Weise Gültigkeit haben. Wir betrachten deshalb die wesentlichen Aussagen im einzelnen.

*1. Programme müssen vom Ziel zum Start entworfen, aber – natürlich – vom Start zum Ziel umgesetzt werden.*

Diese Aussage kann man sich am Werden eines Bauplans verdeutlichen. Am Anfang steht eine Ideenskizze des Architekten, die über immer detailreichere Zeichnungen schließlich ihre endgültige Gestalt erhält. Die Planung verläuft also vom Bau zum Baustein, die Verwirklichung aber vom Baustein zum Bau. Dementsprechend muß das Individuum seine Strategien von seinen Zielen, letztlich von seinen Lebenszielen her, entwerfen. Fehlt es an der Zielsetzung, so haben die Entscheidungsfelder der Strategie keine Falsch/Richtig-Dimension. Wer vor dem Berg juristischer Fachzeitschriften steht und keine Antwort auf die Frage weiß, wozu er etwas lesen will, kann keine Auswahl treffen. Wer dann noch nach dem Prinzip handelt, was er lese, müsse er gründlich lesen, begeht die Todsünde wider die Arbeitsmethodik: Er verwechselt Effektivität mit Effizienz. Mark Twain hat diese Verwechslung mit dem Satz pointiert: „Nachdem wir das Ziel endgültig aus den Augen verloren hatten, verdoppelten wir unsere Anstrengungen."

Es ist leicht zu erkennen, daß auch Gesetze vom Ziel zur Norm geschrieben werden müssen und daß jede Norm zur Verwirklichung dieser Zielsetzung beitragen muß. Bei Gesetzen ohne klare Zielsetzung würde die Anwendung der Normen auf die Fälle immer mehr zu einem für Dritte nicht nachvollziehbaren Willkürakt, der weder falsch noch richtig ist.

*2. Nur Realisierbares darf Gegenstand eines Programmes sein.*

Das Individuum darf und muß wohl Tagträume und Ideale, auch Sehnsüchte nach Unerfüllbarem haben. Die Verbindung von Traum und Ziel zu einem Traumziel ist aber unzulässig. So wie sich der Architekt der reinen Kunst als Quelle zur Inspiration bedient, aber beim Bauplan auf dem Boden des Realisierbaren stehen muß, so darf das Individuum nur Erreichbares zum Ziel konkreter Handlungen machen.

Die Parallelität zur Gesetzgebung liegt auf der Hand, ein Straßenverkehrsrecht darf nicht die Unfallfreiheit als letztes Ziel anstreben, und ein Krankenversicherungsrecht muß sich davor hüten, seine Normen an gesellschaftlichen Träumen von ewiger Gesundheit und Fitneß auszurichten.

*3. Alle Vorhaben innerhalb der Strategie müssen sich als Wenn-Dann-Sätze ausdrücken lassen.*

Das läuft in persönlichen Strategien üblicherweise auf einen Zeitbezug hinaus. Jede Eintragung auf dem Terminkalender hat die Struktur: Wenn es . . . Uhr ist, dann werde ich . . . Die Übereinstimmung mit der Normstruktur ist also gegeben.

*4. Die Zielsetzung muß Handlungsmotivation auslösen.*

Um die Strategie in die Tat umzusetzen, braucht das Individuum einen „Anstoß". Die persönliche Erfahrung zeigt, daß wir zwischen zwei verschiedenen Arten von Anstößen unterscheiden: Selbstdisziplin und Selbstmotivation. Wir gehen mit Freude an die Sache, oder wir müssen uns dazu überwinden. Die Kunst des Selbstprogrammierens besteht nun darin, Programme so zu schreiben, daß sie Selbstmotivation auslösen, denn zu dauernder, vielleicht lebenslanger Selbstüberwindung ist kaum jemand fähig. Typischerweise können negative Ziele – „keine Torte essen" – nur mit Selbstdisziplin erreicht werden, während positive Ziele – „Obstsalat essen" – geeignet sind, Selbstmotivation auszulösen.

Diese Gegebenheiten sind der Gesetzgebung wohl bekannt. Das Strafrecht verbietet Strategien aus Nullsummenspielen wie z. B. Diebstahl und Betrug. Diese Verbote – negative Ziele – stehen aber nicht allein, denn das BGB z. B. stellt mit Kauf, Miet-, Pacht-, Werk- und Dienstvertrag positive Kooperationsmuster für Nichtnullsummenspiele bereit. Auch aus modernen

Rechtsgebieten ist die Problematik bekannt. Wenn Umweltschutzrecht allein mit Verboten – negative Ziele – arbeitet, wird eine bürokratische Überwachung notwendig, denn jeder trachtet danach, so nah wie möglich an der Grenze des gerade noch Erlaubten zu bleiben und Ausnahmen zu erlangen. Raffiniertere Maßnahmen, wie das Abwasserabgabengesetz oder gar die Versteigerung eines begrenzten Kontingents von Verschmutzungsrechten, lösen positive Strategien des betroffenen Unternehmens aus, denn solche Gesetzgebung belohnt den, der am meisten zu einer sauberen Umwelt beiträgt (vgl. Kapitel 4.6, S. 207).

*5. Einfachheit der Strategie*

Was kompliziert ist, wird nie Routine, nur Strategien, die Routine sind, erhöhen aber die Erfolgschancen. Ein Programmschritt, „jeden Morgen um sechs Uhr aufstehen", wird nach der Eingewöhnung leicht beherrschbar. Ein Programmschritt, „jeden Morgen je nach Stimmung aufstehen", schafft mehr Probleme, als er löst. Wir haben die entsprechenden Gegebenheiten im Recht unter dem Stichwort „Summum ius summum iniuria" erörtert; auch der Gesetzgeber verfehlt mit komplizierten Normen und vielen unbestimmten Rechtsbegriffen seine Ziele, selbst wenn das Recht theoretisch perfekt erscheint.

*6. Durchschaubarkeit der Strategie*

Grundsätzlich müssen alle Strategien geheim bleiben, die einem anderen bzw. dem Kollektiv schaden oder die unfair sind, also Strategien wie Diebstahl, Betrug, legales Schnorren, Gebrauch von Beziehungen statt Einsatz von Fähigkeiten usw. Wer sich dagegen in fairem Wettbewerb bewähren möchte und Kooperationspartner sucht, mit denen er die Gewinnprämie gerecht teilen will, der braucht durchschaubare Strategien, denn er fährt am besten, wenn jeder weiß, woran er mit diesem Partner ist. Wer mit Spitzenleistungen Karriere machen oder mit Qualitätsarbeit Kunden gewinnen will, wäre schlecht beraten, wenn er diese Strategien verheimlichte.

Wiederum zeigt die Gesetzgebung ein Bild, das den Beobachtungen bei den individuellen Strategien entspricht. In der Spieltheorie bezeichnet man ein game als unfair, wenn ein bestimmter Spieler schon vor Beginn als Verlierer feststeht, wenn die Regeln ihm jede Gewinnstrategie verweigern. Da niemand an einem Gesellschaftsspiel oder Wettkampf mit unfairen Spielbedingungen teilnehmen wird, gibt es in Sport und Spiel zwar unfaire Spieler, aber keine unfairen Regeln (game). Gesetze unterliegen keinem Zwang zur Fairneß, da man auch die vorab feststehenden Verlierer zwangsweise zum Mitspielen bringen kann. In einer Demokratie beeinflussen Gruppen die Regeln des game, jede Gruppe ist an möglichst unfairen Regeln interessiert, von denen sie zu Lasten der anderen begünstigt wird. Außerdem ist sie an der Geheimhaltung der Begünstigung interessiert, denn sie steht am besten da, wenn sie ihre Gewinne einer nicht durchschauten Begünstigung verdankt.

Da Gesetze nicht geheim sind, muß man die Begünstigung durch Verschleierung des Informationsgehaltes verbergen. Wo immer nun unfaire gesetzliche Regeln gelten, zweifelhafte Nullsummenspiele zugelassen oder Handeln zu Lasten Dritter gestattet wird, dort findet man hochkomplizierte Vorschriften, die jenseits des Spezialistenkreises nicht mehr verstanden, geschweige denn diskutiert werden können. Außerdem wird man ein gesetzlich statuiertes oder behördlich praktiziertes Geheimnis entdecken, das die Gruppenmitglieder vor der Empörung der Geprellten schützt. Man denke an die hochkomplizierten Subventionsnormen des Steuerrechts, deren Inanspruchnahme unverständlicherweise durch das Steuergeheimnis geschützt wird, an geheime Ausnahmegenehmigungen zu Luft- und Abwasserverschmutzung – hier bahnt sich ein Wandel an –, an das Sozialgeheimnis, das Bedürftigen, aber auch Schnorrern den anonymen Griff in die Tasche Dritter gestattet. Umgekehrt findet man dort, wo die Gesetzgebung faire Spiele schafft, nämlich in den neutralen Instituten des BGB, im Handels- und Verkehrsrecht, einfache Normen, und statt Datenschutz heißt die Parole Publizität; so müssen die großen Unternehmen ihre Jahresabschlüsse vorweisen.

### *7. Schriftlichkeit der Strategie*

Gute Vorsätze sind schnell vergessen, nur Schriftliches entfaltet Bindungswirkung. Auch hierin sind sich Gesetze und persönliche Strategien gleich.

### *8. Klarheit der Prioritäten*

Die Ressourcen der Individuen an Zeit, Geld und Arbeitskraft sind begrenzt, deshalb muß die Rangfolge der persönlichen Ziele feststehen, ob und mit welchem Einsatz Vermögens-, Gesundheits-, Familien-, Karriereziele oder was immer dem Menschen hier und jetzt erstrebenswert erscheint, verfolgt werden. Nicht anders verfährt die Gesetzgebung; im Haushaltsrecht entscheidet sie über den Einsatz der Geldmittel des Kollektivs, in anderen Gesetzen sind ständig Güterabwägungen vorzunehmen, mit denen die Rangfolge der Gesetzesziele bestimmt wird.

Wir haben nun an zahlreichen Beispielen belegt, daß individuelle Strategien und Gesetze gleichartigen Programmcharakter haben und daß Strategien Handlungskonzepte der Individuen im Rahmen gesetzlicher Vorgaben, d. h. Spielregeln, sind. Unsere Betrachtung hatte noch einen zweiten Aspekt. Der Gesetzgeber muß Regeln für vorausschauende Spieler entwerfen. Er kann und muß die Strategiewahlmöglichkeiten einschränken. Wenn er aber bestimmten Gruppen Mißerfolgsstrategien aufzwingt, wird er die Spiele durch bürokratischen Vollzug erzwingen müssen. Voraussschauende Spieler unterwerfen sich unfairen Regeln nicht. Die Beachtung der Programmieranweisung ist also nur eine Bedingung für die Selbstorganisation im Sozialleben, Gerechtigkeit ist eine weitere. Was in welcher Situation gerecht ist, vermag unsere Hypothese nicht zu sagen. Wir können aber sagen, daß es keine ewig gültige Gerechtigkeit geben kann. In Sport und Gesellschaftsspiel legt die Spielregel auch das Spielfeld fest, es bleibt unverändert. Im gesetzlich geregelten Sozialleben ändert sich das Spielfeld, so ist z. B. innerhalb einiger Jahrzehnte aus der „Lohnpyramide" eine „Einkommenszwiebel" geworden. Jede Veränderung des „Spielfeldes" erfordert aber eine Anpassung der Regeln; was früher gerecht war, kann unter geänderten Verhältnissen ungerecht sein; sind alle Haushalte gleich arm, mag eine Kopfsteuer gerecht sein, ändert sich die Vermögens- und Einkünfteverteilung, wird die Kopfsteuer ungerecht.

Ein scientistischer Beobachter würde das Auswechseln von Gerechtigkeitsideen in biologischer Terminologie als „Anpassungsleistung" beschreiben. Das ist allerdings keine passive, sondern eine aktive Anpassung, denn Gesetzgebung beeinflußt ihrerseits das Spielfeld, indem sie Umweltzerstörung erlaubt oder verbietet, Gefährdungs- oder Verschuldenshaftung einführt usw. Die entscheidende Frage ist nun, wann geänderte Umstände welche neue Gerechtigkeitsidee erfordern. Das vermag unsere Hypothese nicht zu beantworten, denn die Antwort wäre eine Aussage über die Richtung der Evolution, die ist aber beim gegenwärtigen Stand der Wissenschaft nicht möglich. Unsere Hypothese begründet aber die Notwendigkeit eines laufenden Regelanpassungsprozesses. Das muß ein Rückkopplungsprozeß zwischen dem Gesetzgeber und den Regelunterworfenen sein, denn das Sollen liefert nur die Hypothese (über die optimale Anpassungsleistung), während das soziale Sein über die tatsächliche Tauglichkeit entscheidet. Wo immer Selbstorganisation im Sozialleben zu beobachten ist, gibt es auch Rückkopplung. In gruppendynamischen Prozessen ist das Feedback ebenso unerläßliche Voraussetzung für den Gruppenerfolg wie in Ehe und Familie für den Zusammenhalt. Durch dauernde Rückkopplung entstehen gemeinsame Regeln, die in einer veränderten Situation durch geänderte Regeln ersetzt werden.

Modelluntersuchungen haben gezeigt, daß der Rückkopplung in Gestalt des „tit for tat" (wie du mir, so ich dir) besondere Bedeutung zukommt. Wenn Gleiches mit Gleichem vergolten werden darf, können ehrliche Partner zusammenfinden. Für das Zustandekommen eines Marktes kooperierender Kaufleute ist also im Modell kein staatliches Recht mit einem Verbot des Betruges erforderlich, wohl aber die Möglichkeit, Betrüger auszugrenzen, indem Ehrliche nur noch mit ehrlichen Kaufleuten zusammenarbeiten. Besonders gut entwicklen sich Modellmärkte, die den Betrügern nach einiger Buße ebenfalls den Zugang zum Markt der Ehrlichen eröffnen.

Es ist leicht einzusehen, daß Gesetzgebung jede realistische Rückkopplungsmöglichkeit verbieten und ein illegales „tit for tat" durch bürokratische Kontrolle verhindern muß, wenn die Politik andere Gerechtigkeitsideen als große Teile der Bevölkerung verfolgt. So statuiert das Recht der gesetzlichen Krankenversicherung eine Solidarität zwischen Selbstverantwortlichem und Schnorrer, Nichtraucher und Raucher, Asket und Fresser, Abstinenzler und Trinker, Mutter und Abtreiberin. Wer eine auf Erhaltung der eigenen Gesundheit gerichtete Strategie betreibt, wird wahrscheinlich aus ethischen Gründen kranken Menschen helfen, auch wenn er ihre Krankheit als zu erwartendes Ergebnis ihrer Lebensführung betrachtet. Er wird sich diese Menschen aber nicht als Partner eines umfassenden Solidarversprechens aussuchen, jedenfalls nicht zu gleichen Bedingungen. Das heißt, für jeden gesundheitsbewußten Menschen ist die Mitgliedschaft in der gesetzlichen Krankenkasse eine ökonomische Mißerfolgsstrategie. Moralische Verdienste kann das Mitglied ebenfalls nicht erwerben, da es nicht freiwillig handelt. Konsequenterweise gestattet das Recht unterhalb recht hoher Einkommensgrenzen nicht einmal den Austritt aus der Kasse, also die einfachste aller Rückkopplungsmöglichkeiten. Auf gesetzlich erzwungene Mißerfolgsstrategien wird der vorausschauende Spieler mit einem illegalen „tit for tat" reagieren, er wird versuchen, seinerseits die Solidargemeinschaft zu plündern, und an Kuren, Taxifahrten und sonstigen, auch dem Gesunden nützlichen Leistungen herausholen, was möglich ist.

Bevor man bei solchen Problemen in eine Grundsatzdiskussion über Ethik eintritt, sollte man die technische Frage aufwerfen, ob die verfolgte Gerechtigkeitsidee nicht nur im Sinne unserer Hypothese über Systematik falsch plaziert ist (vgl. S. 83 ff.). Wenn ein Betrüger in Not ist, mag es ethisch geboten sein, ihm zu helfen. Diese Idee läßt sich aber im Recht des Marktes nicht verwirklichen; der Modellmarkt wäre schnell zerstört, wenn das Recht die Kooperation der fairen Kaufleute mit den Betrügern erzwingen wollte. Dem realen Markt ginge es wohl nicht besser, wenn man zur Lösung sozialer Probleme die Kooperation von Banken mit armen Scheckbetrügern gesetzlich statuieren würde. Entsprechend wäre das Recht der gesetzlichen Krankenkasse aufzuspalten in ein Recht, das den Tausch von Geld gegen Risikotragung regelt, und ein Recht, das den Tausch von Geld gegen Moral regelt. Wer eine Gesellschaft bauen will, der Moral viel Geld wert ist, dem eröffnet unsere Hypothese nur einen Weg: Er und seine Mitstreiter müssen leuchtende Vorbilder sein. Gesetzgebung kann eine Gesellschaft so wenig moralisch machen, wie sie den Wert von Gütern und Dienstleistungen über den Marktpreis hinausheben kann.

S. Literaturhinweise 1, 2.1, 2.5, 3.2, 7.6.

## Zusammenfassung:

1. Zumindest die teleonomen Wenn-Dann-Programme des menschlichen Soziallebens bestehen aus zwei Abschnitten: der allen Systemteilnehmern gemeinsamen „Spielregel" (Regeln des Sports und der Gesellschaftsspiele, Gesetze, Satzungen, Verträge) und der höchst persönlichen „Strategie", die das Entscheidungsprogramm des einzelnen „Spielers" ist.
2. Wenn die Spieler vorausschauend sind, muß die Spielregel fair sein, d. h. eine dem Einsatz und Risiko entsprechende Gewinnchance eröffnen. Spielregeln, die vorab

den Verlierer festlegen, können keine Selbstorganisation auslösen. Fairneß, also Gerechtigkeit, ist folglich ein Sachzwang für jede Gesetzgebung, die auf Selbstorganisation setzt. Ein Gesetzgeber, der auf bürokratischen Gesetzesvollzug setzt, unterliegt diesem Sachzwang nicht.

3. Das Streben nach Gerechtigkeit ist biologisch gesehen eine gezielte Suche nach optimalen Anpassungsleistungen. Der Gesetzgeber entwirft die Anpassungshypothese und zwingt die Rechtsunterworfenen zum Experiment. Den Erfolg oder Mißerfolg des Experiments müssen die Rechtsunterworfenen zurückkoppeln können, damit eine Evolution der Gerechtigkeit stattfindet, denn Veränderungen der Welt erfordern neue Gerechtigkeitsideen (Anpassungsleistungen).

# 4 Problemfelder der Gesetzgebung: Ursachen und Auswege

Der folgende Teil des Buches untersucht einige Problembereiche der Gesetzgebung und zeigt, daß die meisten Probleme ihre wesentlichen Ursachen in grundlegenden Verstößen gegen Elemente der Programmieranweisung haben. Die Kritik an dieser Gesetzgebung ist entsprechend dem vorgestellten Denkansatz eine technische Kritik, keine weltanschauliche Kritik an politischen Zielen. Der Kritik sind teilweise Ideen für ein erfolgreicheres Vorgehen beigefügt. Selbstverständlich ist keine dieser positiven Ideen durch die Hypothese gedeckt, denn aus keinem Einzelelement der Hypothese (Programmieranweisung) ergibt sich, was zu tun (zu programmieren) ist. Die Aussagen der Hypothese geben Erfahrungssätze wieder und sind durch abweichende Erfahrungen falsifizierbar. Die positiven Ideen sind nicht beweisbare Hypothesen, solange man sie nicht in die Tat umsetzt; sie sind aber kritisierbar.

## 4.1 Gesundheitswesen: Selbstzerstörung als Programm

Das deutsche Gesundheitswesen und besonders sein Kernstück, das System der gesetzlichen Krankenversicherung, bereitet dem Gesetzgeber seit den 70er Jahren Kopfzerbrechen, denn die Ausgaben der Krankenkassen steigen bedeutend schneller als das Bruttosozialprodukt. Das allein wäre nicht schlimm, aber die Politik hegt den Verdacht, daß den steigenden Ausgaben kein gesellschaftlicher Nutzen entspricht, also keine Verbesserung der Volksgesundheit und der individuellen Gesundheit. Dieses Unbehagen führte zu einer Politik der Kostendämpfung, die sich in sieben Gesetzen mit Kostendämpfungsmaßnahmen niederschlug. Diese Gesetzgebung änderte wenig an der Schere zwischen steigenden Ausgaben und nicht erfüllten Erwartungen; so kam es 1988 zu umfassenden, als Reform bezeichneten Änderungen, die aber die Grundideen des Rechts der gesetzlichen Krankenkassen nicht antasteten. Unsere Hypothese besagt, daß das System der gesetzlichen Krankenkassen der Volksgesundheit kaum nützt, die Evolution der Medizin in falsche Richtungen lenkt und daß es auf Selbstzerstörung programmiert ist.

Der Kardinalfehler ist ein Verstoß gegen die Systematik. Für unsere Kritik an der Systematik benötigen wir zunächst eine „Meßlatte". Dazu gehört ein Wissen um das Gesetzesziel. Ist das Ziel unklar, so kann man zwar die eigene Ideologie oder die eigenen Interessen in eine politische Diskussion einbringen, ein wissenschaftlicher Diskurs ist aber nicht möglich, denn eine wissenschaftliche Normkritik könnte weder kritisierbare noch Aussagen mit einer Falsch/Richtig-Dimension aufstellen. Das Gesetzesziel zerfällt nach unserer Hypothese über Systematik stets in eine individualistische Sinnkomponente (Teleologie) und eine systemorientierte Zweckkomponente (Teleonomie). Als Zweck des Gesundheitswesens unterstellen wir „Volksgesundheit" (public health). Normen sind demnach zweckhaft, wenn sie dazu beitragen, die Zahl der Menschen zu erhöhen, die alle ihnen üblicherweise obliegenden Funktionen in ihrem sozialen Umfeld, also in Familie, Ausbildung und am Arbeitsplatz, erfüllen können, ohne einer Heilbehandlung zu bedürfen. Diesen Zustand der Menschen bezeichnen wir als „Gesundheit", sein Nichtvorhandensein als „Krankheit". Maßnahmen sind demnach zweckgerichtet, wenn sie dazu beitragen, das Verhältnis der Krankheitsphasen zur gesamten Lebensdauer der Individuen kleinzuhalten. Da die Evolution uns Menschen vermutlich zum Tode programmiert hat und niemand „gesund" stirbt, klammern wir die dem Tod alter Menschen vorausgehende, letzte Krankheit aus, denn ihre Verhinderung kann so wenig Zweck eines Gesundheitswesens sein wie die Abschaffung des Todes.

Normen müssen nicht nur zweckhaft, sondern auch sinnerfüllt (gerecht) sein. Als Sinn der das Gesundheitswesen schaffenden Normen unterstellen wir, daß für jeden Bürger das persönliche Lebensrisiko Krankheit minimiert wird und ihm im Krankheitsfall das Wissen und Können der Heilberufe der Gesellschaft zur Verfügung steht.

Krankheiten sind stets das Ergebnis eines komplexen Ursachenbündels; so gesehen sind sie zufällige – der Betroffene wird sagen: schicksalhafte – Ereignisse. Die Wahrscheinlichkeit ihres Auftretens ist aber beeinflußbar. Jeder kann im Straßenverkehr eine Körperverletzung erleiden, den vorsichtigen Fahrer trifft aber ein geringeres Unfallrisiko. Im Herbst kann sich jeder erkälten, wer Unterkühlungen vermeidet, hat aber größere Chancen, ohne Schnupfen durch die kalte Jahreszeit zu kommen. Wir unterstellen als wahrscheinlich, daß diese Gegebenheiten auf fast alle Krankheiten zutreffen. Daraus folgt, daß kein Gesundheitswesen einem einzelnen Menschen ewige Gesundheit garantieren kann; das ist prinzipiell unmöglich. Es ist aber prinzipiell möglich, den Krankenstand der Bevölkerung zu senken. Die Gesetzgebung muß aber Normen schaffen, die an diesem Systemzweck orientiert sind.

Ein Teil der den Krankenstand bestimmenden Faktoren ist durch Gesetzgebung nicht beeinflußbar. Dazu gehören so wichtige wie das genetische Programm der Menschen, das Wetter sowie die uns umgebenden Bakterien, Pilze und Viren. Ferner dürfte der Krankenstand von einer Vielzahl von Einflußgrößen aus unserer sozialen, kulturellen und technischen Umwelt bestimmt sein. Hier greift die Gesetzgebung mittelbar oder unmittelbar erfolgreich ein, wenn brauchbare Vermutungen über Wirkungszusammenhänge vorliegen, damit z. B. von Trinkwasser, Abwasser, Lebensmitteln und technischen Anlagen möglichst geringe Gefahren ausgehen. Über die beschriebenen Bereiche hinaus besitzt sie aber wenig Ansatzmöglichkeiten, denn niemand weiß z. B., wie ein intaktes, der Gesundheit förderliches soziales Umfeld auszusehen hätte; und wenn man es wüßte, wäre die Gesetzgebung oft hilflos. Sie kann weder ein gutes Betriebsklima herbeiführen, noch den Singles zu einer anderen Lebensform verhelfen, auf daß deren signifikant hoher Krankenstand sinken möge. Wir werden allerdings in den nächsten Kapiteln darlegen, daß die Gesetzgebung Familiengröße und Familienzusammenhalt negativ beeinflußt. Ein dritter, für den Krankenstand der Bevölkerung wichtiger Einflußfaktor könnte der eigentlich medizinische Bereich sein. Er zerfällt in einen Sektor Präventivmedizin, wozu z. B. Impfungen, seuchenpolizeiliche Maßnahmen, Vorsorgeuntersuchungen und Aufklärungsmaßnahmen gehören; ferner in den Sektor der eigentlichen Heilbehandlung. In den letzten 15 Jahren hat die britische Medizin und dann die Forschung der USA ernüchternde Befunde über den Medizinbetrieb vorgelegt: Vermutlich ist die Bedeutung der modernen Medizin für die Volksgesundheit marginal. Der britische Wissenschaftler T. H. McKeown stellte durch Auswertung der amtlichen Gesundheitsstatistiken fest, daß die im letzten Jahrhundert entstandene moderne Medizin zu ihrem angeblichen größten Erfolg, der Ausrottung der großen Infektionskrankheiten, keinen oder allenfalls einen unbedeutenden Beitrag geleistet haben kann. Die Statistiken sind eindeutig; so gibt es in Großbritannien zwischen der Einführung einer allgemeinen Schutzimpfung und dem Verschwinden der entsprechenden Infektionskrankheit – außer bei Diphtherie – nicht einmal eine statistische Korrelation. Die Verhältnisse dürften in Deutschland kaum anders gelegen haben.

Leider gibt es keinen Anlaß zur Vermutung, um die Wirkung der heutigen Medizin sei es besser bestellt. Für die teuersten und verbreitetsten, den Krankenstand bestimmenden Erkrankungen, wie z. B. Erkältungen, Paradontose, Karies, Herz- bzw. Kreislauferkrankungen, Stoffwechselstörungen, Krankheiten des Bewegungsapparates und des rheumatischen Formenkreises, gibt es keine kausalen, sondern nur symptomatische Behandlungen. Bei Krebs sind erfolgreiche kausale Therapien auf seltene Ausnahmen beschränkt. Da symptomatische Dauermedikationen meist Nebenwirkungen hervorrufen, sind sie prinzipiell geeignet, weitere behandlungsbedürftige Störungen aufkommen zu lassen.

Der Beitrag medizinischer Heilbehandlungen zur Heilung dieses oder jenes Kranken mag also sehr bedeutend sein, und der Beitrag zur Linderung von Leiden ist ganz gewiß sehr bedeutend. Der Beitrag zur Senkung des Krankenstandes der Bevölkerung ist aber vermutlich gering. Von einer Präventivmedizin in Gestalt von Vorsorgeuntersuchungen ist ebenso wenig zu erwarten. In der medizinischen Wissenschaft der angelsächsischen Länder ist das Fach „public health" fest etabliert, zu dessen Aufgaben die Erfolgskontrolle globaler medizinischer Maßnahmen gehört. Die Vertreter dieses Faches stellen z. B. den Krebsvorsorgeprogrammen ein vernichtendes Zeugnis aus. So hat man festgestellt, daß in den USA nur 0,2 % der 70jährigen Männer an Prostatakrebs erkranken. Autopsien zeigen aber, daß 15–20 % dieser Gruppe Prostatakrebs haben, ohne daß sich dies bis zu ihrem Tode bemerkbar machte. Eine erfolgreiche umfassende Vorsorge, die den Krebs zu Lebzeiten entdeckte, mit anschließender Krebstherapie, würde etwa einem von 100 Betroffenen – vielleicht – nützen, 99 anderen aber überflüssige körperliche und psychische Schäden zufügen. Außerdem würde eine allgemeine Ausdehnung dieses Verfahrens zum sofortigen finanziellen Kollaps des Gesundheitssystems führen, denn man nimmt an, daß die Verhältnisse bei anderen Krebserkrankungen nicht anders liegen. In Deutschland haben Vorsorgeuntersuchungen einen besseren Ruf. Vermutlich nur, weil durch das Fehlen der „public health" der disziplininterne Konflikt in der Medizin nicht genügend ausgeprägt ist. Außerdem sind mit Vorsorgeuntersuchungen bedeutende finanzielle Interessen verbunden.

Zu guter Letzt hängt der Krankenstand der Bevölkerung von den gegebenen Lebensumständen und Lebensgewohnheiten ab. Sie sind entscheidend. Nach unserer heutigen Kenntnis sind die großen Seuchen nicht durch einen „Siegeszug der Medizin", sondern durch einen „Siegeszug der Hygiene" ausgerottet worden, durch bessere Wohnverhältnisse, eine ausreichende und an Krankheitserregern arme Nahrungsmittelversorgung, durch besseres Trinkwasser, eine Abwasserentsorgung, insbesondere aber durch ein Wissen der Bevölkerung von möglichen Infektionsquellen und eine Umsetzung dieses Wissens in neue Verhaltensweisen. Was für AIDS gilt, ist also keine Spezialität dieser Seuche, sondern gilt allgemein: Über die Ausbreitung von Krankheiten entscheidet das Verhalten der Bevölkerung. Über das Ausmaß der Verbreitung der oben erwähnten heutigen „Volksseuchen" entscheiden insbesondere unsere Eß-, Trink-, Bewegungs- und Rauchgewohnheiten sowie das Sozialverhalten im engeren Sinne, nämlich unser Umgang mit den Mitmenschen und der Umgang unserer Mitmenschen mit uns.

Bei diesen Gegebenheiten läßt sich schnell entscheiden, welche Rechtsgebiete unserer Theorie der Systematik entsprechen, welche nicht, und welches die Folgen der Systembrüche sind. Lebensmittel- und Trinkwasserrecht, Anschluß- und Benutzungszwang für die Kanalisation sowie Sicherheitsvorschriften, sei es des Staates, sei es der ortsnäheren Berufsgenossenschaften, entsprechen unserer Theorie; dieses Recht ist zweckorientiert, es ist geeignet, den Krankenstand der Bevölkerung zu senken; es ist gleichzeitig sinnorientiert, denn dieses Recht erhöht auch für jedes konkrete Individuum die Wahrscheinlichkeit, gesund zu bleiben.

Seuchenpolizeiliche Vorschriften sind vor allem zweckorientiert, wenn sie Träger gefährlicher Krankheiten einer Überwachung unterwerfen, diese Menschen von bestimmten Berufen ausschließen oder gar eine Art Quarantäne über sie verhängen. Ihnen fehlt aber die Sinnorientierung, denn sie helfen nur den Gesunden, nicht aber den Kranken. Deshalb können sie nur durch Strafdrohung und Kontrolle, nicht aber durch Selbstorganisation in Sozialverhalten umgesetzt werden. Solche Normen sind als Ausnahme- und Krisenregelungen mit unserer Theorie vereinbar, da der Zweck (Volksgesundheit) – prinzipiell – Vorrang vor dem Sinn hat (Hilfe für die Kranken).

Dem Recht der gesetzlichen Krankenkassen fehlt dagegen die Zweckorientierung. Es ist sinnorientiert, indem es jedem Kassenmitglied ungeachtet seiner Vermögenslage Zugang zu dem in der Gesellschaft vorhandenen, medizinischen Wissen und Können eröffnet. Da die Leistungen des medizinischen Sektors aber nicht zur Senkung des Krankenstandes in der Bevölkerung beitragen, ist das Krankenkassenrecht als Ganzes nicht zweckorientiert. Ein Recht mit einem derart massiven Überhang des Sinnes über den Zweck muß einen Trend zur Selbstzerstörung auslösen. Das System muß eine Maximierung der Produktion des Angenehmen, aber Überflüssigen auslösen, dessen, was man sich auf eigene Kosten nicht kaufen würde. Die Wirtschaftswissenschaftler nennen dies „production of slack". Genetische Programme mit diesem Baufehler, dem Überhang der Schönheit über die Arterhaltung, führen zur Bildung luxurierender Strukturen, die wir oben (Kapitel 3.2, S. 90 ff.) erörtert haben. Diese „production of slack" zeigt sich z. B. bei Medikamenten, deren Zahl sich auf 100 000 zubewegt, obwohl es nur wenige 100 Wirkstoffe gibt. Das Krankenkassenrecht macht es ökonomischer für die Hersteller, das 39. – symptomatische – Schmerzmittel als ein wirkliches Heilmittel zu entwickeln. Beim Weltzahngoldverbrauch nimmt die Bundesrepublik eine Spitzenposition ein. 1987 wurden etwa 20% der Umsätze des Taxigewerbes von Krankenkassen bezahlt, und auf die meisten Kuren würde wohl verzichtet, wenn die Nutznießer sie zu Lasten ihres Geldbeutels und ihres Urlaubs nehmen müßten.

Das Krankenkassenrecht schafft ein System, dessen ökonomisches Optimum der chronisch Kranke ist. Ihm ist eine Tendenz zu Leistungen immanent, die Leben erhalten, ohne Gesundheit zu bringen. Zur Kosteneindämmung finanziert es nur Leistungen bestimmter Berufe und unter diesen nur die Vertreter der herrschenden Meinung. Damit verhindert es zwar die Finanzierung von Scharlatanen, aber auch die Evolution der Medizin. Der Zusammenhang zwischen der Medizin, die eine Kultur hervorbringt, und dem Erstattungsrecht wird am Beispiel Chinas deutlich. Durch viele gesundheitspolitische Diskussionen geistert der chinesische Arzt, der nur von seiner gesunden Kundschaft bezahlt wurde, und höchstes Ansehen genoß, wenn er nichts zu tun hatte. Krankheit führte zum Honorarverlust. Die entsprechende Medizin widmet sich zahlreichen Vorstufen von Krankheiten, die in der modernen wissenschaftlichen Medizin der westlichen Welt nicht beschrieben werden.

Ein weiterer fundamentaler Verstoß gegen ein Element der Programmieranweisung ist die Verletzung des Hierarchieprinzips (S. 123 ff.). Nach unserer Hypothese hat die Entscheidungskompetenz in einem sozialen System stets bei dem zu liegen, der die umfassendste Information besitzt. Im Recht der gesetzlichen Krankenkassen entscheidet der Gesetzgeber darüber, wer, wem, in welcher Lebenslage, in welchem Ausmaß finanzielle Solidarität zu leisten hat. Das wäre richtig, wenn die Frage der Solidarität prinzipiell unentscheidbar wäre, denn solche Fragen (Beispiel: Rechts- oder Linksverkehr) können vom Gesetzgeber entschieden werden. Die Frage der Solidarität ist aber nicht von dieser Art, wie die Diskussion um die Finanzierung der Abtreibung zeigt. Weder Ethikexperten, noch die zuständigen Referenten der Bundesregierung, noch die Gesundheitsministerin, noch die Parlamentarier wissen, ob Frau Meier Frau Kunze die Abtreibung bezahlen soll. Aber Frau Meier besitzt dieses Wissen, denn sie hat ihre höchstpersönliche Ethik und ihre Handlungsmoral. Es ist nach unserer Hypothese (Kapitel 3.7, S. 127 ff.) „unzulässig", von oben herab gegen dieses Wissen zu entscheiden. Das Problem ist jenem der Höchstpreisfestsetzung analog. Kein Gesetzgeber weiß, welchen Wert eine Ware hat. Käufer und Verkäufer wissen aber um den Wert, denn es ist ihre subjektive Bewertung.

Ein dritter elementarer Fehler ist das Fehlen der Rückkopplungsmöglichkeit (Kapitel 3.9, S. 144 ff.). Da der Gesetzgeber alle wesentlichen Entscheidungen fällt und keine Wahlmöglichkeiten bestehen, bleibt dem Beitragszahler nur eine einzige legale Rückkopplungsmöglichkeit: die Parlamentswahl. Da dies ein vollkommen unspezifisches Mittel ist, kann man es vernachlässigen.

Ein vierter Fehler ist das Ausklinken der Motivationen (Kapitel 3.5, S. 105 ff.) durch die Möglichkeit des Handelns zu Lasten Dritter. Leistungsempfänger und Anbieter können praktisch ungehindert gegen die Beitragszahler zusammenarbeiten. Die Krankenkassen sind Selbstbedienungsläden, heißt es plakativ in der politischen Diskussion. Deshalb sind alle Leistungen besonders problematisch, die nicht nur wirklich Kranken, sondern Gesunden nützen, wie z. B. Heilkuren, Krankschreiben, „Oma auf

Krankenschein", Taxifahrten usw. Von einer bürokratischen Kontrolle durch die Krankenkassen ist nichts zu erwarten, wenn das Schnorren allgemein praktiziertes Verhalten wird, d. h. wenn die Schnorrer die Ehrlichen auslachen. Außerdem entspricht es den ökonomischen Interessen der Krankenkassen und ihrer Belegschaften, möglichst viele Mitglieder mit möglichst hohen Beitragszahlungen zu haben.

Unsere Hypothese läßt erkennen, daß manche heiß diskutierten Fragen des Gesundheitswesens recht bedeutungslos sind. So ist nicht sehr wichtig, ob wir ein verstaatlichtes Gesundheitswesen, ein von privaten oder gesetzlichen Krankenkassen bestimmtes System haben, da überall derselbe Bruch der Systematik, der Überhang des Sinnes über den Zweck, gegeben ist. Ebenso steht es um die Selbstbeteiligung der Patienten. Wenn das mittlere Management einem für das Unternehmen nutzlosen Tagungstourismus frönt, kann man natürlich darüber diskutieren, ob für den auf den Tagungen vertrunkenen Schnaps und das beschriebene Papier eine Selbstbeteiligung eingeführt werden soll, es wäre aber gescheiter, nur noch nützliche Tagungen abzuhalten. Allgemein gesagt: Das Recht muß für Effektivität (Zielgerichtetheit) sorgen, dann kann man sich über Effizienz (Ökonomie der einzelnen, zielgerichteten Maßnahme) unterhalten.

Mit dem deutschen Krankenkassenwesen sind bedeutende wirtschaftliche Interessen und festgefügte Ideologien verankert; außerdem blickt es auf eine 100jährige Tradition zurück. Deshalb kann die Politik außerhalb von Krisenlagen keine Reform an Haupt und Gliedern durchführen. Unsere Hypothese legt auch eine andere Vorgehensweise nahe. Wir fügen wenige neue, harmlos erscheinende Normen in das vorhandene Recht ein, die als Kristallisationskerne einer neuen Ordnung geeignet erscheinen, einer Ordnung, mit der die vorhandene nicht konkurrieren kann. Als Adressat dieser Normen kommt nur der Beitragszahler in Betracht, er ist der einzige, dem eine Ausweitung des Gesundheitswesens wenig nützt, aber finanziell schadet. Gleichzeitig ist er derjenige, von dessen Verhalten der Krankenstand der Bevölkerung abhängt. Er ist der natürliche Verbündete einer staatsmännischen, der public health wie den Kranken zugleich verpflichteten Gesetzgebung. Gegenwärtig existiert er als politische Macht nicht. Die Gesetzgebung kann diese politische Macht aber schaffen. Dazu brauchen wir Normen, die jene als Gruppe etablieren, die eine auf Erhaltung der Gesundheit gerichtete Strategie betreiben. Wir wollen keineswegs Gesundheit prämieren, das wäre unfair, da sie auch vom Zufall abhängt, sondern die Strategie belohnen. Die Normen, die wir suchen, verhalten sich zu einer Prämierung der Gesunden wie die Regeln des Volkslaufs zu denen der Olympiade. Wir prämieren nicht den Sieg (Gesundheit), sondern die darauf gerichtete Strategie (Lebensführung), mag sie von Erfolg oder Mißerfolg gekrönt sein.

Nach heutigem Stand der Medizin sind eine überkalorische, denaturierte Nahrung sowie eine sitzende Lebensweise wesentliche Risikofaktoren für die heutigen Volksseuchen. Wir können nun alle Eltern belohnen, deren Kinder diese Lebensweise offensichtlich nicht haben. Als Indikatoren können wir den Zustand der Zähne und das Fehlen von Übergewicht nehmen. Diese Daten sind bereits vorhanden, denn sie stehen durch Routineuntersuchungen in den Schulen fest. Die Gesetzgebung sollte dieser Elterngruppe, die den Grundstein für gesunde Erwachsene legt, einen fühlbaren Beitragsnachlaß zu Lasten der anderen einräumen. Die Prämie, die wir aussetzen, ist wie das Ziel beim Volkslauf: Alle Eltern können es erreichen, sie müssen aber etwas dafür tun. Nach heutigem Stand würden sich etwa 10% der Eltern diese Prämie verdienen. Mit dieser Gesetzgebung etablieren wir eine Gruppe, deren Eigeninteresse mit dem Systemzweck – public health – konform geht. Ist sie erst einmal vorhanden, muß die Politik sie genauso berücksichtigen wie die anderen Interessenverbände.

Möglicherweise stoßen wir mehr an. Da sich die Zugehörigkeit zu dieser Gruppe lohnt, entwickelt sich vielleicht eine Nachfrage nach einem Gesundheitsvorsorgewissen. Vielleicht ergibt eine wissenschaftliche Diskussion bessere Hinweise und bessere Indikatoren für eine gesunde Lebensführung. Diese sind bereits ansatzweise vorhanden und in Erprobung. Manche amerikanischen Unternehmen widmen sich diesem Feld und bieten ihren Mitarbeitern eine Bestandsaufnahme ihres Gesundheitsstatus sowie eine Beratung für eine Gesundheitsstrategie an. Außerdem haben wir ein neues Rechtsprinzip in das Krankenkassenrecht eingeführt; das kann die Rechtsprechung beeinflussen oder auch zu weiteren Normen führen, die sich an diesem Prinzip orientieren.

In gleicher Weise wären auch andere Baufehler des Krankenkassenrechts anzugehen. Vielleicht gelingt es, bei der Abtreibungsfinanzierung ein Wahlrecht einzuräumen. Die Mitglieder mögen selbst entscheiden, ob sie mit oder ohne Abtreibungssolidarität versichert sein wollen. Vielleicht wäre dies ein Einbruch, um die Mitglieder auch über die Solidarität bei Heilkuren und anderen zum Schnorren verleitenden Maßnahmen selbst entscheiden zu lassen, auf daß die Schlaumeier sich wechselseitig Solidarität erweisen mögen. Unser Vorschlag zielt also weder auf eine Radikalkur noch auf Erfolge bis zur nächsten Wahl, sondern will einen jahrzehntelangen Prozeß auslösen, auf den sich alle einstellen können. Die Auslöser können nur durch ein Bündnis von staatsmännisch denkenden Politikern, Ministerialbeamten, Wissenschaftlern und Publizisten in das Gesetz eingefügt werden.

S. Literaturhinweise 7.1.

## Zusammenfassung:

1. Das Recht der gesetzlichen Krankenkassen ist nicht geeignet, die Volksgesundheit (public health) zu verbessern. Es lenkt die Evolution der Heilmethoden in falsche Richtungen; es führt zur Maximierung der Produktion des Angenehmen, aber Überflüssigen (production of slack). Bürokratische Kontrollen und Selbstbeteiligung sind ungeeignete Lösungsideen, da sie statt bei der Effektivität (Zielgerichtetheit) bei der Effizienz (Ökonomie einer Einzelmaßnahme) ansetzen.

2. Die Ursachen von 1. sind in Verstößen gegen vier Elemente der Programmieranweisung zu suchen: Sinn- und Zwecksystematik, Austarierung der Motivationen, Hierarchieprinzip, Prinzip Rückkopplung.
3. Will die Politik das Gesundheitswesen dauerhaft heilen, ohne radikale Reformen durchzuführen, muß sie zunächst durch Gesetzgebung unter den Beitragszahlern eine Gruppe schaffen, die diese Politik positiv zurückkoppelt. Auf eine Kostendämpfungspolitik hat sie dagegen nur negative Rückkopplungen zu erwarten.

## 4.2 Gesetzliche Altersversorgung: Irrationalität als Grundlage

Zu einer Kritik der Grundprinzipien der gesetzlichen Rentenversicherung brauchen wir keine „Meßlatte" zu entwickeln, denn jedes Alterssicherungssystem muß vorgegebenen Anforderungen genügen. Unterstellt man, es gäbe in einem Modellstaat keine Versicherungen, dann stünden den Bürgern zwei grundsätzlich verschiedene Methoden der Alterssicherung zur Verfügung: Sie könnten entweder Kapital bilden, das sie im Alter aufzehren würden, oder müßten sich von ihren Kindern im Alter ernähren lassen. Schließlich könnten sie beides miteinander kombinieren. Wenn der Staat Versicherungssysteme schafft oder ihre Bildung zuläßt, ändert sich nichts daran, daß nur die Kapitaldeckungsmethode oder ein Generationenvertrag zur Sicherung der Altersversorgung zur Verfügung stehen, d. h., die Altersversorgung muß entweder von den Erträgen der arbeitenden Generation abgezweigt oder durch Rückzahlung des angesammelten Kapitals aufgebracht werden. Mit der Methode des Generationenvertrages können – solange eine Jugend heranwächst – grundsätzlich alle Alten versorgt werden, mit der Kapitaldeckungsmethode nur einige, nämlich so viele, wie man mit den ausschüttbaren Erträgen der Volkswirtschaft versorgen könnte. Der Generationenvertrag ist also die wichtigere Methode.

Im Gegensatz zu dem vorrechtlichen Obersystem Familie ist eine Versicherung ein durch erdachte rechtliche oder vertragliche Regeln künstlich geschaffenes Obersystem. Versicherungen können die ökonomischen Folgen zufälliger, individueller Schicksalsschläge abfedern, also z. B. von vorzeitiger Erwerbsunfähigkeit, Tod des Ernährers, Kinderlosigkeit usw. Gegen Risiken, die das ganze Versichertenkollektiv treffen, z. B. Krieg, Seuchen, Übervölkerung, Geburtenrückgang, bieten sie keinen Schutz, bzw. nur eine Mittragung außergewöhnlicher persönlicher Verluste, die über den Durchschnitt des Kollektivs hinausgehen.

Solange der Generationenvertrag innerhalb der Großfamilie praktiziert wurde, z. B. auf dem bäuerlichen Hof, beruhte er auf Normen, die im Sinne unserer Hypothese erlernte Programme sind, die also durch Vormachen und Nachmachen übertragen werden. Das wesentliche Element der eigenen Alterssicherung war also die Erziehung der Kinder, was im Sinne unserer Hypothese bedeutet, die Kinder mit erlernten Programmen auszurüsten. Die einzig sichere Methode zur Festschreibung dieser Programme ist aber: Vorbild sein. Nur wer die Altersversorgung der eigenen Eltern sichert, darf in diesem System hoffen, seinerseits im Alter von seinen Kindern gesichert zu werden. Wer die eigenen Eltern abschiebt, hat Gleiches von seinen Kindern zu erwarten. Weitere Voraussetzung war, in die eigenen Kinder zu investieren und sie das für ein Erwerbsleben notwendige Wissen und Können zu lehren, was früher meist das Wissen und Können der Eltern war. Schließlich lag es im Interesse der Eltern, das Kapital, d. h. den Hof oder den Handwerksbetrieb, zu erhalten und als Erbe weiterzureichen, denn erst die Kombination von Kapital und Arbeit versetzte die Kinder in die Lage, neben dem eigenen Nachwuchs auch noch die Eltern zu versorgen. Eltern konnten es sich also kaum leisten, das Familienerbe selbst zu verzehren oder die Kinder zu enterben. Zwei Nachteile liegen auf der Hand. Das Problem der Kinderlosigkeit oder des vorzeitigen Todes des Ernährers konnte nur familienübergreifend bewältigt werden. Im Interesse der Risikostreuung empfahl es sich, mehr Kinder zu haben, als zur Erhaltung der Großkollektive notwendig und erwünscht waren. Eine Bevölkerung ohne außerfamiliäre Alterssicherung wird also zu einem Geburtenüberschuß tendieren, wenn sie sich dagegen nicht mit anderen Regeln absichert.

Der staatliche Generationenvertrag in Gestalt der gesetzlichen Rentenversicherung hebt innerhalb der Familie die Abhängigkeit der drei Generationen voneinander auf. Die Alten werden durch Rentenansprüche von ihren arbeitenden Kindern unabhängig. Die arbeitende Generation muß nicht mehr im Eigeninteresse die Eltern pflegen; außerdem wird der einzelne den ökonomischen Zwang los, Kinder haben und erfolgreich erziehen zu müssen. Die Jugendlichen sind durch rechtlich gesicherte Unterhaltsansprüche gegen Eltern und Sozialstaat von dem Zwang befreit, eine emotionale Beziehung zu ihren Eltern haben zu müssen; außerdem besitzen sie ein faktisches Wahlrecht, ob sie sich in die etablierte Gesellschaft oder eine drittfinanzierte Subkultur integrieren wollen, die zu dem Generationenvertrag nicht beiträgt.

Während der gesetzliche Generationenvertrag Junge, Arbeitende und Alte innerhalb der Familie voneinander unabhängig macht, werden die drei Generationen innerhalb des gesetzlich geschaffenen Großkollektivs voneinander abhängig. Die Höhe der Rente hängt davon ab, daß möglichst viele Beitragszahler möglichst hohe Beiträge zahlen. Die Sicherung der künftigen Renten der Beitragszahler hängt davon ab, daß diese eine genügend große junge Generation aufziehen und in das System des Generationenvertrages integrieren. Mit anderen Worten: Die gesetzliche Rentenversicherung macht sozusagen alle Arbeitnehmer zu einer einzigen Familie, aber in diesem Großkollektiv gelten die Sachzwänge fort, die in dem Generationenvertrag der Familie Gültigkeit hatten.

Der gesetzliche Generationenvertrag kann aber den größten Teil der Handlungen nicht erzwingen, auf denen sein Funktionieren beruht. Er kann nicht erzwingen, daß die arbeitende Generation die alte Generation innerhalb der Familie umsorgt. Wenn die Familie keine entsprechende Fürsorge an den Alten erbringt, müßten solche Leistungen auf dem Markt gekauft bzw. vom Steuerzahler finanziert werden, falls Renten und Gehälter dafür nicht ausreichen. Das System wälzt also interne Kosten nach außen ab. Der gesetzliche Generationenvertrag kann auch das Gebären, Aufziehen und Integrieren von Kindern nicht erzwingen. Schließlich kann er auch kein in seinem Sinne optimales Arbeitsleben erzwingen, das aus einer möglichst kurzen, aber effektiven Ausbildung und einem langen Arbeitsleben bestehen würde.

Da die zur Systemerhaltung (Zweckhaftigkeit, Teleonomie) notwendigen Handlungen nicht erzwingbar sind, muß – so fordert es unsere Hypothese über Systematik – das Recht sie für das Individuum sinnvoll (Teleologie) machen, um den Systembestand zu sichern (vgl. Kapitel 3.2, S. 85 ff.). Da das Recht des Generationenvertrages den Mitgliedern außer Ökonomie nichts zu bieten hat, muß es alle systemerhaltenden Maßnahmen mit wirtschaftlichem Erfolg belohnen.

Tatsächlich liegen die Verhältnisse genau umgekehrt. Statistisch gesehen müssen in einem Kollektiv auf jede Frau 2,1 bis 2,2 Geburten kommen, damit sein Bestand erhalten bleibt. Unterstellt man, daß 10% der Frauen keine Kinder haben wollen und auch nicht haben werden, was immer das Recht an ökonomischen Vorteilen bieten mag, unterstellt man ferner als realistisch, daß 15% aller Paare unfruchtbar sind, so müssen die verbleibenden Frauen je drei Kinder gebären. Das Recht der gesetzlichen Rentenversicherung macht es aber unökonomisch, überhaupt Kinder zu haben, und der Erziehungserfolg wird ebenfalls nicht prämiert. Darüber hinaus ist es für manche Familien verlockend, die alten Eltern ins Altersheim abzuschieben, falls sie nicht zur Finanzierung des Heimaufenthalts herangezogen werden können, d. h. zusätzliche Kosten der Versorgung der Alten werden auf Dritte abgewälzt, so daß neben dem Generationenvertrag der

Fiskus belastet wird (vgl. Kapitel 3.5, S. 105 ff.). Bei diesen Gegebenheiten hängt der Bestand der gesetzlichen Rentenversicherung von den zufällig in der Gesellschaft herrschenden Vorstellungen über den immateriellen Wert der Kinder ab, ob man also in Kindern ein Stück Lebensglück oder ein Hindernis auf dem Weg zur Selbstverwirklichung sieht. Solche Vorstellungen scheinen sich in irrationaler Weise zu ändern. Ebenso irrational ändern sich offenbar die Vorstellungen über das, was Erziehung leisten soll. Das Fundament der Rentenversicherung ist also ein sehr unsicherer Boden.

Daneben schafft die Rentenversicherung die ökonomischen Grundlagen für den Zerfall der Drei-Generationen-Großfamilie, die zwar ein höchst unfriedliches Gebilde war, in der aber jedermann für jedermann irgendwelche nützlichen Funktionen erfüllen mußte; jeder wurde gebraucht, für jeden war die Familie ein zwar spannungsreiches, aber auch recht tragfähiges Netz; sie war sichernde Bindung und hemmende Fessel zugleich. Die Großfamilie ist zwar der Mobilität der Arbeitskräfte hinderlich, dafür ist sie ein Gebilde, das den Sozialstaat am wenigsten benötigt, da sie üblicherweise keine Familienkosten auf Dritte abwälzt. Die Gesetzgebung täte gut daran, die Probleme der gesetzlichen Rentenversicherung nicht als Finanzierungsprobleme zu sehen; diese entstehen erst als Folge von systematischen Fehlern, die nicht in Erscheinung treten, solange die aus der Großfamilie stammenden, erlernten Verhaltensmuster noch fortgelten.

Unsere Sicht der gesetzlichen Rentenversicherung legt es nahe, in ihr die entscheidende Ursache des Geburtenrückganges zu sehen. Das deckt sich vollständig mit den empirischen Daten. Während die Geburtenstärke der Jahrgänge mit den historischen Ereignissen schwankt, zeigt die sogenannte Kohortenfertilitätsrate ein eindeutiges Bild. Darunter versteht man die durchschnittliche Kinderzahl je Frau eines bestimmten Jahrgangs. Diese Rate sinkt seit der Einführung einer staatlichen Altersversorgung fast kontinuierlich, nur die von der Bevölkerungspolitik des Nationalsozialismus beeinflußten Jahrgänge unterbrachen das Absinken vorübergehend. Der Zusammenhang zwischen staatlicher

Altersversorgung und Geburtenrückgang ist auch von der Wissenschaft nicht übersehen worden; man hat sich nur darüber gewundert, warum die Reaktion nicht schlagartig, sondern kontinuierlich erfolgte. Nach unserer Hypothese sind verzögerungslose Reaktionen allenfalls von vollständig rationalen, also allein auf erdachten Programmen beruhenden Systemen zu erwarten, etwa von Börsen. Das generative Verhalten ist aber sowohl von der Orientierung an Vorbildern (erlerntes Verhalten) als auch von Rationalität und Ökonomie (erdachtes Verhalten) bestimmt. Auf Dauer können aber nur rationale Verhaltensweisen Bestand haben. Auch Sitten und Gebräuche sterben nach einer kürzeren oder längeren Verzögerung aus, wenn ihr rationaler Kern weggefallen ist.

Die gesetzliche Rentenversicherung ist ein gigantischer Selbstversuch einer ganzen Nation mit ihrem generativen Verhalten. Da die Kohortenfertilitätsrate inzwischen die Reproduktionsrate der Bevölkerung unterschritten hat und eine Hoffnung auf Besserung sich nur auf irrationales Verhalten der Bevölkerung stützen könnte, muß die Politik das Scheitern des Versuchs eingestehen und sich wieder auf die Grundlagen eines Generationenvertrages zurückbesinnen, daß nämlich Partner eines Generationenvertrages ein bestimmtes Lebenskonzept haben müssen: kurze, effektive Ausbildung, langes, in Beruf oder Haushalt verbrachtes Arbeitsleben, Heirat, drei Kinder, integrierende Erziehung, Sorge für die eigenen Eltern im Fall der Hilfsbedürftigkeit. Jede Abweichung von diesem optimalen Lebenslauf muß negative, gesetzliche Rückkopplungseffekte auslösen, auf die der Betroffene mit Kompensationsbemühungen reagieren mag.

Eine Politik, die sich darauf besinnt, wird keine Begeisterung auslösen, denn sie stößt auf zwei Illusionen, die das Recht des Sozialstaates erzeugt hat, Illusionen über Emanzipation und Illusionen über die Reversibilität lebensbestimmender Entscheidungen. Ein unserer Hypothese entsprechender Generationenvertrag läßt zwar eine formale Freiheit des Lebenslaufs, jede Frau mag entscheiden, ob sie Kinder gebären will oder nicht, die faktische Freiheit wird aber beschnitten, denn Kinderlosigkeit oder weniger als drei Geburten hätte negative ökonomische Konsequenzen. Übrigens müßten mehr als drei Geburten ebenfalls zu negativen Konsequenzen führen, wenn Geburtenüberschuß herrscht und das Kollektiv an den Grenzen seiner Lebensgrundlagen angelangt ist. Drei Geburten und die dadurch ausgelöste Notwendigkeit, Kinder aufzuziehen, mindern die Berufschancen der Frau drastisch, selbst wenn sich das Paar die Sorge für die Kinder und die Arbeit im Haushalt teilt. Da die Fruchtbarkeit bereits vom 18. Lebensjahr an wieder abnimmt, hat ein Paar nur einen begrenzten Zeitraum für drei sichere und relativ risikolose Geburten zur Verfügung. Das ist gleichzeitig der Zeitraum, in dem alle wichtigen Entscheidungen über den beruflichen Erfolg fallen. Karriereziele werden meist erst jenseits der 40 erreicht, die entscheidenden Schritte werden aber wesentlich früher gegangen. Deshalb kollidiert die Notwendigkeit von drei Geburten mit dem politischen Ziel, Männern und Frauen gleiche Aufstiegschancen im Arbeitsleben zu verschaffen.

Die – statistische – Notwendigkeit, in einem frühen Lebensabschnitt drei Kinder gebären zu müssen, ist aber nur Teilaspekt eines umfassenderen Problems. Das Leben ist ein zeitlich gerichteter Prozeß, in dem die Menschen zu optimalen Zeitpunkten bestimmte Festlegungen treffen müssen. Diese Festlegungen haben sie so lange wie irgend möglich als irreversibel zu betrachten. Das betrifft besonders die Wahl des Ausbildungsweges und die Partnerwahl. Ist das Individuum bei Geburt noch ein „unbeschriebenes Blatt" und mit unendlich vielen Wahlmöglichkeiten ausgestattet, so bringt jedes Lebensjahr Entscheidungsprozesse, die diese Wahlmöglichkeiten fortlaufend vermindern. Die Anlage zu musischen oder sportlichen Spitzenleistungen muß schon in der Kindheit gefördert werden, falls die darin liegenden Chancen gewahrt werden sollen.

Jeder Wunsch, das zum optimalen Zeitpunkt Versäumte zu einem späteren, nicht optimalen Zeitpunkt nachzuholen, verursacht außergewöhnliche Kosten und Mühe, während die Wahrscheinlichkeit des Erfolges abnimmt. Wer den Versuch macht, mit 30 die erste Fremdsprache, mit 40 das Tennisspiel und mit

50 die Fertigkeit des Autofahrens zu lernen, muß tief in die Tasche greifen und viel Zeit aufwenden.

Die frühere Großfamilie scheint ihre Mitglieder durch eine Serie negativer Schreckensbilder auf den optimalen Lebensweg gebracht zu haben. Dies begann bei dem „Suppenkasper" (und anderen Figuren), der sich weigerte, „groß und stark" zu werden; man erzwang also die gewollte, stetige Vorwärtsbewegung auf dem Lebensweg. Das setzte sich fort mit „Auslöffeln, was man sich eingebrockt hat"; das Individuum sollte also zu den eigenen Entscheidungen stehen und aus eigener Kraft den Ausweg aus vermeintlichen Sackgassen suchen. Das Bild der „alten Jungfer" erzwang einen optimalen Heiratszeitpunkt und das „schwarze Schaf" warnte generell vor desintegrativem Verhalten. Diese Schreckensvisionen sind belächelnswert geworden, nachdem die Großfamilie verschwunden ist, aber die Sachgesetzlichkeiten, die sie darstellten, gelten fort, denn jeder Generationenvertrag beruht auf denselben Prinzipien, mag er sich auf die Familie oder auf die gesamte Bevölkerung erstrecken.

Die Ausübung grundlegender Wahlentscheidungen im Leben hat zwei Seiten, sie eröffnet Chancen und verschließt den Zugang zu den Chancen der ausgeschlossenen Wahlmöglichkeiten. Für das Individuum ist der Inhalt der Wahlentscheidung wichtig, es geht um sein Schicksal; um den „richtigen" Partner, den „richtigen" Beruf usw. Für das gesellschaftliche System, also Familie, Kollektiv des Generationenvertrages, Markt und Staat, ist dagegen bedeutsamer, daß zu optimalen Lebenszeitpunkten überhaupt Entscheidungen getroffen werden und das Individuum zu den Konsequenzen seiner Entscheidungen steht und sie allein trägt. Das Recht des Sozialstaates erzeugt aber die Illusion, als könne man die Bifurkationspunkte seines Lebens durchlaufen, ohne Entscheidungen treffen zu müssen, jedenfalls könne das Kollektiv die Kosten eines späteren Umwerfens der Entscheidung bezahlen oder deren nicht mehr erwünschte Folgen mittragen. Das geschieht z. B., indem der Sozialstaat das Nachholen des Abiturs, das Zweitstudium oder die Umschulung bezahlt oder indem er die Kosten der Scheidung, des Abschiebens der alten Eltern jedenfalls mitzutragen bereit ist und das „Aussteigen" freigibt, während er den „Aussteiger" jederzeit als Sozialhilfeempfänger wieder aufnimmt. Der Traum vieler Frauen, vom Zwang zu Geburten frei zu sein, und den Männern im Berufsleben chancengleich gegenüberzutreten, ist also nur einer von vielen Träumen, zu denen das Recht des Sozialstaates einlädt.

Bleiben wir auf dem Boden der Vorgegebenheiten der Evolution. Wer das Recht eines Generationenvertrages konzipieren will, findet als einzuhaltende Bedingung vor, daß 75% der Frauen – statistisch – drei Geburten haben müssen, damit das Kollektiv erhalten bleibt. Dabei ist gleichgültig, ob es sich bei dem Kollektiv um die Familie, die Menschheit oder ein Zwischensystem handelt. Die Erhaltung des Kollektivs ist Selbstzweck. Zwischen diesem Zweck und individualistischen Sinnorientierungen sind nach unserer Hypothese keine Güterabwägungen erlaubt (vgl. Kapitel 3.2, S. 90 ff.). Da die Verschaffung gleicher beruflicher Chancen für Mann und Frau ein Sinnbezug ist, eine Gerechtigkeitsidee, muß dieses Ziel zurückstehen, bis gewährleistet ist, daß der Zweck erreicht wird. Ein Kollektiv, das um einer Gerechtigkeitsidee willen sein Aussterben in Kauf nimmt, mag idealistische Moralisten begeistern, ein evolutionäres Recht kann den Ausstieg aus der Evolution nicht prämieren. Ein evolutionäres Recht macht Evolution, es ordnet sich den Gesetzlichkeiten dieses Vorgangs unter, obwohl die Evolution uns Individuen dreifach geschlagen hat: mit dem Streben nach Sinnsuche, mit Voraussicht in unsere begrenzte Existenz und mit Blindheit für den Sinn der Evolution – wenn sie denn einen Sinn haben sollte. Ist es nun wenigstens ein Gebot der Gerechtigkeit, den Frauen für die – statistische – Belastung mit drei Geburten irgendeine Form der Kompensation zu erteilen? Nach unserer Hypothese ist die Antwort eindeutig: Nein!

Gerechtigkeit ist eine Eigenschaft des Rechts, nicht eine Eigenschaft der gesamten Evolution. Es war weder gerecht noch ungerecht, daß die Evolution den Bimorphismus geschaffen hat, also das Auftreten des Menschen als Mann und als Frau. Auch den

Entscheidungen, die sich in unserem individuellen genetischen Programm niedergeschlagen haben, fehlt die Gerechtigkeitsdimension. Es ist weder gerecht noch ungerecht, daß wir als Mann oder als Frau, häßlich oder schön, intelligent oder dumm, mit melancholischer oder heiterer Grundstimmung geboren wurden, daß Männer mit einer kürzeren Lebenserwartung als Frauen ausgestattet sind oder irgendeine andere genetische Programmierung.

Evolution ist ein Entscheidungsprozeß, den das Recht im Bereich des menschlichen Soziallebens fortführt. Die Evolution hat, wie das Leben des Individuums, eine Zeitdimension; es gehört zur Konsequenz dieses Prozesses, ihn fortzuführen, d. h. nicht zu den durchlaufenden Bifurkationspunkten zurückzukehren, sondern sie als Vorgaben zu betrachten. Wer dennoch die Entscheidungen der Evolution, die sich in unserem genetischen Programm niedergeschlagen haben, nach vermeintlichen Kriterien der Gerechtigkeit wertet, wird das Recht als Mittel zur Kompensation angeblicher „Ungerechtigkeiten" der Natur benutzen wollen, um Vorentscheidungen über unser Schicksal aufzuheben oder auszugleichen. Bei dieser Betrachtung, die in der gegenwärtigen politischen Diskussion gängig ist, erscheinen wir alle als Opfer, denen das Recht helfen muß. Wir alle könnten mehr Chancen gebrauchen als jene, die in der mitgegebenen genetischen Information und der Programmierung durch das Erziehungswerk unserer Eltern liegen. Innerhalb der Welt des rationalen, an Gerechtigkeit orientierten Rechts, ist aber nicht begründbar, ob es ein Nachteil ist, eine Frau zu sein, auf der die statistische Notwendigkeit von drei Geburten lastet. Ebenso unbegründbar wäre die Forderung der Männer nach rechtlicher Kompensation, weil sie nicht gebären können oder weil sie eine kürzere Lebenserwartung haben. Öffnet sich das Recht gleichwohl dem in seinen Kategorien Unbegründbaren, so macht es sich zum Handlanger der Willkür; es steht heute im Dienst der Frauenförderung, morgen protegiert es Männer, Jugendliche, Greise oder wen die Wechselfälle der politischen Mode gerade zum Opfer des Schicksals gekürt haben.

Das Recht hat Markt und Staat ermöglicht, dementsprechend kann es um Methoden gerechter Verteilung von Geld, geldwerten Gütern und Kompetenzen wissen. In diesen Bereichen kann das Recht nach Kriterien der Gerechtigkeit Chancen verteilen und tut es auch. Das Recht des Marktes ist diskriminierungsfeindlich, es ist ein Erfolgsrezept, nur nach Qualität und Preis zu fragen, aber nicht, ob der Anbieter Frau, Mann, schwarz, weiß, Christ oder Moslem ist. Auch der Staat fährt am besten, wenn er politische und administrative Kompetenzen nur nach Qualifikation und Treue zuteilt, und das rechtlich geregelte Verkehrssystem würde Chaos herbeiführen, wenn es sich in Rassen-, Frauen- oder sonstigen Diskriminierungen versuchte. Aber das Recht diskriminiert niemanden, wenn es Vorentscheidungen der Evolution hinnimmt. Das Schicksal, Mann oder Frau zu sein und die daraus folgenden Konsequenzen tragen zu müssen, ist kein Anlaß für kompensatorische Subventionen im Rentenrecht oder in Gestalt von Quotenregelungen. Ebensowenig ist es Anlaß für Kontributionen.

Das Recht eines Generationenvertrages muß also bewirken, daß es für fast alle Frauen im gebärfähigen Alter nichts Ökonomischeres gibt, als drei Kinder zu haben. Etwas anderes hat das Recht nicht zu bieten, denn die Politik eines demokratischen Staates kann einer pluralistischen Gesellschaft keine immateriellen Sinnbezüge einflüstern, wie es der Propagandaapparat eines totalitären Staates vorübergehend kann. Erst wenn ein Recht geschaffen ist, das den vorgegebenen Zweck erreicht, also die Kohortenfertilitätsrate auf die zur Erhaltung des Kollektivs notwendige Höhe hebt, kann man sich über individualistische Sinnbezüge unterhalten. Wir werden nun noch einige weitere Probleme erörtern, die das Vordringen des Rechts in die Familie aufwirft, und dann eine Prinzipidee zur Heilung der kranken Rentenversicherung vortragen.

S. Literaturhinweise 7.2.

## Zusammenfassung:

1. Die gesetzliche Rentenversicherung kann ihre Aufgabe nur erfüllen, wenn ihr Recht für den „ewigen" Bestand und das Funktionieren des geschaffenen Zwangskollektivs aus Beitragszahlern und Rentnern sorgt. Dies bedeutet, die Gesetzgebung muß systemerhaltende (zweckhafte) Maßnahmen der Individuen entweder bürokratisch erzwingen oder für die Individuen sinnvoll (ökonomisch, prestigeverleihend) machen.
2. Das Recht der Rentenversicherung erzwingt nur die Beitragszahlung. Weiteres Systemerfordernis ist aber das Gebären und integrierende Erziehen von ca. drei Kindern für jedes fruchtbare Paar. Das Rentenversicherungsrecht gibt den Mitgliedern auf solches systemerhaltendes Handeln keine Rückkopplungen, statt dessen koppelt es systemzerstörendes Handeln im Verein mit anderen sozialstaatlichen Vorschriften positiv zurück: Kinderlosigkeit, Abtreibungen, Erziehungsmißerfolg, ineffektive und ineffiziente Ausbildung usw. Das widerspricht nicht nur dem Erfordernis der Zwecksystematik, sondern klinkt Motivationen zur Systemzerstörung aus.
3. Die gesetzliche Rentenversicherung ist vermutlich die wichtigste Ursache für den Geburtenrückgang (genauer: das Sinken der Kohortenfertilitätsrate unter die Reproduktionsrate) und für den Zerfall der Familie. Für den Mann wird die Frau als Mutter ökonomisch zu einem negativen Wert, für die Frau geschieht Gleiches mit ihren Kindern. Folglich hängt der Bestand der Rentenversicherung von der Fortgeltung tradierter Verhaltensweisen ab, die in der Großfamilie rational und ökonomisch waren, durch die Rentenversicherung aber irrational und unökonomisch geworden sind.

## 4.3 Familienrecht und Subventionierung der Haushalte: Verbotene Selbstverwirklichung zu Lasten Dritter

Unsere Hypothese begründet den Verdacht, daß Familien-, Steuer- und Sozialrecht destabilisierend auf die Familienbindung einwirken, vermutlich wäre der Familienzusammenhalt am größten, wenn das Recht keine Möglichkeit eröffnete, familieninterne Probleme auf externe Dritte abzuleiten. Diese Behauptung bedarf einer Begründung.

### 1. *Als der erste Jurist die Welt betrat, fand er bereits ein geordnetes, menschliches Sozialleben vor.*

Das Recht ist etwa 6000 Jahre alt, aber der homo sapiens dürfte schon immer in geordneten, sozialen Gebilden gelebt haben. Die Menschen brauchten das Recht nicht, um den sozialen Nahbereich zu gestalten, es erlaubte ihnen aber, einen sozialen Fernbereich zu schaffen, in dem einander unvertraute oder gar unbekannte Artgenossen kooperieren konnten, wie sie das wohl zuerst als Händler, schließlich in jeder Form von Marktteilnahme sowie als Staatsbürger und Teilnehmer an Verkehrssystemen taten und tun. Seit dem Aufkommen des Rechts zerfällt das menschliche Sozialleben in einen vorwiegend rechtlich gestalteten rationalen Fernbereich und einen vorwiegend emotional gestalteten Nahbereich. Im sozialen Fernbereich sind jene Gefühle nicht viel wert, die Gegenstand der Psychologie sind, wie Liebe und Haß, Wut und Angst, Euphorie und Depression. Beim Autofahren, bei Kaufentscheidungen und bei Wahlen kann es teuer werden, diesen Gefühlen Vorrang einzuräumen. Im Fernbereich gibt es allerdings ebenfalls rational nicht Faßbares, das uns leitet, das wir als „Gespür, Händchen, Pfiff, Riecher" bezeichnen. Dies sind aber nicht die Emotionen des Nahbereichs.

Aus der Erkenntnis, daß Emotionen im Fernbereich wenig wert sind, folgt natürlich nicht, das rationale Recht müsse zur Gestaltung des Nahbereichs geeignet sein, denn das Recht hat nur eine Bewährungsprobe für ökonomische und für staatliche Belange hinter sich. In Familien-, Freundschafts- und Nachbarschaftsbeziehungen ist die ökonomische aber nur eine Komponente unter vielen. Das Vordringen des Rechts in den Nahbereich, nicht nur in den Familienbereich, sondern auch in Schulen, Universitäten oder gar in die Raucher-Nichtraucher-Beziehung, ist deshalb ein kühnes Experiment. Im Verlauf dieses Experiments dringen beim Staat bewährte Rechtsprinzipien, wie z. B. das Demokratieprinzip, in bisher vorwiegend rechtsfreie Räume vor. Im Griechenland der Antike beschritt man den umgekehrten Weg und übertrug das familiäre Patriarchat auf das staatliche Königtum und sogar in den Götterhimmel, von wo es stabilisierend auf die Gesellschaft zurückwirkte. Das war ziemlicher Unsinn. Die Umkehrung dieses Prozesses kann ebensolcher Unsinn sein; so ist das Demokratieprinzip für Ehegatten offensichtlich unbrauchbar, da sie für streitige Abstimmungen einen Dritten als Symmetriebrecher brauchen. Daraus folgt aber nicht, Gesetzgebung müsse entweder dem Mann oder der Frau letzte Entscheidungsbefugnis einräumen, wir stehen noch bei der Frage, ob Gesetzgebung überhaupt in der Familie etwas regeln sollte.

In Wirtschaft und Verwaltung ist man dabei, die rationale, erdachte Regelung wieder aus dem Nahbereich hinaus zu komplimentieren; Führungstrainings machen die Leiter von kleineren Arbeitseinheiten mit gruppendynamischen Prozessen bekannt und belehrt sie darüber, daß jede Organisation neben der formalen, rationalen, in Statuten usw. niedergelegten Struktur noch eine zweite, ebenso wichtige, informelle Struktur besitzt, die von der formalen abweichen kann. In dieser zweiten Struktur zählt nicht die durch Regeln eingeräumte Position, sondern der Mensch, die Führungspersönlichkeit. Wer sich zu oft auf seine Position berufen muß „Ich bin hier der Chef!", wird bald unzufriedene Mitarbeiter haben und unbefriedigende Arbeitsergebnisse abliefern.

Unternehmen und Verwaltung machen sich im Eigeninteresse die Erkenntnisse der Psychologie zunutze, daß in einer Gruppe von sieben bis maximal zwölf Personen zwangsläufig Selbstorganisationsprozesse ablaufen. Die vorrationale und vorrechtliche Fähigkeit, den Nahbereich zu gestalten, hat wahrscheinlich seit der Erfindung des Rechts keinen Niedergang erlitten. Wenn nun die rechtliche Regelung in den Nahbereich vordringt, konkurriert sie mit subrationalen Normen, die das Ergebnis von Selbstorganisationsprozessen sind.

### *2. Liebe hat keine Gerechtigkeitsdimension.*

Heinrich liebt Julia, er legt ihr sich und die Welt zu Füßen, vergeblich. Julia liebt nur Romeo, der viel weniger für sie tut. Ist das ungerecht? Nein, jedenfalls nicht in einem juristischen Sinne. Die Gefühlslagen und Programme des sozialen Nahbereichs sind nicht an Gerechtigkeitsideen orientiert; gerecht oder ungerecht kann nur eine Zuweisung nach erdachten Regeln sein.

Unser Verhalten in Fragen der Mode und der Etikette, unsere irrationalen Vorlieben für und unsere Abneigungen gegen Menschen und Dinge sind weder gerecht noch ungerecht. Anders ausgedrückt, das Recht regelt die Verteilung von Geld und geldwerten Gütern sowie von Kompetenzen, kurz gesagt: von Geld und Macht. Beides kann gerecht oder ungerecht in einem sozialen System zugeteilt sein, die Verteilung von Gefühlen hat dagegen keine Gerechtigkeitsdimension. Das Recht trägt eine faszinierende Friedensidee in sich, aber der Friede des Rechts ist ein Friede im Konflikt um Macht und Geld. Für die Unfriedlichkeiten des Nahbereichs hält das Recht keine Konfliktbewältigungsmethoden bereit; wer sie sucht, muß sehen, ob ihn die Psychologie bedienen kann.

*3. Das Recht kann emotionale Bedürfnisse nicht befriedigen.*

Wer bedürftig ist, den kann das Recht – theoretisch – mit jenen Dingen versorgen, die Markt und Staat zu bieten haben, also mit dem, was käuflich und was erzwingbar ist. So wichtige Dinge wie Zärtlichkeit und Mitleid, Trost, Zuspruch, Ermutigung, Schulterklopfen, Flirt, Artig- und Nettigkeiten sind weder käuflich noch erzwingbar, und Sexualität ändert ihren Charakter, wenn sie vom Markt angeboten wird. Wer arm und einsam ist und sich nach Gespräch und Vertrautheit sehnt, dem kann das Recht nur die Profi-Empathie eines bezahlten Therapeuten bereitstellen. Unser Fazit lautet deshalb: Das Recht darf den sozialen Nahbereich auch nicht um einer Gerechtigkeitsidee willen zerstören, denn es hat für das Zerstörte wahrscheinlich keinen Ersatz zu bieten. Die Familie erscheint als das größte Hindernis, wenn der Sozialstaat Chancengleichheit verwirklichen will, aber das Recht kann den Preis für den Abbau dieses Hindernisses nicht bezahlen, und dieses Hindernis ist zugleich die größte Chance, die uns mitgegeben wird.

*4. Markt und Staat können die Kosten suboptimaler Haushalte nicht unbegrenzt tragen.*

Der Monteur Romeo heiratet die Verkäuferin Gretchen. Nach der Geburt des zweiten Kindes arbeitet sie nur noch halbtags; Romeos leicht behinderte Mutter, die ihre Rente in den Haushalt einbringt, kocht und sorgt vormittags für die Enkel. Romeo trifft Julia, es ist Liebe auf den ersten Blick; er verläßt seine Familie und zieht in ein Appartement, denn Julia möchte nur eine Beziehung zu Romeo, aber ansonsten ihr Dasein als Single beibehalten. Daraufhin geht Romeos Mutter in ein Altersheim, Gretchen gibt ihre Halbtagsstelle auf und zieht mit den Kindern in eine kleinere Wohnung.

Bei diesem Vorgang wird ein recht gut gestellter Haushalt in zwei arme Haushalte und einen Altersheimplatz zerschlagen.

Romeo wird „Unterhaltskrüppel", die Kinder Scheidungswaisen, Gretchen Unterhaltsempfänger. Oma wird überflüssig und langweilt sich ihrem Tod entgegen. Die Zahl der insgesamt bewohnten Quadratmeter steigt, und die Kosten des Wohnraums steigen auch noch überproportional, denn das Verhältnis der teuren Naßräume zu den übrigen Räumen verschlechtert sich. Die Zahl der benötigten Haushaltsgeräte verdoppelt sich, ihr Ausnützungsgrad sinkt. Omas verbliebene Arbeitskraft ist ebenso verloren wie der größte Teil von Gretchens Arbeitskraft. Der Vorgang ist ökonomisch betrachtet viel zu teuer, als daß ihn sich die Beteiligten leisten können. Er ist nur als Scheidung zu Lasten Dritter möglich. Der Dritte ist der Steuerzahler, er zahlt Gretchen Wohngeld und vielleicht weitere Sozialleistungen und für Oma den größten Teil der Kosten des Altersheims, während sich die Beiträge von Romeo und Gretchen an Fiskus und Parafiskus drastisch vermindern.

Steuern werden von Marktteilnehmern erhoben, indem man ihre dort erzielten Einkünfte und ihren vom Markt bezogenen Konsum belastet. Der Zerfall der Gesellschaft in suboptimale, ganz oder teilweise aus Steuern finanzierte Haushalte ist also nur so lange bezahlbar, wie der Markt belastbar ist. Man kann nun sehr leicht errechnen, daß keine noch so reiche Gesellschaft eine größere Anzahl von Altenheim-, Frauen- und sonstigen vom Steuerzahler finanzierten Ein-Personen-Haushalten bezahlen kann.

Der Markt hat noch einen weiteren Nachteil, seine Größe fluktuiert. Die staatliche Wirtschaftspolitik erweckt nirgendwo auf der Welt den Eindruck, als ob der Staat in der Lage wäre, jedermann jederzeit auf dem Markt Arbeit und Auskommen zu verschaffen. Bei diesen Gegebenheiten ist es ziemlich gefährlich, die Entstehung suboptimaler Haushalte als Naturereignis und ihre Kosten als ein von Markt und Staat zu bewältigendes Finanzierungsproblem zu betrachten. Es ist ebenso gerechtfertigt, das Naturereignis in dem gelegentlichen Schrumpfen des Marktes und der Steuerkraft zu sehen und bei den privaten Haushalten nach Bewältigungsmethoden zu suchen. Kurz gesagt: Ein beachtlicher

Teil der Sozialfälle in der Gesellschaft läßt sich auf suboptimale Haushaltsgrößen zurückführen, der Gesetzgeber wäre gut beraten, wenn er nicht nur das Finanzierungsproblem, sondern auch das Entstehungsproblem betrachten und darüber nachdenken würde, welchen Anteil Gesetzgebung an der Entstehung unwirtschaftlicher Haushaltsgrößen hat.

Fassen wir die Befunde noch einmal zusammen: Suboptimale Haushalte, insbesondere Ein-Personen-Haushalte, werfen häufig ökonomische und emotionale Probleme auf. Ihre Bewohner besitzen keine genügende Einbindung in ein soziales Netz, das ihre emotionalen Bedürfnisse befriedigt. Oft deckt erst der Eintritt in den Ruhestand und der Verlust der beruflichen Funktion das Defizit auf. Mit der fehlenden sozialen Einbindung geht ein Funktionsverlust einher, die Menschen werden nicht gebraucht. Die ökonomischen Folgen suboptimaler Haushalte belasten auch den Staat. Für die Gesetzgebung folgt daraus, daß sie nichts tun sollte, was die Entstehung suboptimaler Haushalte fördert. Die Gesetzgebung muß also darauf hinwirken, daß Menschen nach optimalen Haushaltsgrößen streben. Man wird sagen können, daß Ein-Personen-Haushalte normalerweise suboptimal sind. Das Problem der Obergrenze ist nicht praktisch. Wir werden nun einige Gesetze daraufhin untersuchen, ob sie dem Streben nach optimalen Haushaltsgrößen förderlich sind.

### *5. Familienzerstörendes Unterhalts-, Sozial- und Steuerrecht*

Das Recht hat der Familie außer in Macht- und Geldfragen keine Problemlösungen anzubieten. Es gibt keine rechtlichen Kriterien, um das nächste Urlaubsziel, Prioritäten bei Kaufentscheidungen, die Wahl zwischen Nachwuchs oder Kinderlosigkeit oder das Ausmaß der sexuellen Freiheit zu bestimmen. Wenn der Vormundschaftsrichter gleichwohl behauptet, er kenne das „Kindeswohl", obgleich es dafür keine rechtlichen Kriterien gibt, so ist das dennoch eine gute Sache, besonders wenn man ihm glaubt; in Wirklichkeit wird diese Prognose bei ihm nicht besser ausfallen als bei Vater und Mutter, die ihn zum Richter in ihrem Streit anrufen. Da für die Gesellschaft nur die Entscheidung wichtig, ihr Inhalt aber unwichtig und weder ex ante noch ex post überprüfbar ist, kann man diese Kompetenzüberschreitung des Rechts hinnehmen.

Bei familiären Geldangelegenheiten hat der Gesetzgeber insbesondere Unterhaltsansprüche geregelt. Unterstellen wir einen klassischen Vater-Sohn-Konflikt. Der Sohn möchte sich dem Studium einer brotlosen Kunst hingeben, der Vater will ihn zu einem kunstlosen Brotstudium bewegen. Auf der einen Seite stehen vermutlich jugendliche Unbekümmertheit, Frische, Mut, vielleicht Selbstüberschätzung und Unerfahrenheit. Auf der anderen Seite sind Erfahrung, Nüchternheit, vielleicht Resignation und festgefahrenes Denken. Die Entscheidung fällt wahrscheinlich am besten aus, wenn beide den Konflikt bis zum Ende austragen müssen, wenn jeder seine Kraft dafür einsetzen muß, den anderen von der Richtigkeit seiner Prognose zu überzeugen, denn beider Eigenschaften sind geeignet, sich zu ergänzen. Beide stehen unter Kooperationsdruck, denn der Vater will den Bruch mit dem Sohn vermeiden, er hat ihn nicht 20 Jahre großgezogen, um mit ihm zu brechen. Auch der Sohn braucht den Vater, und selbst wenn er ihn in dieser Lebensphase nur noch als Geldgeber akzeptiert.

Der Kooperationsdruck ist offensichtlich am größten, wenn die gesamte Vater-Sohn-Beziehung nicht rechtlich geregelt ist. Gewährt das Recht dem Sohn die Freiheit, eine Ausbildung nach seinem Geschmack auf Vaters Kosten zu wählen, so hebt das Recht den Kooperationsdruck auf, der Generationskonflikt muß nicht mehr ausgetragen werden. Nun scheint es weise, wenn das Recht die Familie von Konfliktstoff entlastet, aber nichts stärkt den Gruppenzusammenhalt so wie ausgetragene Konflikte, gerade wenn sie bis zur Grenze des Bruchs gingen.

Ein Recht, das der Familie weder Konfliktlösungen noch Lösungsmethoden bietet, das nur solche Konflikte entscheidet, bei denen eine Entscheidung nicht nur im familiären, sondern im gesellschaftlichen Interesse notwendig ist, wie in Erbschaftsangelegenheiten und beim Vornamen des Kindes, ein solches Recht wälzt allen Konfliktstoff in die Familie zurück. Man darf erwarten, daß die allermeisten Familien diese Konflikte auch bewältigen, einige werden allerdings daran zerbrechen, was eine Rechtswissenschaft, die noch weiß, daß Normen nie mehr als die Normalität befriedigend regeln können, nicht beeindruckt. Unterhaltsansprüche erwachsener Kinder stärken also die Familienbeziehung nicht; außerdem verstoßen sie gegen das Prinzip der Austarierung von Motivationen, denn sie bieten dem Sohn Selbstverwirklichung zu Lasten des Vaters, ohne das Gegengewicht einer emotionalen Familienbindung des Sohnes an den Vater einrichten zu können. Der Sohn erhält Rechte ohne Pflichten (vgl. Kapitel 3.5, S. 105 ff.).

Ebenso problematisch sind Unterhaltsansprüche der Ehegatten gegeneinander. Während der Ehe sind sie nicht praktisch, keiner der Partner wird das Gesetz bemühen, denn Geldangelegenheiten sind in das undurchdringliche Geflecht des sonstigen Beziehungsnetzes eingebunden. Mit der Scheidung lebt die Partnerschaft regelmäßig nur noch in Gestalt der rechtlichen Unterhaltsbeziehung fort. Der Unterhaltsanspruch hat – wie alles Recht – eine individualistische und eine Systemkomponente. Die individualistische sieht der moderne Gesetzgeber, der die Scheidung als persönliche Angelegenheit der Ehegatten akzeptiert und nur bemüht ist, durch das Unterhaltsrecht mit sozialstaatlichem Gedankengut verträgliche Folgen herbeizuführen. Nun weiß jeder Anwalt, daß es zwischen Unterhaltsrecht (sowie ehelichem Güterrecht) und Ehescheidung einen Sachzusammenhang gibt. Vor 30 Jahren gingen die Scheidungsbegehren überwiegend von Männern aus. Die Kernfrage im ersten tastenden Gespräch mit dem Anwalt lautete auf den Punkt gebracht: „Was kostet es mich, meine Frau zu verlassen?" Heute gehen die Scheidungsbegehren überwiegend von Frauen aus und die entsprechende Frage lautet: „Wie stehe ich finanziell da, wenn ich meinen Mann verlasse?"

Das Unterhaltsrecht muß also als ein wichtiger Faktor bei der Erhöhung oder Minderung des Kooperationsdrucks auf die Ehegatten angesehen werden. Ist die Unterhaltsberechtigung schlecht ausgestattet, so sinkt der Kooperationsdruck auf den Mann, der in etwa 98% aller Fälle der besser verdienende Teil ist. Ist der Unterhaltsanspruch gut ausgestattet, so sinkt der Kooperationsdruck auf die Frau. Damit ist leicht zu erkennen, wie die Prinzipidee eines Unterhaltsrechts lauten müßte, das den Kooperationsdruck maximiert: Wer den Haushalt verläßt, muß die dadurch entstehenden Kosten zahlen; zieht der verdienende Mann aus, muß er zahlen, zieht die nicht verdienende Frau aus, erhält sie keinen Unterhalt. Die Gründe für das Verlassen sind gleichgültig, denn sie sind vermutlich zahlreich und das rationale Recht versteht die meisten nicht. Es besitzt selten Gerechtigkeitsideen, um solche Gründe zu werten; die Übernahme einer Wertung nach sonstigen sittlichen Maßstäben ist in einer Gesellschaft problematisch, die an gruppenübergreifenden, moralischen Normen eher ärmer wird. Das Recht kann nicht beurteilen, ob ewige Treue oder Promiskuität das der Ehe angemessene Sozialverhalten sind.

Es mag dahinstehen, ob sich diese Prinzipidee in einen operationablen Gesetzentwurf umsetzen ließe, eine pluralistische Gesellschaft sollte sich eher überlegen, ob sie nicht das Familienrecht völlig aufgibt und statt dessen die Menschen verpflichtet, nach notarieller Beratung Eheverträge abzuschließen. Wenn Romeo und Julia heiraten, kann ihnen eine streng patriarchalische Gesellschaft mit starkem Sozialdruck das Scheitern der Ehe prognostizieren, wenn sie vom Prinzip des Patriarchats abweichen. Entsprechendes würde für eine matriarchalische Gesellschaft gelten. In unserer Gesellschaft wissen aber weder die Wissenschaft noch die Politik, noch Pfarrer oder Standesbeamter, mit welcher Art von Ehe Romeo und Julia am besten fahren werden. Die größten Chancen, es zu wissen, haben Romeo und Julia selbst. Wenn bei ihnen das sicherste Wissen vorhanden ist, dann sollte auch die Entscheidungskompetenz bei ihnen liegen. Wenn eine Gesellschaft das sicher geglaubte Wissen vom rechten Weg verliert, darf sie nicht die Kompetenz beanspruchen, dennoch über den Weg zu entscheiden (vgl. Kapitel 3.7, S. 123 ff.). Das ist um so fataler, als dann die Kundigen Eheverträge abschließen und sich nur die Unkundigen mit dem staatlichen Ehescheidungsrecht abplagen müssen.

Familiengesetzgebung und steuerliche sowie sozialrechtliche Berücksichtigung der Familie wird seit einigen Jahren von einer Lobby beeinflußt. Nach unserer Hypothese ist Lobbyismus die Folge einer Gesetzgebung, die nicht nur einen fairen Interessenausgleich schafft, sondern bestimmte Gruppen fehlerhaft begünstigt oder benachteiligt. Es wird niemanden wundern, daß es weder einen Verband der Ehegatten gibt, noch die Klein- oder die Großfamilie wirksam lobbyistisch vertreten sind. Dementsprechend ist die Normalität nicht davor geschützt, daß die Lobby der suboptimalen Haushalte deren erhöhte Kosten auf die Steuerzahler abwälzen will, sei es, indem sie steuerliche Vergünstigungen erstreitet, sei es, indem sie unmittelbare, erhöhte Sozialleistungen durchsetzt.

Das Einkommensteuerrecht ist für diesen Gedanken empfänglich, da es die Bürger nach ihrer Leistungsfähigkeit besteuern will. Nun sind die Bewohner suboptimaler Haushalte, insbesondere sogenannte Alleinerzieher, objektiv weniger leistungsfähig als die Bewohner optimaler Haushalte. Auch der geschiedene Unterhaltszahler ist durch seine Zahlung in seiner Leistungsfähigkeit gemindert. Eine einseitig individualistisch denkende Rechtswissenschaft und Gesetzgebung hat deshalb wenig Bedenken, diesen Gegebenheiten auch bei der Einkommensteuer Rechnung zu tragen.

Ein den Systemzweck berücksichtigendes Recht sollte diesen Bestrebungen eine Grenze setzen. Steuerrechtliche Normen müssen das eigene Existenzminimum des Steuerzahlers steuerfrei lassen. Realistische Pauschalen müssen berücksichtigen, daß ein Steuerzahler die Existenz weiterer Personen sichert. Eine darüber hinausgehende Abzugsfähigkeit der erhöhten Kosten suboptimaler Haushalte überwälzt diese Kosten auf die Allgemeinheit, und zwar umso stärker, je wohlhabender der „Alleinerzieher" usw. ist. Damit wird der Ausstieg aus optimalen Haushalten steuerlich prämiert, werden Handlungsweisen begünstigt, die sich eine Gesellschaft nur begrenzt leisten kann.

Auf Ehen und Familien wirken unzählige Einflüsse bestandsfördernd oder -zerstörend ein; Gesetzgebung ist nur einer davon, aber sicherlich ein wichtiger. Keine wissenschaftliche Untersuchung wird solche Einflüsse voneinander isolieren können. Gleichwohl sollte es zu denken geben, daß in unserem Jahrhundert der Familienzusammenhalt jeweils am größten war, wenn sich der Staat am wenigsten um die Familien kümmerte. Das war zuletzt in der Zeit nach dem Zweiten Weltkrieg der Fall. Es gibt gute Gründe für die Vermutung, daß dies kein Zufall ist.

Die Subventionierung der kranken Familie ist der wesentliche Inhalt des Sozialrechts und einiger Sozialzwecknormen des Steuerrechts. Die Wirkungen sind jenen der Subventionierung kranker Unternehmen analog. Es ist schön, subventioniert zu werden, aber davon gesunden weder Unternehmen noch Familien. Die gesetzliche Rentenversicherung, Unterhaltsansprüche und zahlreiche steuerrechtliche und direkte Subventionen machen gesellschaftszerstörende Verhaltensweisen für den einzelnen ökonomisch: Kinderlosigkeit, Abtreibung, Scheidung, ineffektive Ausbildung, ineffiziente Ausbildung, nutzlose Umschulung, Abschieben der Eltern ins Altersheim, kurzfristiges Abschieben von betreuungsbedürftigen Eltern und Kindern in Krankenhäuser, was zur Karnevals- und Urlaubszeit zu beobachten ist. Wenn die Politik dieses Verhalten durch Gesetzgebung ökonomisch macht, zerstört sie die Grundlagen der Gesellschaft und läuft hinter Problemen her, die sie überwiegend selbst schafft und durch weitere Subventionierung des Zerstörerischen vergrößert. Es ist leicht einzusehen, daß die Gesetzgebung das Gegenteil von dem tun muß, was augenblicklich geschieht: Der Gesetzgeber muß sich nicht an der kranken, sondern an der „intakten" Familie orientieren, an jener, die ein sich selbst organisierendes, ihren „ewigen" Fortbestand anstrebendes, alle Probleme und akuten Krisen aus eigener Kraft lösendes Gebilde ist.

### *6. Grundprinzipien für eine familienerhaltende Gesetzgebung*

Der wichtigste Ansatzpunkt für ein Recht, das unserer Hypothese entsprechen würde, wäre die gesetzliche Rentenversicherung. Hier gilt es, sich auf die Grundlagen eines jeden Generationenvertrages zurückzubesinnen. In einem Generationenvertrag kann die eigene Altersrente nicht durch Einzahlungen, sondern nur durch das Gebären, Aufziehen und Integrieren von Kindern begründet werden. In der Großfamilie ist dieser Umstand augenfällig; wer seine Eltern umsorgt, aber keine Kinder aufgezogen hat, besitzt keinerlei Alterssicherung. Wenn man sich im Gedankenexperiment vorstellt, die gesetzliche Rentenversicherung nähme nur noch Kinderlose als Zahler auf, so wären deren eigene Altersrenten keinen Pfennig wert; die Beitragszahlungen hätten nur die älteren Generationen der Zahler versorgt, wären also bestimmungsgemäß ausgegeben und nicht etwa verschwendet worden. Es ist deshalb gesetzgeberischer Unsinn, wenn das Rentenversicherungsrecht die eigenen Einzahlungen zu Grund und Maßstab der späteren Rente erklärt und das Steuerrecht die eigene Rente wie die Rückzahlung eines eingezahlten und verzinsten Kapitals behandelt.

Rentenbegründende Tatsachen sind dagegen drei – aber nicht mehr – Geburten, das Aufziehen der Kinder, deren Ausbildung und ihr Eintritt ins Arbeitsleben. Das Recht der gesetzlichen Altersversorung muß diesen tatsächlichen Gegebenheiten entsprechen und die wirklich rentenbegründenden Umstände auch in seinen Tatbeständen normieren. Rentenmindernd muß sich dagegen die Inanspruchnahme von Subventionen auswirken, also die Beteiligung Dritter, insbesondere der Steuerzahler, an den Investitionen und den laufenden Kosten der Familie: drittfinanzierte Heimaufenthalte der Kinder, Drogenentzug, Gefängnisaufenthalte, aber auch Bezug von Bafög, Wohngeld, drittfinanzierte Unterbringung der Eltern und Schwiegereltern in Alters- oder Pflegeheimen. Fehlende Ausbildungsabschlüsse, Überziehung von Ausbildungszeiten und verzögerter Übergang von der Ausbildung ins Arbeitsleben lassen die Rentenansprüche der Eltern stagnieren.

Ein solches Recht macht zunächst Männer und Frauen voneinander abhängig und verhindert, daß „Singles“ oder „kinderlose Doppelverdiener“ die Kosten ihrer Lebensform auf Dritte überwälzen. Ein Mann kann Rentenansprüche nur erwerben, wenn er mit einer Frau Kinder zeugt und für den Unterhalt der Familie aufkommt. Dadurch erlangen Mütter für Männer einen ökonomischen Wert, während das heutige Sozial- und Familienrecht die Frau als Mutter für den Mann ökonomisch entwertet, was zwangsläufig auf die allgemeine Wertschätzung dieser Gruppe in der Gesellschaft durchschlagen muß. Außerdem erlangen Kinder und das an ihnen geleistete Erziehungswerk einen ökonomischen Wert für die Eltern, während das heutige Sozialrecht den ökonomischen Wert der erfolgreich aufgezogenen Kinder sozialisiert. Für Kinder gilt Gleiches wie für Mütter. Wenn das Recht sie ökonomisch für die Eltern entwertet, muß diese Abwertung nach einiger Zeit auch auf ihre allgemeine Wertschätzung durchschlagen, denn die ökonomische ist ein Teil davon. Ferner wird es ökonomisch, die kleinen und großen Krisen der Familie durch eigenes Krisenmanagement zu bewältigen, denn Eltern, die den Sozialstaat nicht in Anspruch nehmen, erhalten die höchsten erzielbaren Rentenansprüche.

Dadurch erlangen Leistungen einen Geldwert, die Grundlage jeder Gesellschaft sind, aber nicht in Geld abgerechnet und deshalb leicht übersehen werden, nämlich die Dienstleistungen von Haushaltsmitgliedern untereinander sowie der unentgeltliche Leistungsaustausch des Haushalts mit seinem sozialen Umfeld. Es wird ökonomisch für die Eltern, den Kindern emotionaler Halt zu sein, und ihnen nicht nur Nahrung, Unterkunft und Ausbildung, sondern auch soziale Fähigkeiten mitzugeben, so daß ihr Abgleiten in Subkulturen unwahrscheinlich wird. Es wird ökonomisch, bei Krankheiten der Kinder Betreuungsleistungen nicht von der Krankenkasse zahlen zu lassen, sondern sie aus dem eigenen Umfeld zu beziehen, also von Großeltern, Nachbarn, Freunden und Bekannten. Auf diese Weise werden sehr viele Menschen wieder „gebraucht“, die sich heute nutzlos und emotional abgeschoben fühlen.

Da jeder Haushalt ein ökonomisches Interesse daran hat, seine Aufgaben selbst zu bewältigen, wird ein Problem entschärft, das der Staat nie lösen kann: die wirklich Bedürftigen feststellen und die staatliche Hilfe auf sie konzentrieren. Weder Finanzämter noch die Behörden der gewährenden Verwaltung haben eine realistische Chance, die Armen von den Schnorrern zu unterscheiden. Das führt zu fruchtlosen Diskussionen, bei denen die eine Seite zahllose Einzelfälle bitterer Armut präsentiert und daraus eine Forderung nach vermehrter Hilfe herleitet, während die andere Seite ebenso zahlreiche Fälle offensichtlich erschlichenen Arbeitslosengeldes oder Sozialhilfe vortragen kann, um daraus die Forderung nach besserer Kontrolle oder Kürzung der Ansprüche herzuleiten.

Da es drei Millionen Sozialhilfeempfänger in der Bundesrepublik Deutschland gibt, ist eine wirksame behördliche Kontrolle nicht finanzierbar, folglich beruht das Wissen der Behörden von Bedürftigkeit fast ausschließlich auf Angaben der Antragsteller. Das eröffnet die Möglichkeit, Kapitalvermögen und daraus fließende Erträge ziemlich risikolos verschweigen zu können. Ebenso risikolos kann der angeblich Bedürftige auf dem schwarzen und grauen Arbeitsmarkt einer einträglichen Beschäftigung nachgehen. Man vermutet, daß die privaten deutschen Haushalte etwa zwei Millionen Menschen gegen Entgelt beschäftigen; den Finanzbehörden sind aber nur 100 000 bekannt. Weitere Verdienstmöglichkeiten eröffnen zahlreiche Ein-Mann-Betriebe des Handwerks, landwirtschaftliche Betriebe und Unternehmen, die für die Betriebsprüfung der Finanzämter nicht lohnend sind, oder die, ihrer Eigenart entsprechend, bei Plausibilitätskontrollen nicht auffallen, weil ihre Eingangsleistungen so unkontrollierbar sind wie ihre Ausgangsleistungen, wie z. B. kleinere Betriebe der Gastronomie, Gebrauchtwagenhandel oder Gebäudereinigung. Niemand weiß, ob der schwarze und graue Arbeitsmarkt hauptsächlich Arbeitnehmern und Rentnern oder „Arbeitslosen“ und Sozialhilfeempfängern Arbeit gibt, und keine Behörde hat die Chance, diesen Markt ihrer Kontrolle zu unterwerfen.

Unser Vorschlag bewirkt nun, und das ist auch sein Ziel, daß jede Form des Schnorrens Konfliktstoff in die Familien trägt, also Rückkopplungsprozesse auslöst und das Krisenbewältigungspotential der Familien aktiviert. Bummeln die Kinder in dem vom Steuerzahler finanzierten Ausbildungssystem herum, warten sie auf Arbeit, statt danach zu suchen, ist ihnen angebotene Arbeit nicht gut genug, wollen sie sich erst einmal die Welt ansehen, so hindert sie das Recht nicht daran. Ihr Verhalten bewirkt aber, daß die Rentenansprüche ihrer Eltern nicht weiter steigen. Nehmen sie auch noch staatliche Unterstützung in Anspruch, so muß dies nach unserem Vorschlag zu einer Minderung der elterlichen Rentenansprüche führen, was die Eltern durch Zahlungen an die Kinder abwenden können. Diese Zahlungen werden aber für die Kinder sehr viel unerfreulicher sein als Zahlungen aus den Kassen von Fiskus und Parafiskus. Die Eltern haben bei dieser Lage ein wirtschaftliches Interesse daran, ihre Kinder an der Kombination von Schwarzarbeit und Ausbildungshilfen usw. zu hindern. Asoziales Verhalten der Kinder gefährdet die Alterssicherung der Eltern, so fordert es die Sachlogik des Generationenvertrages, und das Recht tut gut daran, sich dem zu beugen.

Wenn irgendein erwachsenes Familienmitglied arbeitslos wird, läge es in dessen Interesse, möglichst kein oder wenig Arbeitslosengeld zu beantragen, denn jede empfangene Transferleistung würde nach unserem Vorschlag die eigene Alterssicherung mindern. Statt dessen wäre es ökonomisch, die frei gewordene Arbeitskraft nun im eigenen Haushalt zu nutzen, also z. B. bisher vom Markt bezogene Leistungen wie Reparaturen, Reinigung oder Kochen wieder innerhalb des Haushalts zu produzieren, um den Geldbedarf zu senken.

Bei unserem Vorschlag gewährt das Recht des Generationenvertrages für ein sehr normales – um nicht zu sagen „spießiges" – Leben die höchsten Prämien. Das ist gewollt, denn diese Normalität ist die Basis der Gesellschaft. Die Gesellschaft braucht auch Menschen, die andere Lebensformen erproben und damit Erfolg haben oder scheitern werden; aber Bohemiens, Abenteurer,

Künstler, Spitzenwissenschaftler, Karrierebesessene, Mönche, Nonnen, Feministinnen, Homosexuelle und wer immer Normen nicht erfüllen will oder erfüllen kann, darf nicht hoffen, daß Normen mehr leisten können als die Normalität zu erfassen, und daß Gesetzgebung die Ausnahme ebenso attraktiv wie die Regel gestalten dürfte. Wer durch Natur oder freien Willen ein Lebenskonzept hat, in dem für Kinder kein Platz ist, muß Beiträge zahlen, denn auch er ist geboren und aufgezogen worden und hat folglich eine Elterngeneration zu unterhalten, aber er erwirbt keine Ansprüche. Diese Gruppe wird vielleicht 10% der Bevölkerung ausmachen. Unfruchtbare Paare, vermutlich 15%, müssen ebenfalls als Zahler am Generationenvertrag teilnehmen; auch sie müssen mit ihren Beiträgen ihre Elterngeneration unterhalten, erwerben aber keine Ansprüche, d. h. sie müssen durch zusätzliche Zahlungen in eine Lebensversicherung oder mit einer sonstigen Methode der Kapitalbildung für ihr Alter vorsorgen.

Aus unserer Prinzipidee ließe sich vermutlich ein operationables Gesetz machen, das weder Finanzierungsprobleme noch Verfassungsfragen aufwirft, wenn man es erstmals auf die jetzt 20jährigen anwendet; also auf jene, deren Lebenskonzept noch offen ist. Es liegt in der Konsequenz des Vorschlags, nicht nur Angestellte und Arbeiter, sondern auch Selbständige und Beamte in den Generationenvertrag aufzunehmen. Allerdings nicht zu dem Zweck, Finanzierungsprobleme zu lösen, was sonst der Zweck dieses Vorschlages ist, wenn er in der politischen Diskussion gemacht wird. Da ein gesetzlicher Generationenvertrag aber eine gefährliche Manipulation mit dem generativen Verhalten der Bevölkerung ist, sollte das Recht nicht einen, sondern mehrere Vertragstypen schaffen, zwischen denen Wahlmöglichkeiten bestehen, denn man kann nicht erwarten, daß die schwierigen Fragen der Bewertung von Geburten, Schulabschlüssen und Rückstufungen sofort treffsicher geregelt sind.

## Zusammenfassung:

1. Das Recht kann den Menschen nur den Zugang zu geldwerten und erzwingbaren Gütern und Dienstleistungen ermöglichen. Für emotionale Bedürfnisse ist ein intakter sozialer Nahbereich erforderlich.
2. Das Recht kann den evolutionär älteren Nahbereich, insbesondere die Familie, nicht schaffen, wohl aber zerstören. Nur vorwiegend rationale soziale Beziehungen haben eine Gerechtigkeitsdimension, in vorwiegend emotionalen sozialen Beziehungen können Gerechtigkeitsideen zerstörend wirken.
3. Zahlreiche Vorschriften des Unterhalts-, Sozial- und Steuerrechts destabilisieren die Familie, indem sie den Kooperationsdruck auf die Familienmitglieder vermindern und familienzerstörende Verhaltensweisen teils zu Lasten anderer Familienmitglieder, teils zu Lasten der Steuerzahler ökonomisch machen. Die Subventionierung der kranken Familie entfaltet eine Wirkung, die jener der Subventionierung kranker Unternehmen analog ist: die Perpetuierung des Krankheitszustandes.
4. Das Recht fördert die Familie, wenn es deren Selbstorganisationskraft prämiert. Dazu muß es alle Familienmitglieder wechselseitig voneinander abhängig machen. Durch eine Ausrichtung des Rentenversicherungsrechts auf die Zwecksystematik des Generationenvertrages werden Männer, Frauen, Kinder und alte Generationen innerhalb der Familie wieder voneinander abhängig; die Hilfe füreinander wird ökonomisch, und das Recht aktiviert das Konfliktbewältigungspotential der Familie.

## 4.4 Subventionierung der Unternehmen: Förderung der Unangepaßten

Wenn ein Unternehmen Verkäufer, Repräsentanten und Führungspersonal für Verhandlungen mit anderen Unternehmen schult, heißt die Zauberformel: „Nutzen bringen!". Wechselseitiger Nutzen ist die Basis für alle Geschäftsbeziehungen. Nur wenn ein Unternehmen Kunden findet, denen es nützt, kann es seinerseits den eigenen Arbeitnehmern, seinen Lieferanten, Kredit- und Eigenkapitalgebern sowie dem Fiskus nützen. Kann ein Unternehmen seine Kunden nicht mehr von der Nützlichkeit seiner Angebote überzeugen, so gerät es in Schwierigkeiten und mit ihm möglicherweise seine Mitarbeiter und seine Geschäftspartner, die nicht Kunden sind.

Den Nutzen eines Unternehmens muß man nicht nur aus der Kundenperspektive sehen. Möglicherweise ist die Nutzenperspektive der Kunden aus der Sicht eines Dritten kurzsichtig. Wenn ein genialer Erfinder heute schon einen Fernsehapparat konstruiert, den die Elektrokonzerne erst in zehn Jahren bauen wollen, dann werden sie an dem unzeitgemäßen großen Wurf vermutlich desinteressiert sein. Wenn ein Unternehmen eine Methode zur Einsparung von sensiblen Rohstoffen entwickelt, deren Einführung bei den gegenwärtigen Weltmarktpreisen nicht rentabel ist, findet es keine Abnehmer. Eine Werbeagentur mag künstlerisch wertvolles PR-Material entwerfen, aber den Kunden ist das vielleicht „zu hoch".

Ein Unternehmen kann auch in Schwierigkeiten kommen, obwohl es seinen Kunden Nutzen bringt: Die Bank will der „kleinen Klitsche" die großen Aufträge nicht vorfinanzieren. Die Produkte eines Unternehmens sind hervorragend, aber die innere Betriebsorganisation arbeitet unrentabel. Der Konkurs eines Großkunden bringt das Unternehmen in eine Klemme usw.

Wenn ein Staat Unternehmen keinerlei Subventionen gewährt, so entscheiden alleine die Kunden darüber, ob ein Unternehmen etwas Nützliches tut, und allein private Geldgeber entscheiden, ob man ihm in einer Klemme beispringt. Andererseits werden alle Unternehmen sofort vom Markt verschwinden, wenn sie Kunden nichts Nützliches zu bieten haben, und jedermann muß sich ständig in die Lage anderer versetzen, denn nur wenn er anderen nützt, kann er auch sich selbst nützen und wirtschaftlich überleben. Die Unternehmen dieses Modellstaates wären keine geeigneten Brutstätten für Ideen, die leicht kopierbar, aber nicht rechtlich geschützt sind, wie z. B. neue mathematische Methoden, aber auch nicht für bahnbrechende Ideen jeder Art, da die meisten Kunden Bahnbrechendes außerhalb von Krisenlagen als störend empfinden. Sie würden auch keine Ideen hervorbringen, die nicht den Marktteilnehmern, wohl aber dem Staat oder gar der Menschheit nützlich sind. Das letztere ist besonders fatal, wenn das Recht auch noch die Abwälzung von Sozialkosten auf Dritte gestattet, also z. B. Umweltverschmutzung erlaubt; dann wird der Verschmutzer keine Ideen zur Beseitigung dieses Zustandes hervorbringen, obwohl er am besten dazu geeignet wäre. Da biologische und kulturelle Evolution informationserzeugende Vorgänge sind, sollte ein evolutionäres Recht die Geburt von Ideen nicht hindern, sondern fördern, um zu gewährleisten, daß in Krisenlagen die benötigten Ideen verfügbar sind.

Es dürfte nicht der Weisheit letzter Schluß sein, nur Kunst, Wissenschaft und Religion die Produktion von augenblicklich unverkäuflichen Ideen zu überlassen. Mit unserer Hypothese über die Zwecksystematik wäre es vereinbar, wenn der Staat Maßnahmen in Unternehmen subventioniert, die der Erhaltung der Obersysteme des Unternehmens dienen, also Handlungen im Interesse des Staates, der EG oder der Menschheit. Dagegen sind Subventionen zur Erhaltung des Unternehmens und seiner Arbeitsplätze „unzulässig", falls es nicht nur um die Beseitigung von Liquiditätsengpässen geht. Erhaltungssubventionen wären Maßnahmen zur Finanzierung eines Systems, das seinen Kunden aus eigener Kraft keinen Nutzen mehr bringen kann. Damit schützt der Staat das Know-how der Mitarbeiter sowie das Sachkapital vor der Entwertung im Wettbewerb. Salopp gesagt: solche Gesetzgebung erlaubt, das alte Gehalt und vielleicht die alte

Rendite zu Lasten Dritter weiterzubeziehen, ohne neue Ideen haben zu müssen. Das wäre ein Versuch, jenen informationserzeugenden Vorgang anzuhalten, den wir Evolution nennen; es wäre die Förderung der Unangepaßten, auf daß sie weiter unangepaßt bleiben können. Solche Subventionen sind mit unserer Hypothese über Gesetzgebung unvereinbar, denn Gesetzgebung heißt: Evolution machen.

Dagegen wäre es zulässig, die beim Untergang des Unternehmens freiwerdenden Mitarbeiter bei dem Versuch zu unterstützen, sich in andere Unternehmen zu integrieren, da dies die Förderung eines Anpassungsprozesses ist. Die Maßnahme wäre sowohl sinnvoll (den Individuen nützlich) als auch zweckhaft (dem Kollektiv nützlich), aber in jedem Fall muß das Individuum einen Teil der Kosten selbst tragen, denn eine Integration zu Lasten Dritter (vom Steuerzahler usw. finanziert) würde Motivationen ausklinken (vgl. Kapitel 3.5, S. 105 ff.).

Es gibt grob eingeteilt drei Methoden der Subventionierung: steuerrechtliche, direkte und Subventionierung durch die staatliche Festsetzung überhöhter Preise. Nur die direkte Subvention ist – unter den oben beschriebenen Voraussetzungen – mit unserer Hypothese vereinbar. Höchstpreise, das Gegenstück zu Hochpreisen (Garantiepreisen), dienen der Subventionierung privater Haushalte zu Lasten der Unternehmen. Mit diesem Instrument liegt eine 2000jährige Erfahrung vor; es scheint noch nie einen Markt gegeben zu haben, der sich Höchstpreise vorschreiben ließ. Die Umkehrung, die Festsetzung staatlicher Hochpreise, meist Garantiepreise genannt, stellt eine Subventionierung der Unternehmen zu Lasten der Verbraucher dar. Die Politik ist gerade dabei, das Scheitern der EG-Landwirtschaftspolitik einzugestehen, also eines Versuchs, die Landwirte zu Lasten der Verbraucher zu subventionieren. Als diese Politik begann, glaubte man, Garantiepreise würden den Bauern ein sicheres Einkommen und den Verbrauchern Versorgungssicherheit gewähren, wofür sie eben die Nahrungsmittel etwas teurer bezahlen müßten.

Hoch- und Höchstpreise lassen sich nach unserer Hypothese in einem unvollständig kontrollierten System nicht durchsetzen, denn sie verstoßen gegen das Prinzip der Korrespondenz von Wissen und Entscheidungsmacht. Die wirtschaftswissenschaftliche Theorie hat in den letzten Jahrzehnten erkannt, daß es keine objektiven, sondern nur subjektive Werte gibt. Außer den Beteiligten – Käufer und Verkäufer – weiß niemand, wieviel eine Ware wert ist. Das Wissen vom richtigen Preis ist also nie beim Gesetzgeber, aber immer beim Rechtsunterworfenen vorhanden, deshalb muß auch die Entscheidungskompetenz stets beim Rechtsunterworfenen liegen (vgl. Kapitel 3.7, S. 127 ff.). Gesetze, die unserer Hypothese entsprechen, berücksichtigen das. Das Bürgerliche Gesetzbuch setzt nirgendwo Preise fest. Das handelsrechtliche Bilanzrecht regelt Wertfindungsmethoden, deren Basis subjektive Werte in Gestalt von Anschaffungskosten sind, die auf gezahlten Preisen beruhen. Diese Werte korrigiert man eventuell durch statistische, ebenfalls der Wirklichkeit entnommene Werte, nämlich Marktpreise. Der Gesetzgeber reklamiert für sich kein Wissen vom richtigen Wert. Unter kontrollierbaren Verhältnissen, also wenn z. B. nur ein Anbieter, ein Monopolist, oder eine durch Konzessionserteilung begrenzte Zahl von Anbietern vorhanden ist, können administrierte Preise festgesetzt werden. Ihr Ziel ist aber nicht die Subventionierung, sondern die Verhinderung von Unfairneß.

Gesetzgeberische Preisfestsetzungen zum Zweck der Subvention sind demgegenüber absichtsvoll falsche Preise, die den einen Partner zu Lasten des anderen begünstigen. Schließlich sind gesetzliche Höchst- und Hochpreise der Versuch, ein statisches Element in ein dynamisches System einzubauen. In der gesamten belebten Natur und Kultur gibt es aber nur dynamische Systeme, mit denen der Markt in Wechselwirkung steht; der Glaube an einen durch Gesetzgebung zu stabilisierenden, statischen Markt hat deshalb keine rationale Grundlage.

Steuerrechtliche Subventionsnormen sind mit unserer Hypothese über Systematik unvereinbar, denn Systematik fordert eine Zusammenfassung aller an einem bestimmten Zweck und einem bestimmten Sinn (Gerechtigkeitsidee) orientierten Normen zu einem geschlossenen Normenkomplex, der erst auf einer höheren Ideenebene mit anderen Gerechtigkeits- und Zweckideen zu verklammern ist (vgl. Kapitel 3.2, S. 83 ff.). Deshalb müssen alle Normen des Einkommensteuerrechts an dem Prinzip der Besteuerung nach der Leistungsfähigkeit als Gerechtigkeitsidee und an der Staatsfinanzierung als Zweckidee orientiert sein. Die Subventionsnormen des Einkommensteuerrechts sind in diesem Komplex weder sinnvoll noch zweckhaft. Da Gesetze aber Programme zur Erzeugung und Aufrechterhaltung sozialer Systeme sind, rufen alle Entscheidungsfelder (Normen), die weder sinnvoll noch zweckhaft sind, im Sozialleben Unsinn und Zweckloses hervor, also Ereignisse, die das politische Ziel konterkarieren.

Sonderabschreibungen (Subventionsnormen) für Investitionen zur Energieersparnis geben gewinnstarken Unternehmen (oder Privatpersonen) eine Finanzierungshilfe zu Lasten der übrigen Steuerzahler. Das ist sinnlos (d. h. ungerecht, da eine Hilfe für die Leistungsfähigsten, die am wenigsten Bedürftigen) und unzweckmäßig, denn bei einer direkten Subvention hätte man sich überlegt, von welchen Investitionen der stärkste Einsparungseffekt zu erwarten wäre, aber nicht überlegt, ob die Investition in einem gewinnstarken oder -schwachen Unternehmen zu tätigen sei. Gleiches gilt für die steuerliche Subventionierung von Umweltschutzmaßnahmen. Bei einer direkten Subvention würde man fragen, von welchen Maßnahmen die größten Schadstoffminderungen zu erwarten wären; man würde niemals fragen, ob das geförderte Unternehmen sich auch durch besonders hohe Gewinne auszeichnet.

Ebenso fatal ist die Subventionierung der Einkünfte aus Vermietung und Verpachtung. Steuerliche „Hilfen“ subventionieren die Käufer auf dem Immobilienmarkt um so stärker, je reicher sie sind, und helfen ihnen, ärmere Käufer aus dem Markt zu drängen. Bei direkten Subventionen käme niemand auf den Gedanken, gerade diejenigen bevorzugt mit Wohneigentum zu versorgen, die sich am leichtesten selbst versorgen können.

In Kapitel 4.5 (S. 198 ff.) ist eine Konzeptidee wiedergegeben, um nach und nach steuerrechtliche Subventionen abzubauen. Will die Politik auch alle direkten Subventionen beenden, die unzweckmäßig sind, so muß sie den darin enthaltenen Konfliktstoff aus den Zimmern der Macht in die Gesellschaft, ins letzte Dorf, zurückwälzen. Regelungsbereich des Rechts ist der soziale Fernbereich, also jede Art von Forum, d. h. Markt, Staat oder Verkehrssystem; dort geht es im Prinzip öffentlich zu. Das Recht schützt auch die Intimität des Nahbereichs, also die Familie oder die Forschungsabteilung eines Unternehmens davor, aufs Forum gezerrt zu werden. Jeder mag im Geheimen trainieren, aber im Wettbewerb darf er nichts verbergen. Selbst auf dem Forum mag das Recht dem Normalverhalten ein gewisses Maß von Anonymität einräumen. Die Ausnahme von der Regel darf aber nie Anonymität beanspruchen, denn sie muß sich in Rückkopplungsprozessen bewähren, auf daß sie eines Tages wieder verschwindet, zur neuen Regel wird oder als sachgerecht bestehen bleibt. Der Griff in eine öffentliche Kasse muß folglich stets öffentlich sein.

Das Recht hat dafür zu sorgen, daß der Subventionsempfänger und die Höhe seiner Subvention bekannt wird. Was gerecht und zweckmäßig ist, braucht die Öffentlichkeit nicht zu scheuen. Ein erster Schritt könnten Subventionsberichte der publizitätspflichtigen Unternehmen sein, die sie an ihre Jahresabschlüsse anzuhängen hätten. Ist das Prinzip in der Welt und hat sich gegen Datenschutzideen durchgesetzt, sollte man es ausdehnen. Wer sich als Bauherr oder Unternehmer subventionieren läßt, der sollte die Höhe der Subventionen, z. B. durch ein Schild am Firmen- oder Grundstückseingang, dokumentieren müssen, auf daß sich jeder vorbeigehende Steuerzahler ein Bild von der Gerechtigkeit und Zweckhaftigkeit des Subventionsrechts machen kann. Welche Subventionen gerecht sind, vermag unsere Hypothese nicht zu sagen, sie läßt aber erkennen, daß Publizität (Information) unerläßlich ist, um Rückkopplungen (Konflikt) auszulösen (vgl. Kapitel 3.9, S. 141 ff.), deren Ergebnis auf Dauer sachgerechtere Regelungen sein werden.

S. Literaturhinweise 7.3.

## Zusammenfassung:

1. Subventionen innerhalb des Steuerrechts widersprechen der Sinnsystematik (Gerechtigkeitsideen), der Zwecksystematik (Staatsfinanzierung) und dem Erfordernis der Bildung geschlossener Normenkomplexe.
2. Subventionen in Gestalt von Garantie- oder Höchstpreisen sind verfehlt, da das Recht nur dynamische, keine statischen Systeme schaffen kann. Außerdem widersprechen sie dem Prinzip der Abstimmung von Wissen und Entscheidungskompetenz. Da das subjektive Bewertungswissen beim Marktteilnehmer liegt, kann die Entscheidungskompetenz nicht bei Parlament oder Regierung liegen.
3. Erhaltungssubventionen heben den Anpassungsdruck auf und erlauben den Subventionsempfängern ein desintegratives Dasein. Sie sind „verboten", denn das Recht muß eine vernetzte Gesellschaft bauen, in der jeder jedem nützt.
4. Dienen Handlungen eines Untersystems unmittelbar den Zwecken eines Obersystems, ist z. B. die Forschung eines Unternehmens für den Markt nutzlos, aber für die Staatserhaltung usw. zweckhaft, so darf sie subventioniert werden.
5. Wer Subventionen abbauen will, muß Publizität einführen. Publizität ist die Voraussetzung für Rückkopplungsprozesse, Rückkopplung die Voraussetzung für die Veränderung von Normen.

## 4.5 Steuerrecht: Chancen zum Ausstieg aus dem Chaos

Die ältesten Dokumente einer Steuererhebung dürften 5400 Jahre alt sein; aber vermutlich ist das Steuerrecht noch etwas älter als diese Funde. Auf dem Gebiet der Besteuerung ist es den Staaten so ergangen wie auf dem Gebiet des Militärwesens: Sie waren meist unfähig, aus Prinzipfehlern zu lernen, aber ständig bereit, ein Detail zu verbessern. So wird aus Unsinn perfekter Unsinn, was aber innerhalb des Denkgebäudes nicht auffällt. Dinge, die seit der Antike Binsenweisheiten sein sollten, sind in der politischen Diskussion auch heute noch unbekannt oder werden verdrängt. Dazu gehört die in Jonathan Swifts Steuereinmaleins ausgedrückte Sachgesetzlichkeit oder der Zusammenhang zwischen hohen Steuersätzen und volkswirtschaftlichem Schaden.

Das Staatsfinanzierungsrecht der Bundesrepublik Deutschland verstößt gegen nahezu alle Elemente der Programmieranweisung, die wir ausgemacht haben. Die Kompliziertheit vieler Normen des Steuerrechts ist berüchtigt, der Verstoß gegen das in dem Satz „summum ius summa iniuria" ausgedrückte Evolutionsprinzip (Kapitel 3.3, S. 95) liegt auf der Hand. Die Wirkung des Verstoßes ist inzwischen durch Material der Rechnungshöfe und der Innenrevisionen der Oberfinanzdirektionen gut belegt. So weiß man z. B., daß zwei sehr komplizierte Normen, § 15 a EStG und § 15 a UStG, von den Finanzbeamten, also von Spezialisten, mit Fehlerquoten von 80 Prozent „praktiziert" werden. Bei dem sehr komplizierten Außensteuerrecht liegt die Fehlerquote zwischen 35 und 50 Prozent. Diese Zustände haben die Rechnungshöfe bewogen, die Stoßrichtung ihrer Kritik zu überdenken. Offensichtlich ist es ebenso unfair wie unzweckmäßig, den Bearbeitern die entdeckten Fehler vorzuhalten. Man könnte ihnen allenfalls anlasten, daß ihre Fehlerquote oberhalb der Standardabweichung in der nächsthöheren Organisationseinheit liegt. So gingen die Rechnungshöfe dazu über, weniger die Bearbeiter und mehr die Normsetzung zu kritisieren, obwohl sie damit wohl ihre Kompetenzen überschreiten.

Leider läßt sich eine komplizierte Norm nicht ohne weiteres zu einer einfachen umbauen, denn die Kompliziertheit ist meistens Folge anderer Verstöße. Sind Prinzipien unklar oder widersprüchlich, kann es keine einfachen Normen geben, denn wenn die Vorinformation (Prinzip) unklar und widersprüchlich ist, kann die ausfüllende Folgeinformation (Norm) nicht klar und einfach sein. Leider ist das Steuerrecht aber auch wegen seiner Wertungswidersprüche, d. h. Prinzipfehler, berüchtigt. Klare Unterprinzipien lassen sich erst bei klaren Oberprinzipien erreichen, aber die Prinzipienunklarheit erstreckt sich bis in die höchsten Sinn- und Zweckebenen des Steuerrechts. So sind schon die einzelnen Steuerarten nicht in einen systematischen Zusammenhang zu bringen. Modernes Steuerrecht ist mit zahlreichen Sozialzwecknormen (Subventionsnormen) durchsetzt. Auch das ist mit unserer Hypothese über Systematik unvereinbar. Dem Zweck „Staatsfinanzierung" und dem Sinn „Heranziehung nach der Leistungsfähigkeit" ist in einem geschlossenen Normengefüge Rechnung zu tragen. Es widerspricht dem Evolutionsprinzip Systematik, in dieses Gefüge Normen einzubauen, die weder sinnhaft (an der Leistungsfähigkeit orientiert) noch zweckhaft (an der Staatsfinanzierung orientiert) sind (vgl. Kapitel 3.2, S. 90 ff., und 4.4, S. 191 ff.). Beim Phänomen der „Abschreibungsgesellschaften" und bei der „kleinen Kapitalertragsteuer" (Quellensteuer) zahlten Steuerpflichtige und Staat teures Lehrgeld für die mißlungene Aussteuerung der Motivationen (vgl. Kapitel 3.5, S. 105 ff.). Weitere grundlegende Verstöße ließen sich aufführen.

Wenn man Geduld hat und über die Legislaturperiode hinaus denkt, erfordern aber radikale Veränderungen keine radikalen Reformen. Ein Rechtsgebiet wird durch winzige Fehlinformationen krank; eine einzige Subventionsnorm im Ertragsteuerrecht, ein einziger Bruch der Systematik, wird im Lauf der Zeit unvermeidlich weitere Subventionsnormen nach sich ziehen. Erhält man für Maßnahmen des Umweltschutzes einen Nachlaß von der Einkommensteuer, so ist nicht mehr begründbar, warum die Förderung des Friedens, der Emanzipation, des Hausbaus, der

Energieeinsparung und der Kunst nicht ebenfalls steuerrechtlich gefördert werden sollten.

Wenn eine Normsetzung nicht begründbar ist, scheidet die Wissenschaft als Diskussionspartner der Politik aus, die Politik wird frei, nach bloßer Opportunität weitere Subventionen einzuführen. Sie verliert aber die faktische Freiheit, diese Begünstigungen wieder zu entziehen, denn Subventionsnormen schaffen – oder stabilisieren zumindest – soziale Gruppen, denn Gruppen sind nichts anderes als Träger gleicher Programmabschnitte (Normen) (vgl. Kapitel 3.4, S. 103 ff.). Jede Subventionsnorm ist also geeignet, eine lobbyistische Gruppe zu schaffen, deren Trachten auf Bewahrung oder Ausweitung der gewährten Begünstigung gerichtet ist. Reichskanzler Bismarck war beim Übergang zur „Schutzzollgesetzgebung" noch geläufig, daß nicht die Lobby die Subvention, sondern erst die Subvention die Lobby schafft; erst wenn beides vorhanden ist, sind Ursache und Wirkung nicht mehr unterscheidbar, denn beide Effekte verstärken sich wechselseitig.

Es gibt keinen Grund, warum dieser Vorgang nicht umkehrbar wäre, warum die Streichung der Subventionen nicht zum Verschwinden des Lobbyismus führen könnte. Gesetzgebung braucht Verbände, ohne deren Sachkompetenz ist moderne Gesetzgebung kaum denkbar, aber Verbände werden durch Subventionen zur Lobby. Im Grunderwerbsteuerrecht hat die Politik gezeigt, daß radikale Maßnahmen bei einer bedeutungslosen Steuer möglich sind: Man strich alle Befreiungen, soweit sie Subventions- und nicht nur technischen Charakter hatten, und senkte den Steuersatz von 7 Prozent auf 2 Prozent. Dadurch verringerte sich die Zahl der Vorschriften drastisch, das Steueraufkommen stieg um 40 Prozent und die Erhebungskosten sanken ebenfalls dramatisch.

Die Steuerreform 1990 bewies die Unmöglichkeit, das bei der Grunderwerbsteuer praktizierte Erfolgsrezept auf dem wichtigeren Gebiet der Ertragsbesteuerung zu wiederholen. Es gelang nicht, die Kosten der Tarifsenkung im Einkommensteuerrecht durch Streichung von Subventionen zu finanzieren. Die dadurch entstehende Finanzierungslücke suchte man mit der Erhöhung von Verbrauchsteuern und einer Quellensteuer zur Erfassung der Zinseinkünfte zu schließen. Im Ergebnis erhielt die Regierung für die wichtige Tarifsenkung keine Presse, für so gut wie alles andere aber eine schlechte Presse, ihre Finanzpolitiker erlitten einen Prestigeverlust. Das hätte nicht sein müssen.

Unsere Hypothese legt eine andere Vorgehensweise nahe. Die nach unserer Auffassung von Systematik unzulässige Durchsetzung des Einkommensteuerrechts mit Subventionsnormen ist prinzipiell geeignet, eine ständische, in Kategorien der Besitzstandswahrung denkende Gesellschaft entstehen zu lassen. Wer nach kurzer Ausbildung in einem langen Arbeitsleben ohne Aufstieg gleichmäßig wenig verdient, wird auch gering besteuert. Wer in vermögende Verhältnisse hineingeboren wird und sein Leben lang reich bleibt, wird ebenfalls gering besteuert, denn mit der Höhe der Einkünfte und der Höhe des Vermögens nimmt nicht nur die Tarifprogression, sondern nehmen ebenso Gestaltungsmöglichkeiten zu. Am höchsten besteuert dieses Recht das Lebenseinkommen der „Aufsteiger", der erfolgreichen Karrieremacher in Wirtschaft, Wissenschaft, Kunst, Sport oder wo immer Leistung mit Geld belohnt wird. Eine Gesellschaft, die mit dynamischen Gesellschaften konkurriert, muß aber ihre Aufsteiger belohnen, statt sie um den ökonomischen Erfolg prellen zu wollen.

Diese Einsicht hat zuerst in den USA politische Bedeutung gewonnen. Mehrere Faktoren wirkten zusammen: der Einfluß der ökonomischen Wissenschaft, der Sinn der Bevölkerung für Fairneß und ihre Begeisterung für newcomer und selfmademen, ein Präsident, der die Bevölkerung gegen den Lobbyismus im Parlament ausspielte. Auf dieser Basis führten die USA eine große Reform des Ertragsteuerrechts mit erheblicher Tarifsenkung und Streichung vieler Subventionen durch.

Da in Deutschland keiner dieser Faktoren gegeben ist, muß man anders vorgehen. Gesetzgebung, das ist Verhaltensprogramme schaffen und die Träger gleicher Programme als Gruppe ins Leben rufen. Regeln Gesetze nur die Normalität, so erzeugen sie nur die große Gruppe der „Normalbürger", die als Autofahrer, Käufer, Verkäufer, Scheckeinreicher, Darlehensgeber oder Wähler alle gleich behandelt werden. Schafft ein Gesetz Ausnahmen von der Regel, so erzeugt es zusätzlich die Gruppe derjenigen, die von dieser Ausnahme einen Vorteil oder Nachteil haben. Das ist im Ertragsteuerrecht der Fall, dessen Finanzzwecknormen den Normalfall der Besteuerung regeln und dessen Sozialzwecknormen unzählige begünstigte Gruppen schaffen. Den begünstigten Gruppen steht aber inzwischen keine abgegrenzte Gruppe der „Normalsteuerzahler" mehr gegenüber; die Normalität ist ausgefranst, indem jeder nach möglichst vielen Ausnahmen strebt, denn der schädlichste Zustand ist, ganz normal besteuert zu werden, und den trachtet jeder zu vermeiden. Von daher wird verständlich, daß die Politik der Steuerreform 1990 mit Enttäuschung enden mußte, denn es existiert keine Gruppe, die Beifall spenden konnte.

Die erste Maßnahme einer auf Subventionsabbau gerichteten Steuerpolitik muß deshalb sein, durch Gesetzgebung die Gruppe derer zu erzeugen, die diese Politik stützt. Das ist ganz einfach; man muß Normen schaffen – begünstigende Normen – die nur für den Normalsteuerzahler gelten, also nur für den, der allein unter Anwendung von Finanzzwecknormen besteuert wird. Diese Normen sollten einige Bedingungen erfüllen:

1. Sie müssen die Normalität der Steuerzahlung hinreichend attraktiv machen.
2. Sie müssen in ihrer Wirkung leicht verständlich sein.
3. Sie müssen den Konflikt zwischen Normalsteuerzahler und Subventionsempfänger in die Bevölkerung und in die Verbände tragen.
4. Sie müssen die Wahlchancen des Politikers erhöhen, der seinen Namen mit ihnen verbindet.
5. Die Masse der Journalisten muß diese Normen befürworten.

Welchen Inhalt die Normen haben sollten, kann unsere Hypothese nicht sagen. Die folgenden Ausführungen sind also von der Hypothese nicht gedeckt, sie sind auch keine Vorschläge, sondern eine Ideenskizze. Die oben gestellten Bedingungen kann wohl nur eine Tarifnorm erfüllen. Man sollte also eine Tarifvergünstigung schaffen, die nur Steuerzahlern zugute kommt, die keine Subventionsnormen und keine direkten Subventionen erhalten. Das Beste wäre, gleich einen zweiten Tarif zu schaffen, bei dem die Besteuerung später einsetzt, langsamer ansteigt und in einen niedrigeren Spitzensteuersatz mündet. Zweckmäßigerweise sollte der Tarif in jedem Jahr neu und etwas günstiger ausgestaltet werden, während man den alten Tarif bestehen läßt. Im ersten Jahr braucht sich der neue Tarif nur wenig von dem alten zu unterscheiden. Da jeder Bürger selbst entscheiden kann, ob er subventioniert und tariflich belastet oder nicht subventioniert und tariflich weniger belastet werden will, liegt auch kein Verfassungsverstoß vor.

Die Norm wird jeden zu einer eindeutigen Parteinahme zwingen, ob er sich zur Gruppe der Normalsteuerzahler oder der Subventionsempfänger schlägt. Selbstverständlich kann man die Unterscheidung und Kenntlichmachung von Finanzzweck- und Subventionsnormen nicht der Politik überlassen, sondern sollte eine Wissenschaftlerkommission damit beauftragen, denn dies ist keine politische, sondern eine wissenschaftliche Frage. Die Politik muß ihre höchst simple Strategie ständig wiederholen und in jedem Jahr, wenn der Tarif erneuert wird, ein Drama inszenieren, bei dem man den Sachzusammenhang zwischen der anstehenden Tarifsenkung und der Streichung von Subventionen herausstellt. Einer begabten PR-Abteilung sollte es gelingen, den Konflikt zu personalisieren und den Finanzpolitiker, der ihn austrägt, zum St. Georg der Steuergerechtigkeit hochzustilisieren, wenn er für die Normalversteuerer Partei ergreift und den Drachen der Subvention in die Höhle treibt. Die Masse der Journalisten wird bereits nach kurzer Zeit besser fahren, wenn sie sich für den neuen Tarif entscheidet. Für Journalisten hat die Normalität leider keinen Nachrichtenwert, sie ist kein Ereignis, auch wenn sie schreiend ungerecht ist. Das inszenierte Drama des Kampfes zwischen der Normalität und den Subventionsempfängern sollte sich aber zu einem Geschehen mit Nachrichtenwert ausbauen lassen, woraus die Journalisten eigenen finanziellen und gleichzeitig beruflichen Vorteil ziehen mögen.

Im Körperschaftsteuerrecht müßte entsprechend dem Einkommensteuerrecht ebenfalls ein zweiter Tarif für Unternehmen gelten, die weder direkte noch indirekte Subventionen empfangen. Hier läßt sich der Konflikt unmittelbar in die Gesellschafterversammlung tragen, denn mit jeder steuerrechtlichen Subventionsnorm werden auch Gewinne in den Bilanzen versteckt und vor der Ausschüttung an die Anteilseigner gesichert. Je mehr sich der neue von dem alten Tarif unterscheidet, desto attraktiver wird für leistungsstarke Unternehmen das Umsteigen auf den neuen Tarif, das heißt wir tragen den Konflikt auch in die Verbände, in denen sich nun ebenfalls Normalsteuerzahler und Subventionsempfänger als Gruppen mit widerstreitenden Interessen gegenüberstehen.

Mit entsprechenden Methoden könnte die Gesetzgebung eine überholte Steuer, wie z. B. die Gewerbesteuer, zum Verschwinden bringen, indem man Unternehmen einen Weg zum Ausstieg aus dieser Form der Besteuerung eröffnet. Ein denkbarer Ausweg wäre z. B., daß Unternehmen nicht mehr der Gewerbesteuer unterliegen, wenn sie fünf Jahre lang keine Subventionen, keine Ausnahmen bei Umweltschutzvorschriften und keine unbezahlten Vorleistungen von Bund, Ländern und Gemeinden in Anspruch genommen haben. Gleichzeitig könnte die Gesetzgebung den Gemeinden z. B. den Weg in eine Zuschlagsbesteuerung zur Einkommensteuer eröffnen. Ein evolutionäres Recht hält nicht an einer Idee fest, bis sie unhaltbar geworden ist, um dann eine grundstürzend neue, völlig unerprobte Idee an ihre Stelle zu setzen, sondern schafft evolutionäre Entwicklung.

Neben solchen mittelfristigen Anliegen hätte eine Steuergesetzgebung langfristige Aufgaben zu lösen. Nach dem Untergang der mittelalterlichen Sozialsysteme, die das Wirtschaften und die Absicherung der Lebensrisiken miteinander verbanden, wie Zünfte, Gilden, Hansen, Grund- und Gutsherrschaft, wurden die Leistungsfähigen aus der unmittelbaren Bindung an die Unfähigen und Bedürftigen entlassen, und es entstand der Markt. Sein Gegenstück, ein dem Markt analoges Gebilde, auf dem die Leistungsfähigen Geld in Moral umtauschen können, fehlt aber. Seitdem versuchen die Staaten, mit bürokratischen Methoden den Nutzen des Marktes auch auf die Bedürftigen abzuleiten. Eine in Generationen denkende Politik sollte versuchen, die „gemeinnützigen" Unternehmen so umzugestalten, daß die Spende an sie attraktiv wird, indem sie einen Tausch von Geld in Moral darstellt, der das Ansehen des Spenders erhöht, bzw. ihn vor einem Verlust an Wertschätzung bewahrt. Heute besitzen diese Unternehmen eine Rechnungslegung, die zur Maximierung von Kosten und staatlichen Zuschüssen, aber nicht zur Maximierung des Drittnutzens einlädt. Es dürfte nicht schwer sein, ihre Rechnungslegung so zu verändern, daß die Minimierung von Kosten und die Maximierung des Drittnutzens prämiert wird. Dies könnte der erste Schritt auf dem langen Weg zu einem dynamischen, sich selbst organisierenden Umverteilungsmechanismus sein, wie ihn z. B. die mittelalterliche Stadt besaß.

S. Literaturhinweise 2.1, 7.3.

## Zusammenfassung:

1. Die Kompliziertheit des Steuerrechts ist vor allem durch die Einfügung von Sozialzwecknormen (Subventionsnormen), durch unabgestimmte Steuerarten und durch Detailregelungen bedingt, mit denen Schlupflöcher verstopft werden. Sozialzwecknormen sind nach unserer Hypothese über Systematik „unzulässig". Die Suche nach den Grenzen der Norm zeigt an, daß die Gerechtigkeit der Gesetze und die Gerechtigkeitsvorstellungen der Steuerzahler nicht in Einklang sind.
2. Eine Beseitigung der Subventionen wird politisch möglich, wenn die Politik durch Gesetzgebung die Gruppe

derer stärkt, die diese Politik stützt. Das kann z. B. im Ertragsteuerrecht durch eine begünstigende Tarifnorm geschehen, die nur dem nichtsubventionierten „Normalsteuerzahler" zugute kommt. Eine von Jahr zu Jahr bessere Ausgestaltung des Tarifs der Normalbesteuerten wälzt den Konfliktstoff, der in Subventionsnormen steckt, aus Parlament und Regierung in die Gesellschaft, in Unternehmen und Verbände zurück. Publizität kann den Konflikt noch verschärfen.

## 4.6 Umweltprobleme: verbotenes Wirtschaften zu Lasten Dritter

Die falsche Handhabung des Rechts hat die Zerstörung unserer Umwelt gestattet, die richtige Handhabung ist Voraussetzung zur Lösung der Probleme. Im letzten Jahrhundert wirkten zwei Umstände in positiver, aber auch in schädlicher Weise zusammen: das Aufkommen der modernen Technik und die durch das Recht eingeführte Freiheit des Wirtschaftens. Nach unserer Hypothese ist Freiheit eine Vorgabe der Evolution für sich selbst organisierende Systeme, denn in der Hierarchie sozialer Systeme muß auf jeder Hierarchieebene ein Spielraum zum Austasten der jeweils optimalen Systemlage eingerichtet werden. Ein hierarchisch aufgebauter Konzern, eine militärische Hierarchie und der Staat als Gesetzgeber haben dieselbe Sachgesetzlichkeit zu beachten (vgl. Kapitel 3.7, S. 123 ff.).

Diese Spielräume haben gleichzeitig eine individualistische Seite; das Individuum, das eine begrenzte Gestaltungsfreiheit erhält, erlebt sie als Wert, als Freiheit. Auf jeder Hierarchieebene ist der Spielraum durch den Zweck der Erhaltung der jeweiligen Obersysteme begrenzt, die Staaten müssen den Systemzweck Arterhaltung (Menschheitserhaltung) beachten, die Bürger den Zweck Staatserhaltung, die Unternehmen die Markterhaltung usw. Jede Maßnahme, die geeignet ist, den Bestand des oder der jeweiligen Obersysteme zu gefährden, muß also verboten sein, mit ihr wären die Grenzen des Spielraums – der Freiheit – überschritten.

Die Menschen erkannten bereits im letzten Jahrhundert, daß die Freiheit des Wirtschaftens immer dann zu weit ging, wenn sie auch die Freiheit des Plünderns einschloß. Unter Plündern verstehen wir eine Handlung, mit der man im eigenen Interesse dritten Personen die Lebensgrundlagen entzieht. So durften die Unternehmen zunächst das Arbeitspotential ihrer Beschäftigten plündern und die ökonomische Seite der Folgen ihres Handelns, nämlich die Kosten der vorzeitigen Erschöpfung der Arbeitskraft, Krankheit und Leiden, auch noch auf Dritte abwälzen. Das war nicht einmal den Sklavenhaltern in der Antike erlaubt gewesen, die ihren Sklaven Heilbehandlung und Altersversorgung schuldeten. Es lag nahe, diesen Zustand durch gesetzliche Begrenzung der unternehmerischen Freiheit zu beseitigen. Manche Lernprozesse waren kurz, weil die Folgen der überzogenen Freiheit schnell sichtbar wurden. So gewährte das Handelsrecht von 1870 die unkontrollierte Freiheit, Aktiengesellschaften zu gründen, was Hasardeure und Betrüger zur Jagd auf Kapitalanleger einlud. Dies war eine wichtige Ursache für den berühmten, als „Gründerjahre" bezeichneten Boom und den darauffolgenden „großen Krach", bei dem unerhörte wirtschaftliche Schäden entstanden, als der größte Teil der neugegründeten Gesellschaften wieder zusammenbrach. Die Gesetzgebung reagierte mit der Einführung von Publizitätspflichten, was sich als wirksame öffentliche Kontrolle erwies. Sie kehrte also nicht etwa zu staatlicher Konzessionierung und Behördenaufsicht für Aktiengesellschaften zurück.

Während die Gesetzgebung bereits im letzten Jahrhundert die unmittelbare Ausplünderung anderer Menschen verhinderte und die Freiheit des Wirtschaftens entsprechend einschränkte, erlaubte das Recht weiterhin das Wirtschaften zu Lasten der natürlichen Grundlagen für die Existenz anderer Menschen. Das war so lange unbedenklich gewesen, wie sich die Systeme der Natur aufgrund ihrer Selbstheilungskräfte wieder in einen für die Menschen unschädlichen Systemzustand einpendeln konnten, also die Selbstreinigungskräfte der Flüsse und die Regenerationskraft der Böden ausreichten. Die Gesetzgebung dürfte wohl nach dem Prinzip verfahren sein, daß nur begrenzte, nicht aber unbegrenzte Ressourcen Gegenstand rechtlicher Regelungen sein sollten. So schätzte man reine Luft, sauberes Wasser, fruchtbare Erde und Ruhe als unbegrenzt, dagegen Wild, Wald, Bodenschätze und die kinetische Energie des Wassers als begrenzt ein. Inzwischen wissen wir, wie schnell sich unbegrenzte als begrenzte Ressourcen erweisen können, daß in der Natur manchmal kleine Ursachen große Wirkungen hervorrufen, daß wir – zumindest bei Energierohstoffen – Puffer aus Kreisläufen anzapfen, die in Jahrmillionen entstanden sind, und daß unsere mechanistische Technik weiterhin eher verfeinerte Methoden der Ausplünderung der Natur als Systeme der Integration von Natur und Kultur hervorzubringen neigt. Wenn wir Gesetzgebung zur Bewältigung dieser Probleme einsetzen, könnten wir einmal – bildhaft gesagt – durch Verbote zu Fahrrad und Segelschiff zurückkehren oder die Evolution der Technik in eine neue Richtung zu lenken versuchen. Nur das letztere ist mit unserer Hypothese verträglich, denn in der Evolution gibt es offenbar kein Zurück.

Umweltprobleme entstehen, weil das Recht Menschen, Unternehmen und anderen Kollektiven das Auslösen bleibender, schädlicher Veränderungen in der Natur erlaubt, ihnen den Nutzen dieses Handels läßt, ohne sie mit den Kosten zu belasten. Das ist ein verbotenes Handeln zu Lasten Dritter im Sinne unserer Hypothese (vgl. Kapitel 3.5, S. 105 ff.), wobei der Dritte auf dem Umweg über die Natur getroffen wird. Dritte können auch Menschen anderer Nationen und nachfolgender Generationen sein. Dieses Plündern kann man nicht ohne weiteres beenden, eine auf Plünderung beruhende Kultur kann nicht „im nächsten März" zum Säen übergehen, da sie das Know-how nicht besitzt.

Gesetzgebung kann aber bewirken, daß in jedem März für eine gestiegene Anzahl von Menschen das Säen ökonomischer ist als das Plündern. Verbote sind also nur ein äußerstes Mittel; außerdem setzen sie weniger eine im Sinne des Kollektivs schöpferische und mehr eine negative auf Ausnahmen und Umgehungen hinwirkende Intelligenz in Bewegung. Das gegenwärtige Umweltrecht ist allerdings in der Hauptsache noch ein auf Verbote, Ausnahmen, Auflagen, Bestandsschutz und bürokratische Überwachung setzendes Recht, das sich in einer Flut von 2000 Gesetzen, Verordnungen und Verwaltungsanweisungen niedergeschlagen hat.

Praktizierte Gesetzgebungskunst sollte mehr und besseres leisten können. Wie das Vorbild des Gläubiger- und Aktionärsschutzes durch Bilanzpublizität zeigt, kann Information und durch Information ausgelöste Rückkopplung ein wirksamerer Schutz für die Betroffenen sein als bürokratische Kontrolle. Es liegt nahe, alle ohnehin publizitätspflichtigen Unternehmen zu einem Bericht über ihren Schadstoffausstoß zu zwingen. Die ersten Berichte wären vermutlich so geschönt und so gelogen, daß der Leser davon nicht klüger wird. Das macht nichts, so waren die ersten Bilanzen auch; aber sie verbesserten sich im Dialog mit denen, die sie analysierten.

Die Unternehmensberichte ließen sich durch Berichte der Verbände und der mit Umweltschutz beauftragten Behörden ergänzen. Publizitätspflichten lösen die erwünschte Wirkung aus, daß Umweltschutz Chefsache wird. Allein die Tatsache, daß Management, Verbandsfunktionäre und Behördenleiter die Berichte billigen müssen, daß die Chefetage das Sammeln und Zusammenstellen von Daten anordnet, würde vermutlich einiges bewirken. Ferner sollten die Behörden alle Unternehmen namentlich erwähnen, die Ausnahmen von Auflagen beantragt und erhalten haben. Öffentliches Handeln zu Lasten Dritter ist sehr viel schwerer als heimliches.

Die Organisation Greenpeace fordert öffentliche Probeentnahmen bei Abwassereinleitungen. Diese Forderung entspricht sehr gut unserer Hypothese, da sozialer Druck sehr viel besser die Einhaltung von Normen gewährleistet als Behördenaufsicht (vgl. S. 141 ff.). Für die Abluft sollte Entsprechendes technisch ermöglicht und rechtlich verankert werden. Wenn die Unternehmen geschlossene Kreisläufe errichten, also ihr gereinigtes Abwasser wieder vollständig als Zulauf verwenden, mögen sie der Publizitätspflicht entgehen.

Jeder verschmutzt die Umwelt, Groß- wie Kleinbetriebe und jeder einzelne Bewohner der Bundesrepublik Deutschland. Das Know-how zur Beseitigung der Umweltschäden liegt beim jeweiligen Verschmutzer, bzw. kann am leichtesten von ihm selbst entwickelt werden. Gesetzgebungskunst wird also vor allem den Verschmutzer zum Nachdenken über eine Verminderung der von ihm selbst verursachten Belastungen veranlassen. Das wird er erst tun, wenn sich das Nachdenken für ihn lohnt. In diese Richtung zielen mehrere, von der wirtschaftswissenschaftlichen Theorie entwickelten Ideen, die sämtlich besser mit unserer Hypothese verträglich sind als der Weg über Verbote und bürokratische Kontrollen. So ist z. B. die sogenannte „Zertifikatslösung" mit jedem Postulat unserer Hypothese vereint. Dabei setzt man eine Gesamtschadstoffmenge fest und gibt über Anteile an dieser Menge Zertifikate aus. Das Recht zum Schadstoffausstoß ist an den Besitz eines solchen Wertpapiers gebunden. Je nachdem wie sich der Preis für diese handelbaren Papiere entwickelt, wird es für die Betriebe lohnend sein, in Maßnahmen zur Schadstoffverminderung zu investieren und ihre Anteile zu verkaufen. Sinkt die Schadstoffmenge, wird der Staat im nächsten Jahr eine etwas verringerte Anzahl von Anteilen ausgeben.

Auch das Prinzip des Abwasserabgabengesetzes, das den Betrieben den Ausstieg aus der staatlichen Belastung erlaubt, wenn sie ihrerseits die Menge schädlicher Einleitungen vermindern, erscheint nach unserer Hypothese besser geeignet als Verbote mit bürokratischer Kontrolle. So gibt es mehr als genügend gute Ideen, aus denen sich operationable Gesetze formen lassen sollten.

S. Literaturhinweise 7.4.

## Zusammenfassung:

1. Die Umweltprobleme der Neuzeit haben zwei wesentliche Ursachen: die Entwicklung einer mechanistischen, d. h. Maschinen statt Systeme schaffenden Technik, und die Einführung der Freiheit des Wirtschaftens durch das Recht.
2. Freiheit hat eine Doppelnatur. Sie ist eine Vorgabe der Evolution, die auf jeder Systemebene Spielräume zum Austasten von Möglichkeiten fordert; der Systemteilnehmer, das Individuum, erlebt sie als subjektiven Wert. Eine individualistische Sicht des Rechts fordert Einschränkungen der Freiheit des Starken zugunsten der Schwachen. Diese Sicht führt zu Güterabwägungen. Eine evolutionäre Sicht fordert Einschränkungen der Freiheit als Sachgesetzlichkeit: Die Freiheit endet, wenn die Handlung geeignet ist, den „ewigen" Bestand des nächsthöheren Obersystems zu gefährden. Aus evolutionärer Sicht ist deshalb das Plündern der Grundlagen eines Obersystems „unzulässig".
3. Wenn die Gesetzgebung die Freiheit des Wirtschaftens nur durch Verbote begrenzt, suchen die Individuen die – attraktiven – Grenzen der Norm. Dadurch entsteht eine Gesetzesflut. Um dies zu vermeiden, ist zunächst Publizität (Information) erforderlich, die Umweltschutz zur „Chefsache" machen würde. Sogenannte „marktwirtschaftliche Modelle" nehmen der Suche nach der Grenze der Norm die ökonomische Zweckhaftigkeit.

## 4.7 Atomkraftwerke: Verbotene Glücksspiele

Unsere Hypothese erlaubt eine Aussage darüber, welche Grenzen ein die Vorgaben der Evolution berücksichtigendes Recht dem Ausbau der Kernkraft stecken müßte. Moderne Technik nützt den Menschen und setzt sie gleichzeitig neuartigen, mit der jeweiligen Technik verbundenen Gefahren aus. So brachte die Eisenbahn den Benutzern eine schnellere und bequemere Fortbewegung als die Postkutsche, ihr Nutzen wird aber mit den Gefahren eines Eisenbahnunfalls erkauft. Seit jeher wirkt die Gesetzgebung auf die Evolution der Technik mit Sicherheits- und Haftungsvorschriften ein. Gesetzgebung möchte den Nutzen der Technik maximieren und ihre Gefahren minimieren. In einer indeterminierten Welt gibt es prinzipiell keine vollständige Sicherheit, und die Haftung kann nie mehr als eine Vermögenshaftung sein; Tod und Verletzung bleiben endgültig. Folglich ist Sicherheitsvorschriften, auch wenn sie Sicherheit vergrößern, die Inkaufnahme von Tod und Gesundheitsschäden immanent. Sie sind das Ergebnis von Abwägungen zwischen Nutzen und Gefahren für die Menschen.

Unsere Theorie hat gegen diese Gesetzgebung nichts einzuwenden, die Evolution setzt das Individuum den Zufälligkeiten der Welt aus, gleichgültig ob die Welt als Natur, Kultur oder moderne Technik daherkommt.

Offensichtlich will die Kultur und nun die Technik für Individuen möglichst verläßliche Lebensbedingungen schaffen, also z. B. die Zufälligkeiten der Witterung durch Bau von Häusern und Anlegung von Vorräten abpuffern. Nach unserer bisherigen Erfahrung ist eine vom Menschen gestaltete Umwelt verläßlicher und deshalb weniger gefährlich als die „natürlichere" Umwelt, in der unsere Vorfahren vor einigen hundert oder tausend Jahren ihr Dasein fristeten.

Beim Bau von Atomkraftwerken hat der Gesetzgeber diese bewährte, die Vorgaben der Evolution berücksichtigende Gesetzgebung auf eine neue Technik übertragen. Er hat die erhöhten Gefahren durch erhöhte Sicherheitsauflagen berücksichtigt und die Haftung umfassend geregelt. Das Problem ist die Übertragbarkeit. Nehmen wir an, die Menschheit würde von fünf großen Atomkraftwerken mit Energie versorgt und habe durch diese Technik alle Energie- und Umweltprobleme gelöst. Die statistischen Sicherheitsberechnungen der Ingenieure lassen erwarten, daß ein Kraftwerk dieses Typs nach 1000 Betriebsjahren einen Unfall haben wird, an dessen Folgen die Menschheit aussterben würde. Offensichtlich darf ein evolutionäres Recht Bau und Inbetriebnahme dieser Kraftwerke nicht erlauben, da dies – statistisch – nach 200 Jahren zum Aussterben der Art (Menschheit) führen würde. Erhaltung der Menschheit ist aber nach unserer Hypothese der Systematik der oberste Zweck des Rechts (Kapitel 3.2, S. 78 ff.). Man könnte nun die Sicherheitsanforderungen hochschrauben; der Zeitpunkt des Aussterbens würde dann – statistisch – um einige hundert oder tausend Jahre hinausgeschoben, was angesichts der Zeiträume der Evolution nicht sehr bedeutend wäre. Die Zweckverfehlung käme dann – wahrscheinlich – etwas später.

Unser Gedankenexperiment zeigt also einen Fall, in dem das bisher bewährte Rezept, erhöhten Risiken durch erhöhte Sicherheitsanforderungen zu begegnen, nicht mehr anwendbar ist. Wir führen das Gedankenexperiment ein wenig fort. Unter dem Druck von Sicherheitsauflagen vervollkommnen die Ingenieure die Technik der Kraftwerke und erreichen, daß die Wahrscheinlichkeit einer nuklearen Explosion gegen Null tendiert. Wir können nun eine mathematische Überlegung anstellen, wenn wir für den Untergang der Menschheit einen Wert finden, den wir in eine Berechnung einfügen können. Aus der Sicht der gesamten Evolution betrachtet, wäre der Untergang der Menschheit ein zwar schädliches, aber prinzipiell bewertbares Ereignis, denn im Lauf der Evolution sind 99,9 von 100 Arten wieder ausgestorben. Aus der Sicht der Menschheit betrachtet, ist das eigene Aussterben aber ein Ereignis, dessen Schädlichkeit durch kein anderes übertroffen werden kann, für das alle Bewertungsmaßstäbe fehlen. Wir können deshalb sagen: Die schädlichen Folgen gehen gegen unendlich. Wenn die Folgen eines Ereignisses gegen unendlich gehen, die Wahrscheinlichkeit des Eintritts dieser Folgen aber gegen Null tendiert, dann ist das Ergebnis nicht mehr berechenbar, sondern Zufall. Der Bau dieser extrem sicheren Kernkraftwerke wäre also eine Strategie, bei dem die Menschheit ihr Fortbestehen vom Zufall abhängig machen würde. Das ist nach unserer Hypothese ein Glücksspiel, das nur Individuen spielen dürfen, nicht aber Kollektive (Kapitel 3.6, S. 112 ff.).

Man kann nun die Ebene der Betrachtung verschieben und fragen, ob eine Region, eine Nation, ein Ballungsraum, eine Stadt oder ein Unternehmen eine solche Strategie verfolgen dürfen. Das Ergebnis bleibt stets gleich: Aus der Perspektive des jeweiligen Obersystems liegt in der Zerstörung des Untersystems ein bewertbares Risiko, aus der Perspektive des betroffenen Systems ist der eigene Untergang ein unendlich schädliches, d. h. nicht bewertbares Ereignis. Wenn der Staat den Betrieb eines Kernkraftwerks erlaubt, das bei einem Unfall eine Stadt zerstören kann, dann liegt aus der Sicht des Obersystems Staat ein bewertbares Ereignis vor; aus der Sicht der Stadt ein Ereignis von unendlicher Wirkung. Die Frage der Zulässigkeit ist in einem evolutionären Recht nicht einfach mit ja oder nein zu beantworten.

Nach unserer Hypothese überantwortet die Evolution alle Individuen einem Spiel gegen die Zufälligkeiten der Welt und fordert von ihnen stets Leben und Gesundheit als Einsatz. Ihr Überleben hängt von ihren Strategien (z. B. der Fahrweise), aber immer auch vom Zufall ab. Um die Erhaltung der – prinzipiell unsterblichen – Art spielt das evolutionäre Geschehen dagegen Strategie. Das Überleben der Art wird um so sicherer, je mehr prinzipiell ebenfalls unsterbliche Systeme zwischen ihr und den Individuen eingeschoben sind (Staaten, Unternehmen usw.), falls um deren Erhaltung auch nur Strategie gespielt werden darf. Daraus ergeben sich einige Konsequenzen:

1. *Strategien, mit denen ein Untersystem die Existenz eines Obersystems riskiert, sind „verboten".*

Der Stadt wäre also der Bau eines Kernkraftwerks verboten, das nur ihrer Stromerzeugung dient, das aber bei einem Unfall den Ballungsraum zerstören könnte.

2. *Strategien, die den Fortbestand des Systems – auch – dem Zufall überantworten, sind für Individuen von der Natur vorgesehen; für alle Obersysteme des Individuums sind sie „verboten".*

Die Stadt dürfte also zu ihrer Selbstversorung kein Kernkraftwerk betreiben, das bei einem zufälligen Unfall die Stadt zerstören könnte. Dem einzelnen ist es aber nicht verwehrt, sich einer Technik zu bedienen, die ihn zu Tode bringen kann, also Gas und Elektrizität im Hause zu haben und ein Auto zu benutzen.

3. *Obersystemen ist es erlaubt, die Existenz von Untersystemen zu riskieren, wenn dies die Überlebenswahrscheinlichkeit des Obersystems erhöht.*

Ein Staat dürfte also ein Kernkraftwerk bauen, das sein gesamtes Staatsgebiet mit Strom versorgt und weiteren Nutzen haben mag, aber bei einem Unfall nur eine einzige Stadt gefährdet. Solche Abwägungen, die einen allgemeinen Nutzen, wie die Stromversorgung, gegen Menschenleben verrechnen, gehören zum Alltag des Soziallebens. Jedes Recht nimmt nicht nur den Tod von Polizisten und Feuerwehrleuten in Kauf, von Bauarbeitern, Seeleuten und Technikern, sondern von jedermann, denn auch die Entscheidung über den Abstand von Notrufsäulen und die Dichte von Rettungsstationen verrechnet Kosten gegen Menschenleben. Aus der eigenen Sicht mag der Wert des eigenen Lebens mit unendlich zu veranschlagen sein, ein Kollektiv kann aber in einer indeterminierten Welt nur existieren, wenn es das Leben seiner Individuen mit einer endlichen Größe veranschlagt. Jedes Kollektiv, das Kernkraftwerke baut, darf also sehr wohl Menschenleben riskieren, es darf aber nie seine eigene Existenz aufs Spiel setzen. Es ist leicht zu erkennen, daß Kernkraftbefürworter und Kernkraftgegner aneinander vorbei diskutieren müssen, da sich beide individualistischer Argumente bedienen. Der entscheidende Punkt ist aber, daß manchen (oder allen?) Kernkraftwerken wohl ein Risiko-Kalkül zugunde liegt, das für Individuen geboten, für deren Obersysteme aber „verboten" ist. Soviel zu den Vorgaben der Evolution für den Aspekt „Sicherheit" bei Kernkraftwerken.

Zum Schluß noch eine Klarstellung: Unsere Hypothese betrifft die Programmierebene des Rechts, sie sagt folglich nichts dazu, ob man auf Kernkraft oder Sonnenenergie setzen sollte; sie kann auch nicht sagen, ob der Bau von Kernkraftwerken moralisch oder unmoralisch ist.

Zusammenfassung:

Ein Sicherheitskalkül, das sich an dem Satz orientiert „je unwahrscheinlicher das Ereignis, desto höher darf der mögliche Schaden sein", stammt aus dem Risikokalkül der Individuen. Seine Übertragung auf Obersysteme widerspricht der Zuteilung von Glücks- und Strategiespielen in der Natur.

## 4.8 Paritätische Mitbestimmung: verbotene Symmetrielage

Die Regeln des Sports und der Gesellschaftsspiele sorgen dafür, daß ständiger Spielfluß herrscht, bis das Ziel des Spiels erreicht ist (vgl. Kapitel 3.2, S. 78 ff.). Solange der Spielfluß andauert, bilden die Wettbewerber ein geordnetes, soziales System. Deshalb kann man auch sagen: Die Regeln sorgen für die Systemerhaltung. Wir haben dies als ihren Zweck oder ihre Teleonomie bezeichnet. Um diesen Zweck zu erreichen, muß in jeder Entscheidungslage eine Entscheidung fallen. Dies ist die Grundfunktion aller Normen (Entscheidungsfelder); sie sagen, was man in welcher Lage tun soll. Da Sportler und Spieler ihre Wettbewerbe auf vorgeschriebenen Spielfeldern mit vorgeschriebenem Gerät austragen, können die Regeln alle Entscheidungslagen vorauswissen. Unklarheiten können nur solche des Sachverhalts sein, z. B. ob der Ball im Tor war. Unklare Entscheidungslagen unterbrechen den Spielfluß und destabilisieren das soziale System. Entscheidungen, z. B. des Schiedsrichters, restabilisieren das Spiel, das System, wieder – selbst wenn sie falsch sind.

Die „ernsten Spiele" der Evolution und der kulturellen Evolution finden auf veränderlichen „Spielfeldern" statt, denn die biologische, technische und soziale Umwelt wandelt sich ständig. Dadurch tritt eine neue Art von Entscheidungslagen auf: Der Fall, die neue Umwelt, also das Auftauchen neuer Krankheitserreger oder neuartiger technischer Gefahren, ist im Programm nicht vorgesehen. Das ererbte, erlernte oder erdachte Programm hat diesen Fall, diese neue Umweltsituation, nicht vorausgewußt. Zur Lösung braucht man nicht nur einen Schiedsrichter, der feststellt, von welchem Sachverhalt auszugehen ist, sondern einen Programmfortschreiber, der für den Selbstlerneffekt des Programms sorgt. In der Natur ist dies nach Auffassung der Biologie der Zufall in Gestalt zufälliger Mutationen oder eines zufälligen, neu erlernten Verhaltens. Das menschliche Sozialleben institutionalisiert die Programmfortschreibung (vgl. Kapitel 3.8,

S. 131 ff.). Im Bereich des Rechts sind Gesetzgeber und richterliche Rechtsfortbildung mit dieser Aufgabe betraut. Wenn unlösbare Fälle auftreten und kein Programmfortschreiber bereit steht und tätig wird, entsteht eine Lage, die man in den Naturwissenschaften als Symmetrielage bezeichnet. Die Situation muß rasch durchlaufen werden, da sie das System instabil macht, aber die Information zur Überwindung dieser Lage fehlt noch. Auch soziale Systeme bleiben nur stabil, wenn in allen Entscheidungslagen Entscheidungen fallen, sei es in der Familie über das nächste Urlaubsziel, in der langfristigen Vertragsbeziehung über die Anpassung der Höhe von Zahlungen, über die Besetzung von vakanten Posten usw. Wir können also sagen, das Recht muß für seinen Selbstlerneffekt sorgen. Wir können auch sagen: Die Symmetrielage ist „verboten". Beide Aussagen sind Kehrseiten derselben Medaille. Die Gesetzgebung trägt diesem Verbot der Symmetrielage mit der Zuweisung von Entscheidungskompetenzen an bestimmte Institutionen und Organe Rechnung. Innerhalb dieser Einrichtung verhindert sie Symmetrielagen mit sinnreichen Regelungen wie z. B. der Festlegung einer ungeraden Zahl von Abgeordneten in den Parlamenten. Dem gleichen Zweck dient es, Spruchkörper der Gerichte mit einer ungeraden Zahl von Richtern zu besetzen. Bei Kassationsgerichten, die nur Ja/Nein-Entscheidungen fällen, ist eine gerade Zahl unschädlich, wenn das Verfahrensgesetz für den Fall der Stimmengleichheit z. B. die Klageabweisung vorschreibt.

Gesetze müssen aber nicht nur die Programmfortschreibung für das Recht regeln, sondern für alle sozialen Gebilde, die Schöpfungen des Rechts sind. Dazu gehören alle Einrichtungen des Staates und des Marktes, also Behörden, Forschungs- und Bildungsstätten, Vereine und Unternehmen, zu deren Existenz vorwiegend erdachte Programme notwendig sind: Statute, Satzungen, Richtlinien, Weisungen usw. In ihnen muß das Recht Pattsituationen der Entscheidungsgremien verhindern, da sie die Fortschreibung der internen Programme ebenso verhindern würden, wie es bei einer geraden Zahl von Abgeordneten im Parlament geschehen könnte.

Die paritätische Mitbestimmung mit einer geraden Zahl von Vertretern im Aufsichtsrat wäre folglich nach unserer Theorie „verboten", da sie das Patt sogar zum Prinzip erheben würde. Zur Klarstellung sei noch hinzugefügt, daß diese Auffassung nicht zur Entscheidung des Bundesverfassungsgerichts in Widerspruch steht, das die paritätische Mitbestimmung für verfassungskonform ansieht. Das Bundesverfassungsgericht entscheidet über Vorgaben der Verfassung, hier ist von Vorgaben der Evolution die Rede. Es ist teuer, gegen die Natur zu handeln, aber nicht verfassungswidrig.

In vorrationalen und vorrechtlichen, dem Nahbereich zuzurechnenden sozialen Beziehungen wie Freundschaften, Partnerschaften und im Eltern-Kind-Verhältnis laufen irrationale Entscheidungsprozeduren ab, mit denen die dort vorherrschenden, erlernten Programme – gemeinsame Sitten, Gebräuche usw. – fortgeschrieben werden. Dort braucht der Gesetzgeber keinen internen Symmetriebrecher zu installieren. Für Extremfälle, wie z. B. die gesellschaftlich notwendige Namensgebung für ein neugeborenes Kind, steht ein Vormundschaftsrichter bereit.

Wenn es eine Vorgabe der Evolution ist, in Systemen des sozialen Fernbereichs keine Pattsituation mit anschließender Symmetrielage zu dulden, dann muß stets ein Symmetriebrecher, ein Programmfortschreiber, also eine Einzelperson oder eine Mehrheit mit letzter Entscheidungskompetenz ausgestattet werden. Die biologische Evolution gibt auch einen Hinweis darauf, was bei der Vergabe von Entscheidungskompetenz zu beachten ist. Wenn durch eine Mutation des genetischen Programms eine neue Verhaltensvariante auftaucht, liegt zunächst nur eine unerprobte, reine Information vor, ein Stück Programm, das seine Bewährung noch nicht bestanden hat. Man könnte es als eine Hypothese der Art über neues Verhalten bezeichnen. Diese Hypothese ist immer an einen bestimmten Träger, ein Individuum, gebunden; der Inhaber der Hypothese ist auch sein eigenes „Versuchskaninchen". Das gleiche gilt für erlernte Programme; wenn ein Vogel ausprobiert, ob ihm chemisch vorbehandeltes Saatgut zuträgliche Nahrung ist, trägt er das Risiko der Vergiftung, also das Risiko der Unrichtigkeit seiner Hypothese. Die Chance der Bestätigung seiner Hypothese realisiert er ebenfalls selbst.

Erst in der kulturellen Evolution kann der Fürst dem Mundschenk das Risiko der Vergiftung aufbürden, während er selbst nur die Chance der Genußtauglichkeit des Weins realisiert. Bei Tierversuchen bürdet der Mensch das Risiko seiner wissenschaftlichen Hypothesen sogar einer anderen Art auf. Gesetze und andere verbindliche Programme der Kulturevolution haben nun die Eigenschaft, nicht nur einzelne Individuen, sondern das ganze, von der Regelung erfaßte, soziale System dem Selbstversuch zu unterwerfen, denn jede neue Vorschrift ist nun einmal nur eine Hypothese über geeignetes Sozialverhalten, bevor sie in Kraft tritt. Das Ausmaß der Betroffenheit kann aber unterschiedlich sein. Es liegt auf der Hand, daß der Selbstversuch die stärkste Motivation zur Schaffung wohl durchdachter Hypothesen ist.

Dieses Wissen ist in der kulturellen Evolution weit verbreitet. Solange Richter nur ein Schiedsrichteramt ausüben, genügt es, für ihre Unabhängigkeit zu sorgen. Rechtsschöpferische Urteile sind herkömmlich Richtern der obersten Gerichtshöfe vorbehalten, also Richtern, die eine wissenschaftliche Reputation in ihre Tätigkeit einbringen und sie mit falschen Urteilen zu verlieren drohen. Zur Zeit der Hanse ließ man Flottenbefehlshaber – ehrenvoll – hinrichten, wenn sie trotz numerischer Überlegenheit im Kampf unterlegen waren. Ein recht ursprünglicher Umgang mit den Trägern falscher Hypothesen. Es ist generell üblich, daß man alle Programmfortschreiber besonders leicht aus ihren Positionen entfernen kann, Minister, Staatssekretäre, Parlamentarier, Spitzenbeamte, Fußballtrainer, Regisseure, Vorstandsmitglieder usw. Selbst Kinder praktizieren dieses Erfolgsrezept der Evolution: Wer das letzte Stück Kuchen erhält, teilt am gerechtesten. Der Rechtsphilosoph John Rawls hat den Kindern dieses Prinzip abgeschaut und es der Rechtswissenschaft als besonders faire Methode des Teilens empfohlen. Eine mehrere Milliarden Jahre alte Weisheit der Evolution sagt also: In einem System soll derjenige Programmfortschreiber sein, den falsche Entscheidungen am härtesten treffen. Damit kann sich der Gesetzgeber aussuchen, wem er in einem Unternehmen das letzte Wort gibt.

Das heutige Unternehmensrecht läßt die Kapitalgeber die alltäglichen Fehlentscheidungen ausbaden, denn sie sind die einzigen, die keine festen vertraglichen Ansprüche auf einen Anteil an der Wertschöpfung haben, sondern nehmen müssen, was übrig bleibt, mag dies Gewinn oder Verlust sein. Ihr Verlust ist aber nicht nur ihr persönlicher Schaden, der Verlust des Kapitals gefährdet und zerstört schließlich das Unternehmen. Das Recht konstruiert die heutigen Unternehmen für ein „ewiges" Leben: In ihnen ist alles vergänglich und dem Wandel unterworfen, die Menschen, die Anlagen, das Know-how usw.; solange ihr Kapital erhalten bleibt, ist ihre Existenz gesichert. Deshalb sind die Kapitalgeber eine Gruppe, bei der der Gegensatz zwischen Sinn – persönliche Bereicherung – und Zweck – Erhaltung des Unternehmens – am stärksten aufgehoben ist. Es ist also im Sinne unserer Hypothese, wenn die Anteilseigner das Sagen in den heutigen Unternehmen haben.

Die Gesetzgebung könnte aber auch versuchen, nichtkapitalistische Unternehmen zu konstruieren, in denen die Arbeitnehmer ihre festen Gehaltsansprüche gegen Gewinnbeteiligungen eintauschen, während die Kapitalgeber Zinsansprüche erhalten. In solchen Unternehmen wäre der Belegschaft die letzte Entscheidungskompetenz zu geben. Auch die faktische Herrschaft der Vorstände, wie sie für große Publikumsgesellschaften charakteristisch ist, entspricht nicht unserer Hypothese. Hier müßten die Manager z. B. statt mit Gehältern mit Aktien des eigenen Unternehmens bezahlt werden, um sie mit den Folgen ihrer Grundsatzentscheidungen zu konfrontieren und damit auch bei ihnen den Widerspruch zwischen Sinn und Zweck gering zu halten.

Gemeinnützige, insbesondere drittnützige, von Spenden und staatlichen Mittelzuweisungen lebende Unternehmen sind nach unserer Hypothese völlige Fehlkonstruktionen. Während gewinnorientierte Unternehmen auf Maximierung des Eigennutzes angelegt sind und von denen beherrscht werden müssen, die den größten Vorteil bzw. Nachteil von der Selbsterhaltung des Unternehmens haben, wollen drittnützige Organisationen den Interessen der Allgemeinheit, der Armen, Hungernden usw. dienen. Es wäre konsequent, sie von denen beherrschen zu lassen, die den größten Vorteil von der Maximierung des Drittnutzens hätten, also von den Begünstigten. Das ist nicht möglich, die „Allgemeinheit" bedürfte einer Vertretung, und die Hungernden, Armen, Frierenden, Süchtigen und Kranken haben normalerweise keine Qualifikation zur Führung eines Unternehmens. So werden gemeinnützige Einrichtungen von ihren Belegschaften, Führungsgremien, Beiräten usw. beherrscht, die von sich behaupten, sie hätten die Anliegen der Begünstigten zu ihren eigenen gemacht. Das kann sein oder nicht, jedenfalls fördert das Recht nicht die Maximierung des Drittnutzens. Begünstigte Dritte, Belegschaft und Führungspersonal haben zwar ein gemeinsames Interesse an der Maximierung von Spenden und Zuschüssen, an der Minimierung der Kosten sind aber nur die Dritten interessiert. Man könnte z. B. daran denken, die Gehälter des Führungspersonals nach einer Größe zu bemessen, die von der Quote aus Spendenaufkommen und Verwaltungskosten abhängt. Dann wäre wenig dagegen einzuwenden, dem Vorstand die letzte Entscheidungskompetenz zu geben, denn dann ginge dessen Eigeninteresse (Sinn) mit dem Zweck der Organisation (Maximierung des Drittnutzens) durch hohe Spenden und Minimierung der Verwaltungskosten konform. Eine andere Möglichkeit wäre die Umgestaltung des Rechnungswesens.

S. Literaturhinweise 2.5, 3, 4.3.

## Zusammenfassung:

1. Das Recht muß in allen vorwiegend rationalen Systemen des Soziallebens für den Selbstlerneffekt der teleonomen Wenn-Dann-Programme sorgen; einmal für das Recht selbst, aber auch für Satzungen, Statute und sonstige Handlungsprogramme. Ohne Selbstlerneffekt des Programms geraten die Systeme in destabilisierende Symmetrielagen. Eine vollkommen paritätische Mitbestimmung bei gerader Mitgliederzahl des Entscheidungsgremiums würde deshalb einer Vorgabe der Evolution widersprechen.
2. Es ist ein Erfolgsrezept der Natur, Entscheidungen mit Wegweiserfunktion jenen zuzuweisen, die den größten Nutzen oder Schaden aus der Entscheidung ziehen werden. Dem entspricht es, in den heutigen, kapitalistischen Unternehmen die letzte Weisungsbefugnis der Kapitalseite zuzuweisen. Die Gesetzgebung könnte auch nichtkapitalistische Unternehmen konstruieren, bei denen die Entscheidungsbefugnis der Arbeitnehmerseite zuzuweisen wäre.
3. Drittnützige (gemeinnützige) Unternehmen sind Fehlkonstruktionen, da bei keinem Entscheidungsträger ein ökonomisches Interesse an der Maximierung des Drittnutzens gegeben ist. Deshalb schafft das Recht eine Tendenz zur Ausbreitung von Ineffektivität und Ineffizienz.

## 4.9 Ausländerpolitik: Geld und Moral zu Lasten Dritter

Unsere Hypothese betrifft nicht die Inhaltsebene des Rechts, sondern seine Programmierebene. Deshalb ist sie prinzipiell ungeeignet, Rechtsinhalte zu bestätigen; sie kann sagen, wie man programmiert, sie kann auch nicht Programmierbares ausmachen, sie kann aber nicht sagen, was man programmieren sollte. Folglich kann sie weder Befürwortern von multikulturellen Gesellschaften, noch von Einwanderung, von Abschottung, von Apartheid, von Identität, von Integration oder sonstigen politischen Positionen einer Ausländerpolitik Argumente liefern. Sie kann aber zeigen, daß wir Gesetze haben, die unsere politischen Ziele konterkarieren, und daß Programmierfehler die Ursachen dieser Zielverfehlung sind.

Betrachten wir zunächst die Gastarbeiterpolitik der Jahre 1961 bis 1974. Seit Ende der fünfziger Jahre waren Arbeitskräfte der wesentliche Engpaß der deutschen Wirtschaft. Das Problem verschärfte sich, als der Bau der Berliner Mauer den Zustrom von Menschen aus der DDR beendete. Ungelernte und angelernte Kräfte, Facharbeiter und Akademiker waren gleichermaßen gesucht; Putzfrauen und Babysitter verlangten horrende Bezahlung. Zwischen den Unternehmen fand ein Wettbewerb um Arbeitskräfte statt. Bei diesem Wettbewerb verloren die Branchen von gestern – Landwirtschaft, Eisen und Stahl, Kohle, Textil, Gastronomie, manche Zweige des Handels, häusliche Dienste – Arbeitskräfte insbesondere an die Zukunftsbranchen – Banken, Versicherungen, Medien, Post, Chemie, Automobilbranche und Elektrotechnik.

Dieser Vorgang ist nicht sehr bemerkenswert, sondern für eine gesunde, in dynamischer Entwicklung begriffene Wirtschaft typisch. Es gehört zu den Eigentümlichkeiten der deutschen Wirtschaft, ständig neue Produkte zu entwickeln, die entweder als solche eine Spezialität sind oder deren Herstellung ein spezialisiertes Wissen und Können erfordert. Diese Wirtschaft wechselt ihre Produktionspalette verhältnismäßig schnell aus; ein Produkt beginnt seine Karriere als Spitzenerzeugnis, dann wird es zum hochwertigen Serienprodukt, zum selbstverständlichen Allerweltsprodukt und ist schließlich technisch ausgereizt. Wenn z. B. die Störquellen in einer Stereo-Anlage jenseits der Hörschwelle liegen, werden weitere Verbesserungen zur Spielerei. Irgendwann in der Karriere des Produkts kann die deutsche Wirtschaft es nicht mehr auf Exportmärkten verkaufen, eventuell fängt man an, es zu importieren.

Diese Wirtschaft rief nun nach Arbeitskräften und erhielt etwa eine Million ungelernte Gastarbeiter, vorwiegend aus den Mittelmeerländern. Eine populäre Begründung lautete damals: „Die Deutschen wollen keine Dreckarbeit mehr machen." Eine rationalere Beschreibung des Problems hätte gelautet: „Manche Unternehmen saßen auf unverkäuflichen Arbeitsplätzen." Nachdem die Arbeitskräfte erst einmal da waren, sagten die Unternehmen unisono: „Wo wären wir ohne unsere Gastarbeiter, dann könnten wir unseren Laden zumachen!" Die Gewerkschaften behaupteten, die Gastarbeiter hätten unseren Wohlstand vermehrt. Den Herkunftsländern besserten die Überweisungen der Gastarbeiter die Zahlungsbilanz auf.

Betrachtet man das Geschehen nicht aus der Sicht der begünstigten Gruppen, sondern aus der Sicht der betroffenen Volkswirtschaften, so gelangt man zu einem ungünstigeren Urteil:

*1. Die deutsche Gastarbeiterpolitik hat den Volkswirtschaften der Herkunftsländer vermutlich geschadet.*

Die Gastarbeiter stellten eine positive Selbstauswahl dar, da die Interessenten sich durch Arbeitswilligkeit, Mobilität und vermutlich weitere positive Eigenschaften aus der Gesamtbevölkerung heraushoben. Aus dieser Gruppe wählten die deutschen Behörden im Interesse der Arbeitgeber noch einmal aus; die Arbeitskräfte mußten jung, gesund und belastbar sein und sollten möglichst noch ein Minimum an handwerklichem Können mitbringen. Die deutsche Politik nahm den Herkunftsländern also gerade die Kräfte ab, die dort als Träger einer wirtschaftlichen Aufwärtsentwicklung in Betracht kamen. Der Devisentransfer der Gastarbeiter kam den zunächst im Heimatland verbliebenen Familien zugute, die das Geld aber nur für konsumtive, nicht für investive Zwecke verwendeten, allenfalls für ihren privaten Hausbau. Der volkswirtschaftliche Nutzen des Devisentransfers war also beschränkt.

*2. Die deutsche Gastarbeiterpolitik hat der deutschen Volkswirtschaft vermutlich geschadet.*

Es ist ganz unwahrscheinlich, daß ein massiver Zustrom ungelernter Kräfte einer Wirtschaft nützt, deren herausragende Eigenart die Produktion von Spezialitäten ist. Zum Produktionsprofil einer Volkswirtschaft gehört ein entsprechendes Befähigungsprofil ihrer Arbeitskräfte. Die Korrespondenz dieser Profile wurde durch den Zustrom ungelernter Kräfte gestört. Das zeigt sich an den Wanderungsbewegungen; nicht die Zukunftsbranchen, sondern die Branchen von gestern waren auf ausländische Kräfte angewiesen. Dadurch wurde der notwendige Strukturwandel unterbrochen. So konnte z. B. die eisenschaffende Industrie fortbestehen und mit herbeigeholten Arbeitskräften, importierten Erz, subventionierter Kohle und einer Allerweltstechnik in subventionierten Betrieben Produkte herstellen, die sich selbst auf einem gegen die Schwellenländer abgeschotteten Markt nur in Konjunkturzeiten problemlos absetzen lassen. Die Bundesbahn konnte mit Gastarbeitern ihren Rangierbetrieb aufrecht erhalten, dessen Technik sie aus Mangel an Kapital nie wesentlich über den Stand von 1920 hinausgehoben hatte.

3. *Nutznießer der Gastarbeiterpolitik waren neben den Branchen von gestern die Gastarbeiter selbst und die wohlhabenden deutschen Haushalte.*

Der Nutzen für die Gastarbeiter liegt auf der Hand, sie erhielten in der Bundesrepublik Deutschland höhere Löhne als in ihrer Heimat, ohne deshalb mehr arbeiten zu müssen; außerdem konnten sie die bessere Infrastruktur nutzen, insbesondere die Segnungen des Sozialstaates, zu dessen Unterhaltung sie mangels Qualifikation nur wenig beitragen konnten. Die wohlhabenden deutschen Haushalte fragen Dienstleistungen nach, die in weniger wohlhabenden von den Haushaltsmitgliedern erbracht werden: putzen, waschen, Kinderbetreuung, Gartenarbeiten, kleine Reparaturen. Da mit der Einwanderung die Konkurrenz unter den ungelernten Kräften zunahm, stabilisierten sich die Preise für diese teilweise schwarz erbrachten Dienstleistungen, so daß sie für größere Personenkreise wieder erschwinglich wurden. Entsprechend verminderten sich die Chancen für ungelernte deutsche Kräfte.

Die Gastarbeiterpolitik war also ein Vorgang, der den beteiligten Volkswirtschaften – den Systemen – schadete, einigen beteiligten Gruppen – Systemteilnehmern – aber nützte. Die Ursachen liegen klar zutage, die begünstigten Unternehmen und privaten Haushalte durften den Nutzen der herbeigeholten Arbeitskräfte beziehen, ohne für die Sozialkosten der Menschen, schon gar nicht den der nachgeholten Familien, aufkommen zu müssen. Einwanderung in einen Sozialstaat ist etwas anderes als Einwanderung in die USA des 19. Jahrhunderts. Das wissen die klassischen Einwanderungsländer am besten. Während sie im letzten Jahrhundert jeden Einwanderer aufnahmen, aber allein ließen, wählen sie heute aus; soweit für die Einwanderung ökonomische Beweggründe gelten, muß der Einwanderer eine gesuchte berufliche Qualifikation oder Kapital mitbringen. Die Gastarbeiter, die die Bundesrepublik aufnahm, hätten in den klassischen Einwanderungsländern keine Aufnahmechancen gehabt.

Unsere politischen Absichten besagten stets das Gegenteil von dem, was die praktische Gastarbeiterpolitik tat: Förderung des Strukturwandels im eigenen Land! Milderung der Folgen für die betroffenen Menschen (aber nicht für die Unternehmen)! Förderung der sozial schlechter gestellten Schichten im eigenen Land! Förderung der weniger entwickelten Regionen der südlichen Handelspartner!

Bei allen Wanderungsbewegungen unserer Zeit, mögen sie Einwanderung, Gastarbeiterzustrom oder Massentourismus sein, ergibt sich ein gleiches Problem. Die Inanspruchnahme von Umwelt und Infrastruktur ist pro Person etwa gleich. Jeder beansprucht in etwa gleichem Umfang Straßen, Wasser, Energie, Landschaft, produziert eine annähernd gleiche Menge Abwässer und Abfall; jedes einzuschulende Kind verursacht annähernd gleiche Schulkosten. Nur der Nutzen der hereinkommenden Menschen ist für das die Infrastruktur bereitstellende Kollektiv sehr verschieden. Selbst das entfernteste Ferienland weiß inzwischen, daß der Massentourismus mehr Schäden an Infrastruktur und der Volkswirtschaft als ganzem hervorruft, als er den begünstigten Gruppen an Nutzen bringt. In entsprechender Weise dürfte sich ein einseitiger Zustrom ungelernter Arbeitskräfte auswirken.

Es wäre im Sinne unserer Hypothese, die Nutznießer solcher Wanderungsbewegungen, die Kosten bzw. die Beteiligung der zugewanderten Menschen an der Infrastruktur bezahlen zu lassen. Wer touristische Bettenburgen baut, müßte Bettenkonzessionen ersteigern, und Unternehmen, die ausländische Gastarbeiter beschäftigen wollen, müßten Beschäftigungskonzessionen ersteigern. Wäre man damals so vorgegangen, hätten die Unternehmen überlegen müssen, inwieweit ihre nichtbesetzbaren Arbeitsplätze exportierbar waren. Statt mit ausländischen Arbeitskräften von subventionierten deutschen Obstbäumen Kirschen pflücken zu lassen, die mit subventionierten landwirtschaftlichen Fahrzeugen zu subventionierten Marmeladefabriken gebracht werden, wo ausländische Fließbandarbeiter sie mit subventioniertem Zucker zu Marmelade verarbeiten, die man auch noch in Mittelmeerländer verkaufen möchte, wäre es wahrscheinlich ökonomischer gewesen, in die Mittelmeerländer Marmeladefabriken und das Know-how zum Betreiben zu verkaufen und die Marmelade von dort zu importieren. Das heißt, eine unserer Hypothese entsprechende Gesetzgebung hätte statt zum Import von Arbeitskräften möglicherweise zum Export von Kapital und Know-how und zu einer bleibenden Kooperation der beteiligten Volkswirtschaften geführt, was den Zielen unserer Politik entsprochen hätte.

Seit dem Anwerbestop für ausländische Arbeitskräfte von 1974 geht der Zustrom von Ausländern weiter; er wird aber nicht mehr mit verfehlten ökonomischen, sondern mit humanitären Begründungen zugelassen, insbesondere als Familienzusammenführung und Asylgewährung. Wir betrachten nur die Asylgewährung. Dem Asylrecht des Artikel 16 GG fehlt von vornherein die Zweckdimension, die Teleonomie; die Vorschrift ist nur individuumorientiert, also teleologisch. Die Vorschrift fragt nicht nach dem Nutzen des Staates, wenn es darum geht, einem Verfolgten Schutz zu gewähren. Solche Regeln sind als isolierte Normen mit unserer Hypothese verträglich. Bei statischen Konstruktionen finden wir ihre Entsprechung z. B. in der „nutzlosen" Kunst am Bau, in „nutzlosen" Galionsfiguren oder als „nutzloser" Chromzierat an Autos. Auch die Natur hat gelegentlich beim Körperbau der Tiere Merkmale hervorgebracht, die keine Nutzendimension haben und nur „schön" sind. Solange niemand die Dinge auf den Kopf stellt und behauptet, der Zweck des Autos sei es, Chromzierat zu tragen, der Zweck des Gebäudes sei die Kunst am Bau, und die Asylgewährung gehöre zu den Staatszwecken, ist das Asylrecht ein erwärmender Farbtupfer in der Kühle einer Rechtsordnung.

Die Asylgewährung hat eine Nahbereichs- und eine Fernbereichsdimension. Betrachtet man einen bestimmten Menschen, der aus einem fremden Erdteil zu uns kommt, um hier aufgenommen zu werden, wo es bessere Nahrung, Unterkunft und Lebenschancen gibt, so ist eigentlich nicht sehr wichtig, ob er auch noch verfolgt ist. Man möchte ihm helfen, jedermann wird es als human ansehen, einem Menschen aus der Dritten Welt hier beizustehen und ihn nicht wieder in die Chancenlosigkeit seines Heimatlandes zurückzuschicken. Stellt sich dann auch noch heraus, daß es in seinem Heimatland keine Freiheit in unserem Sinne gibt, dann mag niemand die Verantwortung für seinen Rücktransport auf sich nehmen, selbst wenn er nicht verfolgt ist. So kommt es, daß nur 8,5 % der Asylbewerber auch Asyl erhalten, fast alle dürfen gleichwohl in der Bundesrepublik Deutschland bleiben. Sieht man die Dinge nicht aus der Sicht dessen, der persönlich mit einem Asylbewerber zu tun hat, so ergibt sich ein anderes Bild, eine abstrakte, eine Fernbereichsbetrachtung. Auf dieser Welt bekennen sich zwar alle Staaten zu Menschenrechten, aber nur die westlichen Nationen verstehen und praktizieren sie auch so wie wir. Anders gesagt: Unfreiheit ist auf dieser Welt die Regel, Freiheit in unserem Sinne die Ausnahme. Wer in Staaten der zweiten, dritten und vierten Welt Freiheiten im Sinne des Grundgesetzes fordert, muß mit Nachteilen oder Verfolgung rechnen. Darüber hinaus werden viele Menschen verfolgt, obwohl sie ein Arrangement mit dem unterdrückenden Staat suchen.

Milliarden Menschen werden also unterdrückt, einige hundert Millionen Menschen mit Verfolgung bedroht, einige zig Millionen verfolgt. Wenn unser Staat nun einigen wenigen dieser Verfolgten durch Asylgewährung hilft, so muß sich eine Gerechtigkeitsidee (Sinndimension) angeben lassen, um gerade diesen beizustehen. Diese Gerechtigkeitsidee ist nicht mehr zu erkennen. Der Umgang mit den Menschen aus Afghanistan wirft ein bezeichnendes Licht auf die Wirkungen der Norm. Fünf bis sechs Millionen Menschen flohen vor Krieg, Invasion und Unterdrückung ins Ausland, etwa vier Millionen nahm Pakistan auf, etwa zwei Millionen der Iran, 40 000 gelangten nach Europa. Diese 40 000 kamen aus der Führungsschicht, es waren die Träger des Know-how dieses unglücklichen Volkes: Ärzte, Piloten, Ingenieure, Unternehmer. Gleichzeitig waren es jene, die in der gemeinsamen Not die geringste Solidarität mit dem eigenen Volk besaßen. In Europa nahm man sie als Verfolgte auf und bemühte sich, sie mit Geld, Unterkunft und Arbeitsmöglichkeiten zu versehen, d. h. de facto zu integrieren. Betrachtet man das objektive Endergebnis, so haben die europäischen

Länder dem afghanischen Volk die Träger des Know-how weggenommen, genau jene Menschen, die beim Wiederaufbau des Landes durch keine Entwicklungshilfe zu ersetzen sind. Das Asylrecht kam also gerade jenen zugute, die unter den Verfolgten am wenigsten schutz- und hilfebedürftig waren.

Bei anderen Ländern dürften die Dinge kaum besser liegen. De facto hilft das Asylrecht jenen, die Geld haben, zumindest um das Flugticket zu bezahlen, die clever sind, so daß sie den Visumzwang unterlaufen können. Es ist aber unter keinem denkbaren Gesichtspunkt gerecht, aus dem Heer der Verfolgten gerade den Reichsten und Cleversten beizustehen. Hinzu kommt, daß die Hilfe vor Ort – etwa für Flüchtlingslager – um ein Mehrfaches billiger und wirksamer wäre als die Ausgaben für nach Deutschland geflüchtete Asylanten.

Wenn bei einem Unglück 30 Menschen verletzt werden und der einzige Arzt jenen zuerst hilft, die am schnellsten zu ihm gelangen, so mag dies human sein. Das Recht müßte diese Handlungsweise aber verwerfen, denn sie ist unter keinem denkbaren Gesichtspunkt gerecht. Das Recht verlangt von ihm, jenen zuerst zu helfen, die seine Hilfe am nötigsten haben. Das sind bestimmt nicht jene, die ihn am schnellsten erreichen.

Da es sicher nicht das Ziel unserer Politik ist, auf die Reichsten und Cleversten unter den Verfolgten ein Maximum an Hilfe und Unterstützung zu konzentrieren, ist Artikel 16 GG, der eben dies bewirkt, eine völlig verfehlte Norm. Nach unserer Hypothese fehlt ihr die Zweckdimension, was für sich allein nicht schlimm wäre. Ihr fehlt aber unter den Verkehrsverhältnissen der heutigen Zeit auch jede Orientierung einer Gerechtigkeitsidee. Die Sinndimension von Normen ist allein die Gerechtigkeit; eine völlig ungerechte Norm kann nicht durch Berufung auf ihre humanen Wirkungen gerechtfertigt werden. Die Humanität des Nahbereichs sieht die einzelnen Opfer und hilft. Eine Humanität des Fernbereichs weiß stets um die Vielzahl der Opfer und sucht nach Normen, deren Anwendung die verfügbare Hilfe nach Kriterien der Gerechtigkeit auf die Opfer verteilt.

Auch dann, wenn sie die Opfer vor der eigenen Haustür übersehen müßte.

Das Verbleiben der Asylbewerber, auch der abgelehnten, löst weitere ungünstige Wirkungen aus. Sie sind eine Chance für andere, Geld und Moral zu Lasten Dritter zu erwerben; Rechtsanwälte, Vermieter, Betreuer lassen sich ihre Dienste vom Steuerzahler entgelten, der dagegen keine Rückkopplungsmöglichkeiten besitzt. Kirchenleute, Schriftsteller und Politiker erlangen Moral zu Lasten Dritter, denn die finanziellen Folgen ihrer humanen Forderungen tragen nicht sie, sondern wiederum der Steuerzahler. Das dadurch ausgelöste Ausklinken von Motivationen führte zum Entstehen einer Asylantenlobby, die jede Änderung des Grundgesetzes verhindern kann. Diese Lobby tut sich leicht, denn ihre verfehlte, emotionale Argumentation entspricht unseren ererbten Formen der Anschauung. Das Opfer, das wir im Fernsehen vor Augen haben, wiegt schwerer als das intellektuelle Wissen um Millionen andere, schwerer betroffene Opfer. Das Asylrecht ist also unvereinbar mit der von der Evolution vorgegebenen Systematik (Kapitel 3.2, S. 77 ff.) und mit dem Evolutionsprinzip des Aussteuerns von Motivationen (Kapitel 3.5, S. 105 ff.).

Ein dritter Verstoß betrifft den Satz „summum ius summa iniuria". Deutsche Gerichte sollen feststellen, ob der Asylbewerber in seinem Heimatland verfolgt wird, ob er wegen der Verfolgung oder aus anderen Motiven in die Bundesrepublik Deutschland gekommen ist. Auslandssachverhalte sind ohne Hilfe des fremden Staats kaum feststellbar, aber diese Hilfe ist hier untunlich. Innere Motive kann man gar nicht feststellen, außerdem handeln Menschen nicht aus reinen Motiven. Nach unserer Hypothese müßten deshalb Normen erlassen werden, die an einfach festzustellende Gegebenheiten anknüpfen und gleichwohl mit 90%iger Trefferquote die Feststellung erlauben, der Asylbewerber werde verfolgt und komme wegen der Verfolgung in die Bundesrepublik Deutschland. Wer aus seinem Heimatland flieht, wird vermutlich ein Land als Zuflucht wählen, das seiner Kultur am nächsten ist. Es liegt deshalb nahe, das Asylrecht nur Menschen zu gewähren, die aus Nachbarländern kommen und einer Personengruppe zugehören, die dort verfolgt wird. Damit wäre das Asylrecht wieder auf den Bereich eingeschränkt, der bei Entstehung des Grundgesetzes gemeint war: den Opfern der Diktatur in unserem Kulturkreis zu helfen.

S. Literaturhinweise 7.5.

## Zusammenfassung:

1. Die bis 1974 praktizierte Gastarbeiterpolitik erscheint allen Beteiligten (Gastarbeitern, deutschen Unternehmen, wohlhabenden deutschen Haushalten) ökonomisch nützlich, während sie der deutschen Volkswirtschaft und den Volkswirtschaften der Herkunftsländer vermutlich schadete. Das Recht, das dies ermöglichte, verstieß gegen das Erfordernis der Ambivalenz, indem es den Nutzen der Arbeitskraft den Beteiligten beließ, während es Kosten der zugewanderten Menschen anonymen Kollektiven aufbürdete. Ein analoger Fehler verursacht die zerstörende Wirkung des Massentourismus.
2. Die Asylproblematik entsteht durch mehrere Konstruktionsfehler des Artikel 16 GG. Die Norm hat durch die Veränderung der Umwelt (moderner Flugverkehr) ihre Gerechtigkeitssystematik verloren. In der heutigen Umwelt bewirkt sie, daß die reichsten und cleversten unter den Millionen Verfolgten ein Maximum an Hilfen erhalten. Sie verstößt gegen den Grundsatz „summum ius summa iniuria", und sie läßt eine Lobby der Helfer der Verfolgten entstehen, die immateriellen und materiellen Nutzen aus der Hilfe ziehen, während die Kosten der Steuerzahler trägt, dem das Recht jede wirksame Rückkopplung verweigert. Diese Lobby beherrscht die politische Diskussion, indem sie eine irrationale Humanität gegen rationale Gerechtigkeitsideen ausspielt.

## 4.10 EG-Recht: Trend zu verbotenen Kompromißlösungen

Neben der nationalen Gesetzgebung entwickelt sich zunehmend eine internationale Rechtsetzung. Die Zahl der weltweit gültigen Regelungen wird umfangreicher, die Bundesrepublik Deutschland ist in über 500 internationale Verträge eingebunden, denen sich jeweils eine große Zahl von Staaten unterworfen haben. Daneben entwickelt sich ein Recht auf der Ebene der Groß-Region, das EG-Recht. Diese Stufung entspricht unserer Hypothese, die zur Bewältigung der Unüberschaubarkeit und Indeterminiertheit der Welt eine Hierarchie von Entscheidungsträgern und eine dieser Hierarchie entsprechende Entscheidungskompetenz fordert (Kapitel 3.7, S. 123 ff.).

Leider ist das Recht der EG kein Glanzpunkt, es leidet an Krankheiten, die auch für das nationale Recht typisch sind. Da ist einmal die Gesetzesflut; so sind allein im Jahr 1987 ca. 4200 neue EG-Verordnungen erlassen worden. Da ist die Hektik, der größte Teil dieser Verordnungen ist kurzlebig. Die meisten betrafen den Agrarmarkt, sie dienten also dazu, etwas ökonomisch Unsinniges perfekt zu machen. Hinzu kommt ein weiteres Problem, das im nationalen Recht weniger ausgeprägt ist. Eine Verordnung oder Richtlinie ist das Ergebnis einer Abstimmung zwischen den Mitgliedstaaten, die meistens schon nationale Regelungen für diesen Gegenstand besitzen. So bringt jedes Land in die Diskussion um ein gemeinsames Lebensmittelrecht seine schon bestehenden Rechtsvorschriften ein.

Wenn Politiker an die Stelle von 12 nationalen Gesetzen eine gemeinsame Regelung setzen wollen, haben sie die Vorstellung, jeder müsse sich ein wenig auf die anderen zubewegen, dann erhalte man zwar keine Ideallösung, wohl aber ein gemeinsames Ergebnis, mit dem sich leben lasse. Diese Vorstellungen sind geeignet, das Recht der EG vollends zu ruinieren.

Solche Überlegungen haben für Preisverhandlungen ihre Berechtigung, dort ist jedes gemeinsame Ergebnis zwischen dem Grenzpreis des Verkäufers und dem Grenzpreis des Käufers annehmbar, beide werden aus dem Kompromiß einen Vorteil ziehen. Gesetze sind aber Programme, und schon aus zwei verschiedenen Programmen läßt sich nicht ohne weiteres im Kompromißweg ein sinnvolles drittes zusammenschreiben. Den ersten Hinweis für die Unzulässigkeit von Kompromissen gibt die biologische Natur. Sie kombiniert bei jeder sexuellen Vermehrung zwei sehr komplizierte genetische Programme miteinander, um ein neues drittes daraus zu formen, aber das Verfahren ist beschränkt. Nur die Programme von Artgenossen sind kombinierbar. Offenbar glaubt die Natur nicht, daß aus der Rekombination verschiedener Arten noch etwas Überlebensfähiges hervorgehen könnte.

Bei statischen Konstruktionen der kulturellen Evolution, wie z. B. Bauwerken, die unserer Anschauung besser zugänglich sind als dynamische, wie z. B. Märkte, denken wir wie die Natur. Bei öffentlichen Bauwerken pflegt man einen Architektenwettbewerb abzuhalten und den besten Entwurf zu verwirklichen. Niemand käme auf den Gedanken, den besten bis viertbesten Entwurf im Kompromißwege zu kombinieren. Je besser die Architekten, je mehr ihre Entwürfe „aus einem Guß" sind, desto weniger sind sie kompromißfähig.

In gleicher Weise pflegt man über konkurrierende technische Vorhaben zu entscheiden. Wollten die Politiker die Bürger mit einem gemeinsamen Euro-Wachtmeister beglücken, so käme niemand auf den Gedanken, seine Uniform und Ausrüstung im Kompromißwege zusammenzumixen, auf daß er, mit Rücksicht auf die Briten, keine Schußwaffe, aber mit Rücksicht auf die Italiener, Holster und Munition mit sich führe. Jedermann wäre aber überzeugt, die Ausbildungs-, Führungs- und Einsatzgrundsätze ließen sich beliebig kombinieren. Auch Programme, die sich leichter überschauen lassen als das Recht, sehen wir im allgemeinen nicht als kompromißfähig an; zwei jeweils sehr gute Trainingsprogramme lassen sich selten zu einem noch besseren dritten kombinieren, und die Kombination ärztlicher Behandlungsprogramme könnte tödlich ausgehen.

Ein Beispiel mag das Problem weiter vertiefen. Zwei Gastwirte schließen sich zusammen, um ein Restaurant mit „gutbürgerlicher" Küche zu betreiben. Der wirtschaftliche Erfolg bleibt aus. Auf der Suche nach einem Ausweg möchte nun der eine den Betrieb in einen Feinschmeckertreff verwandeln, der andere in ein Fast-Food-Lokal. Die Ideen sind nicht kompromißfähig. Es wäre fatal, wenn man sich darauf einigte, daß der eine seine Ideen zur Umgestaltung der Küche und der andere seine Ideen zur Umgestaltung des Speiseraums verwirklichen dürfte. Vielmehr müssen alle Neuerungen über Detailfragen zurückstehen, bis man sich auf die allgemeine Norm, den neuen Gesellschaftszweck, geeinigt hat. In der Sprache unserer Hypothese ausgedrückt, lautet der verallgemeinerte Befund: Programme müssen stets vom allgemeinsten Ziel zum Detail geschrieben werden (Kapitel 3.9, S. 139). Kompromisse über eine Norm sind also erst zulässig, wenn man sich über das nächsthöhere Prinzip geeinigt hat. Dies ist der biologischen Evolution abgeschaut, die Kreuzung von Vogel und Huftier wäre unbrauchbar, da keine Einigkeit über das Prinzip Laufen oder Fliegen besteht. Das Ergebnis wäre ein Tier, das vermutlich weder lauf- noch flugfähig wäre.

Man kann nun regelmäßig beobachten, wie sich das Recht aufbläht, nachdem es in Brüssel „harmonisiert" worden ist. So war das nationale Umsatzsteuerrecht eine für ein Steuergesetz recht gelungene Materie, bis es 1980 auf eine EG-Richtlinie ausgerichtet werden mußte. Die Vorschriften über den Ort der sonstigen Leistung vervielfachten z. B. ihren Umfang. Auch dem Bilanzrecht sieht man die Richtlinienentsprechung sofort an. Während der „nationale" allgemeine Teil Glanzstück moderner Gesetzgebungskunst ist, leiden die vereinheitlichten, für Kapitalgesellschaften geltenden Regelungen an unklarer Systematik und Kompliziertheit.

Nach den schlechten Erfahrungen mit dem Nationalstaat erwarten viele Menschen von internationalen Regelungen schon deshalb besseres, weil sie nicht national sind. Sie erwarten von einer Weltregierung als Gesetzgeber der Zukunft besseres, indem diese für alle Menschen gleiche Gesetze erläßt, überall für gleiche Lebensbedingungen sorgt und alle politischen Ebenen beseitigt, die sich zwischen Individuum und Menschheit eingeschoben haben. Eine andere Vision ist, daß die Völker und Staaten ihre Identität bewahren und nur ihren Umgang miteinander neu regeln. Demnach wäre nur ein internationales Recht zu schaffen, das überstaatlich ein Ergebnis herbeiführt, das innerstaatlich einmal das Strafrecht bewirkte: Statt alle Energien in Nullsummenspielen um endliche Ressourcen zu verschwenden, versucht man in gemeinsamer Anstrengung, die Ressourcen zu vermehren. Wenn es verboten ist, den der sät und erntet zu berauben oder ihn zu prellen, dann muß der Räuber das Säen und Ernten lernen. Demnach bestünde die Aufgabe eines internationalen Rechts vor allem darin, den „Raub" auf Staatsebene und das Plündern gemeinsamer Ressourcen zu unterbinden.

Nach unserem Denkansatz ist die zweite Version vorteilhafter, denn die Lösungsidee der Evolution zum Überleben lautet Einheit und Vielgestaltigkeit. Die Existenz einer Biosphäre ist um so sicherer, je größer die Vielfalt der Arten ist. Die Existenz der Art ist am unsichersten, wenn alle Individuen genetisch gesehen „Zwillingsbrüder" wären. Die Art bedarf zum Überleben der genetischen Variabilität, also eines gewissen Maßes an Verschiedenheit der Individuen und ihrer Erbinformationen, so daß für alle Umweltlagen optimal angepaßte Vertreter verfügbar sind. Dennoch sind diese Individuen von gleicher Art und beachten im Umgang miteinander korrespondierende Regeln. Sie sind also sowohl gleichartig als auch vielgestaltig, ähnlich und doch anders (vgl. auch S. 116 ff.).

Da Gesetzgebung die Evolution mit erdachten Programmen fortführt, dürfte die Existenz der Menschheit am besten durch ein Recht gewährleistet sein, das sich an diesem Erfolgsrezept der Evolution orientiert, das der Menschheit Einheit gibt und doch ihre Vielgestaltigkeit garantiert. Das internationale Recht sollte also die Menschheit zu einer Einheit verklammern, indem es die Staaten auf gemeinsame Prinzipien verpflichtet, vorrangig auf das Prinzip der Arterhaltung; die Beschränkung des Handlungsspielraums der nächsten Hierarchieebene sollte aber so gering wie möglich ausfallen. Für das Verhältnis der EG zu ihren Mitgliedstaaten gilt Entsprechendes. Leider sind die Tendenzen genau umgekehrt.

In der EG soll ein Binnenmarkt entstehen, also ein einheitlicher Markt, der größer ist als die Staaten. Den Binnenmarkt wünschen alle Unternehmen, die so groß oder so spezialisiert sind, daß sie auch jenseits der Staatsgrenzen Lieferanten, Käufer, Kreditgeber und Mitarbeiter benötigen. Diese Unternehmen sind Wettbewerber, und Wettbewerber wollen in erster Linie gleichen Regeln unterworfen sein; ob die gleichen Regeln auch gut sind, hat zweitrangige Bedeutung. Das begünstigt den Kompromiß, aber nicht die kompromißlose Suche nach den besten Regeln. Außerdem sind Unternehmen – insbesondere als Gesellschaften – ökonomische Gebilde, in ihrer kühlen Welt sind Steuern und Sozialabgaben nichts als Kosten und Gesetze, nichts als Rahmendaten, selbst wenn sie von Wald- und Tierschutz, von Kunst oder von Schwangeren handeln. Das führt dazu, in allen gesetzlichen Regeln Rahmendaten des Marktes zu sehen und nach gleichem Umweltschutz, gleichem Lebensmittel-, Sozial- und Steuerrecht zu rufen. Die darin liegende Tendenz gefällt vielen Idealisten, die hoffen, der Binnenmarkt werde den Bundesstaat EUROPA nach sich ziehen.

Unsere Hypothese sagt weder, man solle den Bundesstaat EUROPA schaffen, noch man solle es nicht tun, der Weg über den Markt ist aber verfehlt. Im Gegensatz zum Unternehmen sind Menschen nicht nur Marktteilnehmer, sondern gehören zahlreichen anderen sozialen Systemen und Systemen der Natur an; sie leben in Partnerschaften, Familien, Freundschaften, Nachbarschaften, in einer kulturellen Welt, zu der Musik, Literatur und Bauwerke gehören, in einer Landschaft, in der es Gärten gibt, in der Wälder nicht nur Holzlieferanten, Wiesen nicht nur Futterproduktionsstätten und Gewässer nicht nur Vorfluter sind. Die Vielfalt der Einbindungen zwingt das Individuum ständig zu Prioritätenentscheidungen: Was ist wichtiger, Karriere oder Familie, Geld oder Muße, üppig oder gesund leben? Diese Entscheidungen schlagen sich in den Strategien der Individuen nieder,

Menschen müssen immer wieder neu entscheiden, für welche Ziele sie Zeit und Geld opfern wollen.

Das gleiche tut der nationale Gesetzgeber. Als Haushaltsgesetzgeber entscheidet er darüber, wieviel Geld für äußere, innere und soziale Sicherheit auszugeben ist, für Forschung und Technik, Ausbildung, Kultur und Verkehrswesen. Mit anderen Gesetzen entscheidet er, was wichtiger ist, billiger Strom oder saubere Kraftwerke, ein niedriger Wasserpreis oder sauberes Abwasser usw.? Bei seinen Entscheidungen ist der ökonomische Gesichtspunkt begrenzender Faktor, aber nicht Leitidee.

Das EG-Recht bringt diesen Gewichtungsprozeß durcheinander. Als internationales Recht ist es stets höherrangig und geht dem nationalen Recht vor. Es regelt aber möglicherweise eine nachrangige Materie, so daß nun höherrangiges Recht nachrangigen Regelungsgegenständen Vorrang verschafft. Nationale Abgasvorschriften für Kraftfahrzeuge sind aus der Sicht der Autoproduzenten, die im internationalen Wettbewerb stehen und nur ökonomische Gebilde sind, nichttarifäre Handelshemmnisse. Der von Abgasen betroffene Mensch ist vielleicht auch Autokäufer, aber das ist nur eine seiner vielen Seiten, folglich wird er in Abgasvorschriften Maßnahmen zum Schutz von Mensch, Natur und Kultur sehen. Bekanntlich sah sich die Bundesrepublik Deutschland durch das EG-Recht gezwungen, dem Wettbewerbsgesichtspunkt Vorrang vor dem Umweltschutz einzuräumen. Das EG-Recht entschied also darüber, wie wichtig oder unwichtig Umweltschutz in der Bundesrepublik Deutschland zu sein hat. Das ist etwa so, als ob man den Arbeitgeber entscheiden läßt, ob Karriere oder Familie Priorität zukommt. Es ist kein Wunder, wenn das Ansehen der EG in der Wirtschaft steigt und gleichzeitig in der Bevölkerung sinkt.

Das EG-Recht bringt nicht nur Prioritäten durcheinander, es enthält fatale Verstöße gegen den Austastmechanismus der Evolution. Unbekanntes muß stets auf niedrigster und nicht auf höchster Ebene ausprobiert werden. So weiß niemand genau, ob z. B. die Haltbarmachung von Lebensmitteln durch Bestrahlung gesundheitsgefährlich ist oder nicht. Die Wettbewerber sehen im Lebensmittelrecht ein Rahmendatum des Marktes und wollen entweder ein gemeinsames Verbot oder eine gemeinsame Erlaubnis, in jedem Fall eine Entscheidung auf höchster Ebene. Nach unserer Hypothese ist gegen den in der Erlaubnis liegenden Selbstversuch eines Kollektivs nichts einzuwenden, denn dies gehört zum evolutionären Geschehen. Das Risiko und die Kosten des Versuchs sind aber zu minimieren, d. h. man sollte das Kollektiv möglichst klein halten. Deshalb darf die Entscheidung nicht auf höchster Ebene fallen. Nationale Regeln sind besser, noch besser wäre ein Austasten auf der Ebene der Individuen, d. h. es wäre eine strenge Kennzeichnungspflicht einzuführen, denn jeder möge selbst entscheiden, ob er teure unbestrahlte oder billigere bestrahlte Lebensmittel konsumieren will. Diese Differenzierung würde auch eine Evolution der Untersuchungsmethoden auslösen, so daß eines Tages überprüfbar ist, ob ein Produkt bestrahlt oder nicht bestrahlt ist.

S. Literaturhinweise 4.5.

## Zusammenfassung:

1. Rechtliche Regeln müssen vom Prinzip zum Detail konstruiert werden. Deshalb sind mehrere Gesetzentwürfe untereinander so begrenzt kompromißfähig wie z. B. verschiedene Entwürfe von Architekten oder Designern. In der Prinzipienpyramide des Rechts sind bei Detailregelungen Kompromisse erst zulässig, wenn über die nächsthöheren Prinzipien Einigkeit herrscht. Entsprechend verfährt die biologische Evolution, die bei dem Ausdifferenzierungsprozeß nur Kompromisse zwischen Gleichartigen zuläßt.
2. Wenn es Ziel der Politik ist, einen Bundesstaat EUROPA zu schaffen, ist es verfehlt, das Recht des Marktes als Vehikel zu benutzen. Dieser Umweg bringt die Ent-

scheidungs- und Wertungsebenen des Rechts durcheinander, indem höherrangiges (Europa-)Recht nachrangigen Werten (des Marktes, wie z. B. Wettbewerbsneutralität) Vorrang vor höherrangigen Werten verschafft (z. B. vor Umweltschutz).

# 5 Zusammenfassung

Moderne, gesellschaftsgestaltende Gesetzgebung stößt offensichtlich an die Grenzen des Machbaren. Im Steuer-, Subventions-, Renten- und Krankenversicherungsrecht sowie im Recht der EG-Agrarmarktordnungen ist die Regelungsdichte am größten, die Kontrolle am perfektesten. Dennoch verfehlt die Gesetzgebung gerade hier immer wieder ihre Ziele, was zu ständiger Hektik in der Gesetzgebung, zu Gesetzesflut und zur Verschlechterung der Gesetzesqualität führt. Mit dieser Entartung der Rechtskultur geht eine Ausbreitung von Lobbyismus und bürokratischen Organisationen einher, was die negativen Tendenzen noch verstärkt.

Grenzen des gesetzgeberisch Machbaren sind seit der Antike bekannt. So scheint es noch nie Märkte gegeben zu haben, die gesetzlichen Höchstpreisen gehorchten. Schon die Römer mußten erkennen, daß auch eine allgegenwärtige Finanzbürokratie keine beliebig hohen Steuern eintreiben kann. Selbst moderne, totalitäre Staaten können das Entstehen einer sich selbst organisierenden, regelsetzenden Illegalität in Gestalt grauer und schwarzer Märkte nicht verhindern. Viele Anzeichen sprechen dafür, daß Gesetzgebung rational und ökonomisch reagierenden Systemen, wie zum Beispiel Märkten, nicht irrationales und unökonomisches Verhalten vorschreiben kann.

Dieses Buch geht von der Annahme aus, daß die Rechtswissenschaft eine handwerkliche Erfahrung von solchen Grenzen gesetzgeberischer Möglichkeiten besitzt, und versucht, dieses Wissen aus der juristischen Überlieferung herauszufiltern. Ein Handwerker, der sein Fach beherrscht, muß vorauswissen, ob ein Produkt tauglich oder untauglich sein wird, auch wenn ihm die Gründe der Untauglichkeit verborgen sind.

Gesetze sind verbindliche Botschaften, die Sollen und Sein miteinander verknüpfen, die soziale Systeme zum Entstehen bringen und ihren Fortbestand gewährleisten können. Wenn Gesetze diese Funktion nicht oder unvollkommen erfüllen, dann sollten sie nach den Maßstäben überlieferter Gesetzgebungskunst „schlecht" sein. Erfüllen sie dagegen ihre Aufgaben, so sollten sie nach den gleichen Maßstäben „gut" sein. Das ist offensichtlich der Fall, in den „neutralen" Instituten des BGB, im Handels- und Verkehrsrecht praktiziert man auch heute noch Gesetzgebungskunst und benötigt keinen bürokratischen Vollzug, damit Kauf-, Wechsel-, Scheck-, Verkehrs- oder Gesellschaftsrecht soziale Wirklichkeit wird. Daraus folgt die Frage: Was ist Gesetzgebungskunst?

Gesetze müssen sich – wie alle Botschaften – in mindestens drei Schichten zerlegen lassen: eine Bedeutungsebene, eine Codierebene und eine Signalebene. Auf der Signalebene erkennt man Buchstaben, Satzzeichen oder andere Elemente des Überträgermediums der Botschaft. Auf der Codierebene findet man Wörter vor, die Elemente des Sprachcodes. Auf der Bedeutungsebene erscheinen Begriffe und Aussagen. Bei dieser Betrachtung lassen sich einige für das Recht charakteristische Elemente nicht zuordnen: Zum Beispiel die Wenn-Dann-Struktur der Normen, die jedes Gesetz auszeichnet. Wenn Gesetzgebungskunst praktiziert wurde, weist ein Gesetz noch weitere Strukturmerkmale auf, denn seine Normen sind systematisch und durch die Einhaltung juristischer Handwerkerregeln wie „summum ius summa iniuria" und „keine Rechte ohne Pflichten" geprägt. Auch diese Strukturmerkmale sind weder inhaltsbezogen, noch lassen sie sich dem Sprachcode zuordnen. Offenbar besitzt das Recht noch eine vierte Ebene, die nicht jeder in Sprache abgefaßten Botschaft eigen ist. Eine Analyse dieser vierten Ebene zeigt, daß Gesetze Botschaften in Gestalt von Programmen sind. Ein wesentlicher Teil der Gesetzgebungskunst besteht offenbar aus einem Wissen von einer Programmieranweisung. Der Kernpunkt ist die Kenntnis davon, wie man Entscheidungsfelder (Normen) konzipiert und zu Programmen (Gesetzen) zusammensetzt. Dies wirft die Frage nach der Herkunft dieser Programmieranweisung, nach dem „Sollenscode" des Rechts auf. Da sie zeitlos gültig erscheint, nicht an eine Kultur gebunden ist und sich auch nicht aus grundlegenden Normen ergibt, muß es sich um eine Vorgabe der Natur handeln.

Dies führt zu einer allgemeinen Hypothese: Gesetzgebungskunst ist eine Lehre davon, wie man Programme schreibt, die für die Programmspeicher – das Zentralnervensystem – der Menschen kompatibel sind. Da die Menschen bereits mit ererbten (Instinkten) und erlernten, subrationalen Programmen (z. B. Eß- und Trinksitten, Bekleidungsgewohnheiten) ausgestattet sind, stellt sich Gesetzgebung als Fortführung der Evolution durch erdachte, rationale Programme dar. Dieser Programmtyp ist nur beim Menschen anzutreffen, denn Tiere besitzen nur ererbte und – durch Vormachen und Nachmachen – erlernte Programme, während das Recht im Planspiel gelernt wird (Beispiel: Theoretischer Fahrschulunterricht). *Gesetze sind demnach Programme eines Typus, den die Biologie als teleonome Wenn-Dann-Programme bezeichnet.*

Die weitere Untersuchung gilt der genaueren Entschlüsselung der Programmieranweisung. Es zeigt sich, daß dem juristischen Wissen von Einzelelementen der Gesetzgebungskunst jeweils ein empirischer Befund der Naturwissenschaft über die Struktur teleonomer Programme entspricht. Außerdem ruft jeder Verstoß gegen eine Vorgabe der Programmieranweisung – also gegen ein Element der Gesetzgebungskunst – eine charakteristische Störung im Sozialleben hervor.

Die Struktur der Norm ist vorgegeben, denn Normen sind Entscheidungsfelder in teleonomen Wenn-Dann-Programmen. Der Satz *„summum ius summa iniuria"* gibt eine Sachgesetzlichkeit der Evolution wieder. Tatbestände, das sind Situationsbeschreibungen in Entscheidungsfeldern, müssen mit einer endlichen Zahl von Informationen eine unendlich komplexe Welt beschreiben. Da die Treffsicherheit und Erkennbarkeit der Merkmale mit steigender Zahl ab- und die Fehler des Rechtsanwenders zunehmen, kann Gesetzgebung nur mit einfachen, optimierten Tatbeständen ihre Ziele annähernd erreichen. *Einfachheit* ist ein von der Evolution praktiziertes und vorgegebenes Erfolgsrezept. *Rechtsanwendungsgleichheit* ist ebenfalls eine Vorgabe der Natur, denn nur Träger gleicher Programme können soziale Systeme bilden. Rechtsanwendungsgleichheit im Sollen führt zu einem beobachtbaren Befund, der „Systemkonsistenz" im Sein; so weit zum Beispiel die Straßenverkehrsordnung gilt, so weit findet der Beobachter strukturgleiche Verkehrsabläufe vor.

*Systematik* erweist sich ebenfalls als Vorgabe der Evolution. Normen (Entscheidungsfelder) müssen untereinander eine Ordnung bilden, denn nur geordnete Programme können geordnetes, auf Selbstorganisation statt bürokratischer Steuerung beruhendes Sozialleben erzeugen. Die Ordnung ist eine doppelte, was sich nur im Dialog von Natur- und Geisteswissenschaft erkennen läßt. Während ein scientistischer Beobachter durch Rückschlüsse aus dem Beobachteten nur die *Zweckausrichtung* der Normen, ihre Teleonomie, ihre arterhaltende Funktion erkennen kann, erblickt der Geisteswissenschaftler vor allem die individualistische *Sinnorientierung,* die Teleologie.

Tatsächlich müssen Normen sowohl teleonom wie teleologisch sein, was der Gesetzgebung zum Beispiel in dem Begriffspaar „Sicherheit und Ordnung" geläufig ist. Allerdings sind Teleologie und Teleonomie etwas qualitativ Verschiedenes: Die Zweckausrichtung ist einzuhaltende Bedingung, die Sinnorientierung ist das konstruierende Element des Rechts. Der letzte Zweck des Rechts ist bei dieser Sicht die Arterhaltung. Der Zweck (Arterhaltung, Staatserhaltung, Familienerhaltung ... Systemerhaltung, Ordnung) bleibt stets gleich, die Sinnideen wechseln mit der historischen Situation. Der Zweck muß in einem evolutionären Recht immer gewährleistet sein, der individualistische Sinn kann nie ganz vollständig erfüllt werden (Beispiel: Kein Verkehrssystem ohne Verkehrsopfer), denn die Evolution hat die Individuen den Zufälligkeiten der Welt überantwortet.

Bei der Ausdifferenzierung des Rechts sind stets *geschlossene Normenkomplexe* zu bilden, also Verkehrsrecht, Marktrecht,

Staatsfinanzierungsrecht, die erst auf einer höheren Ebene zu verklammern sind. Die Durchsetzung einer Materie mit unsystematischen Normen – etwa des Steuerrechts mit Sozialzwecknormen – muß beobachtbare Störungen hervorrufen. Auch diese Zusammenfassung geschlossener Systemkomplexe ist ein Erfolgsrezept der Evolution und von ihr vorgegeben.

Der Satz, *„Keine Rechte ohne Pflichten"*, gibt ebenfalls eine handwerkliche Kenntnis von einem Evolutionsprinzip wieder. In der biologischen Natur schafft ein subtiles Wechselspiel aus Antrieben und Hemmungen die Voraussetzung für das tierische Sozialleben. Für den sozialen Nahbereich der Menschen hat die Natur ein Wechselspiel ambivalenter Gefühlslagen eingerichtet (Liebe – Haß, Euphorie – Depression, Sympathie – Antipathie, Mut – Furcht). In sozialen Bereichen, die das Recht regelt, müssen die Motivationen ebenfalls durch Schaffung von Ambivalenzen in einer mittleren Bandbreite gehalten werden. Der griechische Philosoph Karneades gibt in seinem Fall vom Brett das Wissen von einer Obergrenze der Motivationen wieder. Ist sie überschritten, endet die Gestaltungsmacht des Rechts. Der Satiriker Swift beschreibt mit seinem Steuereinmaleins das Wissen von der Untergrenze. Ist sie unterschritten, endet die Gestaltungsmacht des Rechts ebenfalls. Schopenhauers Stachelschweinparabel beschreibt bildhaft den notwendigen Austastmechanismus, den jede Normsetzung schaffen muß. Vergißt der Gesetzgeber Rechte mit Pflichten und soziale Vorteile mit Nachteilen zu belasten, so werden Motivationen ausgeklinkt, was als Kasko-, Anspruchs-, Subventions- und Schnorrermentalität in Erscheinung tritt.

Das Buch weist noch auf einige weitere Vorgaben der Evolution hin, von denen die Rechtswissenschaft ebenfalls ein handwerkliches Erfahrungswissen besitzt. Im Ergebnis bewirken diese Vorgaben der Evolution, daß sich die Stellung des Individuums in der Welt durch das Recht zwar verschieben, aber nicht grundsätzlich verändern läßt, obwohl Menschen für die Einflußbereiche des Rechts (Staat, Markt, Verkehrswesen) nicht vorprogrammiert und außerdem mit Willensfreiheit ausgerüstet sind.

Die Hypothese hat eine politische Seite. Wenn das Wissen von Gesetzgebungskunst Wissen von rein Geistigem wäre, so etwas wie das Wissen um Ästhetik, Harmonie, Schönheit oder Logik, dann stünde es so zur Disposition der Politik wie die ästhetischen Vorstellungen des Architekten zur Disposition des Bauherren stehen. Gesetzgebungskunst ist aber Erfahrungswissen, Wissen von Vorgaben der Natur. Es ist nicht verfassungswidrig, gegen die Natur zu handeln, aber es kommt teuer. Menschen und Kollektive, die im Einklang mit Vorgaben der Natur handeln, haben geringere Probleme als Kollektive, die gegen diese Vorgaben anrennen. Unter diesem Gesichtspunkt betrachtet der letzte Teil des Buches einige Problemfelder der Gesetzgebung und weist auf *grundlegende Programmierfehler* in einigen Rechtsgebieten hin. Unter anderem zeigt sich,

- daß wir unsere Lebensrisiken Solidarsystemen anvertrauen, die auf Selbstzerstörung programmiert sind,
- daß wir mit der Umweltproblematik für Programmierfehler unserer Vorfahren bezahlen müssen,
- daß das Sicherheitskalkül von Atomkraftwerken den Rezepten der Evolution zur Bewältigung des Zufalls widerspricht,
- daß die Rechtsetzung der EG gefährliche Tendenzen aufweist,
- wie ungeeignet das Recht im sozialen Nahbereich ist.

Jeder nachhaltige Verstoß löst einen Trend zur Zerstörung der Botschaft „Gesetz" und des auf fehlerhafter Gesetzgebung beruhenden sozialen Systems aus. Es wird erkennbar, daß die moderne Gesetzgebung in Teufelsspiralen hinter ihrem eigenen Zerstörungswerk herläuft, denn es ist oft der Gesetzgeber selbst, der – ohne es zu erkennen – die Gesellschaft destabilisiert, ohne sie mit seiner Gesetzesflut und der Einrichtung von Bürokratien restabilisieren zu können.

Die Hypothese liefert auch positive Ansätze. Einerseits können winzige Fehler in der Botschaft „Gesetz" Auslöser von gewaltigen Störungen sein. Umgekehrt muß es möglich sein, die Störungen nicht durch Radikalkuren und Reformen in Gestalt von

Jahrhundertwerken zu beseitigen, sondern unscheinbare *Gegeninformationen* in das kranke Rechtsgebiet einzuschmuggeln, *die eine Trendumkehr bewirken,* denn auch kleine positive Maßnahmen sollten nach einiger Zeit gewaltige positive Veränderungen erzeugen können. Das Buch gibt einige Hinweise, mit welcher Art Maßnahmen gestalterische Phantasie in krankem Recht und kranken Bereichen des Soziallebens Gesundungsprozesse auslösen kann.

Der Grundgedanke ist, daß eine dem Gemeinwohl (Umweltschutz, Volksgesundheit, Familienbestand, Evolution von Wissenschaft und Technik, öffentliche Ordnung) wie dem Individuum (Freiheit, Chancengleichheit, Selbstverwirklichung) verpflichtete, staatsmännische Politik durch Gesetzgebung die Gruppe derer erzeugen kann, die diese Politik stützt. Das ist die Umkehrung jener Politik, die gemeinwohlschädliche Eigeninteressen durch sinn- und zweckwidrige Ausnahmen schafft, stützt und ihrerseits von den ungerechtfertigt begünstigten Gruppen gestützt wird. Die Politik hat von einer allgemeinen Senkung des Einkommensteuertarifs, von einer Kostendämpfung im Gesundheitswesen, einer allgemeinen Verlängerung der Lebensarbeitszeit oder gar Rentenkürzung sowie von Verboten im Umweltschutz keine diese Politik stützenden Wirkungen zu erwarten, selbst wenn dies alles im gemeinsamen Interesse der Bevölkerung notwendig wäre. Würde sie dagegen eine Tarifsenkung nur dem „Normalsteuerzahler" gewähren, dem, der keine Subventionen beansprucht, dann beeinträchtigt sie die Attraktivität der Ausnahme wie die Ausfransung der Normalität und erzeugt die Gruppe jener, deren Interessen auf Streichung von Ausnahmen und eine weitere Tarifsenkung gerichtet sind. In entsprechender Weise kann die Familien- und Sozialpolitik die Selbstheilungskräfte der Familien aktivieren, indem sie nicht durch Subventionierung Familienförderung betreibt, sondern die familieninterne Problembewältigung honoriert. In der Umweltschutzdiskussion warten analoge Gesetzgebungsideen als sogenannte „marktwirtschaftliche Lösungen" auf die Umsetzung durch den Gesetzgeber; diesen Vorschlägen ist als Leitidee gemeinsam, daß die Forderung von Ausnahmen und die Suche nach den Grenzen der Norm unökonomisch, dagegen die Suche nach Möglichkeiten zur Vermeidung der Umweltbelastung ökonomisch wird.

Mit solchen Normen wälzt die Politik Konfliktstoff aus Parlament und Regierung in die Bevölkerung zurück, in Verbände, Unternehmen und Familien. Es ist der Konflikt um die ungerechtfertigte Bevorzugung, der Streit um den gerechten Anteil an Natur, Infrastruktur und um den Griff in den Geldbeutel des Nachbarn im Sozialgefüge. Der Konflikt läßt sich durch Publizitätspflichten verschärfen. Publizität setzt alle jene Rückkopplungsmechanismen aus, die nicht gerechtfertigte Ausnahmen von der Regel fordern.

Das erstrebenswerte Ergebnis dieses Vorgehens wären *Normen, die Selbstorganisation auslösen,* weil die Erfüllung von Rechtsnormen attraktiv für die Menschen ist. Es bleiben *Ausnahmen* für jene, die der Hilfe bedürfen, weil sie den Anforderungen der sozialen Systeme nicht genügen können.

# Literaturhinweise

*Übersicht*

Dieses Buch stellt Hypothesen über Wirkungszusammenhänge zwischen bestimmten Regeln und geregelter Wirklichkeit auf. Die Hypothesen sind nachprüfbar, soweit die Regeln bekannt und das Verhalten von Individuum und sozialem System beobachtbar ist. Vermutlich hat der Leser in die eigene Beobachtung das größte Vertrauen, dann mag er sich selbst davon überzeugen, ob er die Elemente der Hypothese in den Regeln des Sports, der Gesellschaftsspiele, der scientific community, der Straßenverkehrsordnung und in den ohne umfassende bürokratische Kontrolle praktizierten Rechtsregeln wiederfindet.

Zahlreiche Wissenschaftsdisziplinen können einen Beitrag zu der Frage leisten, ob die Programmieranweisung über diese Bereiche hinaus so umfassend gültig ist, wie das die Hypothese des Verfassers behauptet:

## 1 Theorie der Spiele

Für die mathematische Spieltheorie ist grundlegend:

*von Neumann, J.* und *Morgenstern, O.*, Spieltheorie und wirtschaftliches Verhalten. 1961 (Übersetzung des amerikanischen Originals aus dem Jahr 1944).

Eine leichte Einführung gibt:

*Vogelsang, R.*, Die mathematische Theorie der Spiele. 1963.

Für Nichtmathematiker empfiehlt sich:

*Davis, M. D.*, Spieltheorie für Nichtmathematiker. 1972.

Die philosophische Sicht der Spiele behandelt:

*Huizinga, J.*, Homo ludens. SA (rde) 1956.

## 2 Rechtswissenschaft

### *2.1 Methodenlehre*

Die Hypothese verhält sich zu den Aussagen der juristischen Methodenlehre weitgehend wie der Schlüssel zum Schloß, wie die Lehre von der Verschlüsselung zur Lehre von der Entschlüsselung. Alle Methodiker entwickeln ihre Lehre am Beispiel von Recht, das entsprechend der Programmieranweisung konzipiert wurde, nämlich am Bürgerlichen Gesetzbuch oder der Verfassung:

*Bydlinski, F.,* Juristische Methodenlehre und Rechtsbegriff. 1982.

*Canaris, C. W.,* Systemdenken und Systembegriff in der Jurisprudenz. 1969.

*Kriele, M.,* Theorie der Rechtsgewinnung entwickelt am Problem der Verfassungsinterpretation. 2. Auflage 1976.

*Larenz, K.,* Methodenlehre der Rechtswissenschaft. 5. Auflage 1983.

*Müller, Friedrich,* Juristische Methodik. 2. Auflage 1976.

*Pawlowski, H.-M.,* Methodenlehre für Juristen. Theorie der Norm und des Gesetzes. Ein Lehrbuch. 1981.

Mit dem Problem des Aufeinandertreffens von methodischer Gesetzesauslegung und methodenloser (prinzipienloser) (Steuer-) Gesetzgebung befaßt sich insbesondere das Werk von K. Tipke. Die Hypothese stützt seine Auffassung, daß nicht der Methodiker zum Positivismus zurückkehren, sondern der Gesetzgeber zur Prinzipienreinheit voranschreiten muß. Sie ergänzt seine Argumentation auf der Inhaltsebene des Rechts (Prinzipienlosigkeit = Ungerechtigkeit) mit Argumenten auf der Codierebene.

*Tipke, K.,* Steuerrecht. Ein systematischer Grundriß. 11. Auflage 1987.

*Tipke, K.,* Steuergerechtigkeit in Theorie und Praxis. 1981.

### *2.2 Economic Analysis of Law*

Die Hypothese ist geeignet, die Economic Analysis of Law zu stützen und wird ihrerseits von dieser modernen, aus den USA kommenden Rechtstheorie gestützt, obwohl die Ansatzpunkte ganz verschieden sind. Die Economic Analysis of Law formuliert neuartige Grenzen für die Gesetzgebung. Ansatzpunkt ist die Beobachtung, daß jedenfalls soziale Systeme des Wirtschaftslebens auf Dauer ökonomisch-rational reagieren, und daß Gesetzgebung scheitert, wenn sie die Menschen zwingen will, entgegen dieser Rationalität zu handeln. Es ergeben sich zahlreiche Bestätigungen, so verhindert zum Beispiel unsere Hypothese über Systematik die Entstehung von sog. „Rationalitätenfallen". Grundlegend:

*Posner, R. A.,* Economic Analysis of Law. 1. Auflage 1972.

Aus deutscher ökonomischer Sicht:

*Assmann/Kirchner/Schanze,* Ökonomische Analyse des Rechts. 1978.

Kritisch aus juristischer Sicht:

*Fezer, K.-H.,* Aspekte einer Rechtskritik an der economic analysis of law und am property rights approach. Juristenzeitung 1986, S. 817.

*Lehmann, Michael,* Bürgerliches Recht und Handelsrecht. Eine juristische und ökonomische Analyse ausgewählter Probleme für Wirtschaftswissenschaftler und interdisziplinär interessierte Juristen unter besonderer Berücksichtigung der „ökonomischen Analyse des Rechts" und der „Theorie der Property Rights". 1983.

### *2.3 Rechtssoziologie, Selbstorganisation sozialer Systeme*

Unsere Hypothese führt zu einer Zweiteilung des Rechts, nämlich jenem, das Selbstorganisation ermöglicht, und jenem, das nach bürokratischem Vollzug ruft bzw. Papier bleibt. Diese Zweiteilung findet in der Rechtssoziologie in „reflexivem" und

„interventionistischem" Recht ihre Entsprechung. Einen Überblick über die Rechtssoziologie verschafft:

*Raiser, T.,* Rechtssoziologie. 1987.

Eine Verbindung zwischen Recht und Theorien über Selbstorganisation in sozialen Systemen stellen u. a. her:

*Hayek, F. A. v.,* Recht, Gesetzgebung und Freiheit: Regeln und Ordnung. 1980.

*Luhmann, N.,* Soziale Systeme – Grundriß einer allgemeinen Theorie. 1984.

Die Diskussion um das „reflexive Recht" haben insbesondere Gunther Teubner und Hellmut Willke ausgelöst:

*Teubner, G./Willke, H.,* Kontext und Automie: gesellschaftliche Selbststeuerung durch reflexives Recht. In: Zeitschrift für Rechtssoziologie 1984, S. 4 ff.

Kritisch dazu:

*Maus, I.,* Perspektiven „reflexiven Rechts" im Kontext gegenwärtiger Deregulierungstendenzen. In: Kritische Justiz 1986, S. 390.

*Nahamowitz, P.,* Effektivität wirtschaftsrechtlicher Steuerung. In: Kritische Justiz 1987, S. 411.

### *2.4 Gesetzgebungslehre*

Als Folge des Rechtspositivismus, und weil fast alle Juristen das Gesetz als Vorgegebenheit erleben, ist die Gesetzgebungslehre bislang ein Stiefkind der Rechtswissenschaft. Allerdings erlebt sie seit etwa 15 Jahren einen Aufschwung. Ihre Literatur ist frei von Zweifeln an den Prämissen der Gesetzgebung und handelt von Problemen wie zum Beispiel dem Zustandekommen und dem Stufenbau von Gesetzen. Eine Einführung gibt:

*Hill, H.,* Einführung in die Gesetzgebungslehre. 1982.

Bemerkenswerte Einsichten in zeitlose Probleme der Gesetzgebung (Freiheit/Spielraum, Umgang mit Motivationen usw.) finden sich in der Gesetzgebungslehre von Bergk:

*Bergk, J. A.,* Die Theorie der Gesetzgebung. 1882. Neudruck 1969.
*Zemen, H.,* Evolution des Rechts. 1983.

## *2.5 Staatsphilosophie, Gerechtigkeitsdenken*

Unsere Hypothese kann nur zufällig mit Erkenntnissen einer Staatsphilosophie übereinstimmen, die auf bewußt falschen, d. h. nicht der Wirklichkeit entnommenen Prämissen beruht, wie das für die Staatsphilosophie der Aufklärung charakteristisch war. Dagegen stützt die Vorgehensweise von John Rawls (Frage: Welche Spielregeln würde ich entwerfen, wenn ich später selbst mitspielen muß? Antwort: Jedenfalls solche, die für alle fair sind!) unsere Hypothese. Der Konstrukteur von Regeln muß nach unserer Hypothese stets ein Gerechtigkeitsdenker sein. Daraus folgt aber in unserer Sicht kein Vorrang der Gerechtigkeit vor dem Nutzen (Systemerhaltung). Der Gegensatz von Gerechtigkeit und Nutzen (Analogie: Schönheit und Gebrauchsfähigkeit) besteht nur auf der Ebene der Ethik, d. h. der reinen, unverbindlichen, noch nicht mit der Wirklichkeit verknüpften Information. Es ist die Aufgabe des Konstrukteurs (Gesetzgeber, Architekt, Designer), diesen Gegensatz aufzuheben (vgl. Komplementarität).

*Rawls, J.,* Eine Theorie der Gerechtigkeit. 1979.

## *2.6 Rechtsanthropologie, Rechtsvergleich*

*Fikentscher, W.,* Methoden des Rechts. 1975.
*Fikentscher, W.* u. a. (Hrsg.), Entstehung und Wandel rechtlicher Traditionen. 1980.

# 3 Naturwissenschaft

## *3.1 Postmechanistisches Denken*

Die Überwindung des mechanistischen Denkens ist von der Physik ausgegangen. Diesen Prozeß beschreiben:

*Prigogine, I. / Stengers, I.,* Dialog mit der Natur. 4. Auflage 1983.

## *3.2 Selbstorganisation*

*Dress, A., Hendrichs, H., Küppers, G.* (Hrsg.), Selbstorganisation. 1986.

*Eigen, M. / Winkler, R.,* Das Spiel – Naturgesetze steuern den Zufall. SA 1985. Ein Kapitel des Buches handelt von Gesetzgebung.

*Haken, H.,* Erfolgsgeheimnisse der Natur. Synergetic: Die Lehre vom Zusammenwirken. 2. Auflage 1981. Das Buch enthält Spekulationen über das Phänomen Bürokratie sowie über Gesetzgebung.

*Küppers, O.* (Hrsg.), Ordnung aus dem Chaos. 1987.

## *3.3 Evolutionstheorie*

Die Evolution gilt in der Biologie als Tatsache, ihr Wirkungsmechanismus ist umstritten. Die vom Neodarwinismus formulierte herrschende Meinung wird als „synthetische Theorie" bezeichnet. Über den Meinungsstand informiert:

*Wuketits, F. M.,* Evolutionstheorien. 1988.

Eine eingehende Darstellung der Herausbildung des heutigen Wissensstandes der Biologie hat Ernst Mayr, der große alte Mann des Neodarwinismus, geschrieben:

*Mayr, E.,* Die Entwicklung der biologischen Gedankenwelt. 1984.

*3.4 Teleonome Wenn-Dann-Programme*

Pittendrigh hat den Ausdruck geprägt, E. Mayr war um seine Verbreitung bemüht. Von Mayr stammen bedeutende Beiträge zur Programmstruktur:

*Mayr, E.,* Evolution und die Vielfalt des Lebens. 1979.

Seit einigen Jahren ist umstritten, ob die Programme wirklich an der Arterhaltung oder an der Erhaltung anderer Systeme orientiert sind. Für unser Anliegen ist der Streit nicht wichtig, da das Prinzip „Menschheitserhaltung" erst durch die Erhaltung der Subsysteme Familie, Unternehmen, Markt, Staat usw. praktikabel wird. Die Programmierkunst besteht nach meiner Auffassung darin, die verschiedenen Systemerhaltungsideen in ein Sowohl-als-auch-Verhältnis zu bringen. R. Dawkins erregte mit der These Aufsehen, Bruchstücke der genetischen Information bedienten sich der Individuen zu ihrer Selbsterhaltung. Dies beruht wohl auf der Annahme, das Unvergänglichste im Evolutionsprozeß müsse auch der Motor sein. Bewirkt das Recht die Erhaltung der Menschheit, so wird natürlich gleichzeitig das Recht wie die ihm voraufgehende Programmierung erhalten. Deshalb ist für unsere Zwecksystematik ohne Bedeutung, ob die „Arterhaltung" oder die Erhaltung „egoistischer Gene" oberster Zweck des Rechts ist.

*Bonner, J. T.,* Kultur-Evolution bei Tieren. 1983.
*Dawkins, R.,* Das egoistische Gen. 1978.
*Lorenz, K.,* Vergleichende Verhaltensforschung. 1978.
*Wickler, W. / Seibt, U.,* Das Prinzip Eigennutz. 1977.
*Wilson, E. O.,* Biologie als Schicksal. 1980.

## 4 Dialogfelder für Natur- und Rechtswissenschaft

### *4.1 Kausalität*

Ändern sich die Vorstellungen der Gesellschaft von Kausalität (und Determiniertheit), so ändern sich die Vorstellungen von Möglichkeiten und Grenzen des Rechts, so haben wir oben ausgeführt. Diesem Zusammenhang hat Hans Kelsen eine Studie gewidmet:

*Kelsen, H.*, Vergeltung und Kausalität. 1946.

Die heutigen, von der Naturwissenschaft ausgehenden Umbrüche in den Kausalitätsvorstellungen beschreibt:

*Wuketits, F. M.*, Biologie und Kausalität. Biologische Ansätze zur Kausalität, Determination und Freiheit. 1981.

Die japanische Rechtsprechung hat anläßlich der Minamata-Krankheit (Quecksilbervergiftung) mechanistische Kausalitätsvorstellungen im Schadensersatzrecht aufgegeben. Die dramatischen Folgen dieses Umdenkens für den Umweltschutz beschreiben:

*Tsuro, S.* und *Weidner, H.*, Ein Modell für uns: Die Erfolge der japanischen Umweltpolitik. 1985.

### *4.2 Dialog Ethologie/Soziobiologie – Rechtswissenschaft*

In diesem Dialog geht es um Inhaltsfragen des Rechts; man möchte insbesondere wissen, inwieweit der Mensch bereits vorprogrammiert ist.

*Gruter, M.*, Die Bedeutung der Verhaltensforschung für die Rechtswissenschaft. 1976.

*Gruter, M.* und *Rehbinder, M.* (Hrsg.), Der Beitrag der Biologie zu Fragen von Recht und Ethik. 1983.

*Hof, H.*, Verhaltensforschung zum Recht. In: Rechtstheorie 14 (1983) S. 349.

*Lampe, E.-J.* (Hrsg.), Das sogenannte Rechtsgefühl. 1985.

*Quambusch, E.*, Recht und genetisches Programm. 1983.

*Schmidt, F.-H.,* Verhaltensforschung und Recht. 1982.

*Schurig, W.,* Überlegungen zum Einfluß biosoziologischer Strukturen auf das Rechtsverhalten. 1983.

### *4.3 Strukturähnlichkeiten in biologischer Evolution und der Evolution des Rechts*

Solche Forschungen, wozu ich meine eigenen rechne, beruhen auf der Annahme, daß hinter Strukturähnlichkeiten in physikalischen, biologischen und kulturellen Prozessen gleiche Gesetzlichkeiten verborgen sein können, die Vorgegebenheiten für das Recht sind. Über die oben erwähnten, fehlgeschlagenen Versuche einiger Rechtswissenschaftler des letzten Jahrhunderts, einen Dialog mit der damaligen, mechanistischen Naturwissenschaft zu führen, unterrichtet Helmut Coing:

*Coing, H.,* Bemerkungen zur Verwendung des Organismusbegriffs in der Rechtswissenschaft des 19. Jahrhunderts in Deutschland. In: Biologismus im 19. Jahrhundert, Forschungsunternehmen der Fritz-Thyssen-Stiftung. 1973. S. 147 ff.

Der amerikanische Rechtswissenschaftler F. Beutel (sprich: Bjutl) bemerkte bei empirischen Studien den Selbstorganisationseffekt von Normen des Handels- und Verkehrsrechts. Er entdeckte ebenfalls, daß Physiker und Rechtswissenschaftler dieselbe Mathematik zur Beschreibung analoger Phänomene benutzen können. Seine erstaunlichen Schlußfolgerungen aus dieser bedeutenden Entdeckung müßte man als „Physikismus" bezeichnen.

*Beutel, F. K.,* Die experimentelle Rechtswissenschaft. Möglichkeiten eines neuen Zweiges der Sozialwissenschaft. 1971.

Meine eigenen Forschungen haben sich zunächst in einer Spekulation über die Spekulationen des Physikers H. Haken niedergeschlagen:

*Helsper, H.,* Das Gesetz, Quelle der Ordnung – Anstoß zum Chaos. Eine Hypothese. In: Steuer und Wirtschaft 1984, S. 204.

Aus heutiger Sicht waren darin zwei richtige Ansätze enthalten, die Erkenntnis der Notwendigkeit einer Aussteuerung der Motivationen durch die Gesetzgebung und von Maßnahmen zur Erzeugung des Selbstlerneffekts im Recht. Ferner in meiner Dissertation:

*Helsper, H.,* Gesetzgebung und Evolution. Diss. jur. Köln 1986.

Einige für die praktische Gesetzgebung wichtige Aspekte der Dissertation habe ich zusammen mit W. Hochrein vertieft:

*Helsper, H./Hochrein, W.:* Gesellschaftsgestaltendes Recht und überlieferte Gesetzgebungskunst. Normstruktur und Systematik als Grenzen gesetzgeberischer Gestaltungsmacht. In: Zeitschrift für Gesetzgebung 1988, S. 22.

In den „Loccumer Protokollen" (Colloquium „Kooperation und Wettbewerb" vom 6. bis 9. 10. 1988) erscheint demnächst:

*Helsper, H.,* Zur Doppelnatur der Gesetzgebung: Evolutionäres Handeln und Verbindlichkeitserklärung für ethische Postulate.

E.-J. Lampe vergleicht ebenfalls die biologische mit der rechtlichen Evolution:

*Lampe, E.-J.,* Genetische Rechtstheorie. 1987.

### *4.4 Selbstkonsistenz – Rechtsanwendungsgleichheit*

Der Physiker Müller-Krumbhaar hat diese Verknüpfung entdeckt:

*Müller-Krumbhaar, H.,* Selbstkonsistenz als Modellgrundlage für juristische Entscheidungen und Planung. In: Kaufmann, A. (Hrsg.), Münchner Ringvorlesung EDV und Recht. Möglichkeiten und Probleme. 1973.

### *4.5 Das Problem „ähnlich/anders"*

Politische Kompromisse in der Gesetzgebung erweisen sich manchmal als Erfolgsrezepte, manchmal als Katastrophen. Da sich die Evolution als eine Suche nach Erfolgsrezepten zum Überleben verstehen läßt, liegt es nahe, deren „methodisches Vorgehen" zu untersuchen. Eine sehr grobe Betrachtung zeigt, daß die biologische Evolution Mechanismen besitzt, um bei der Verknüpfung von Erfolgsrezepten die Rekombination von „selbst" mit „fast gleich" und von „selbst" mit „sehr fremd" zu verhindern, so daß die Kombination von „selbst" mit „ähnlich/anders" übrigbleibt. Dieser Erscheinung hat der Biologe und Psychologe Norbert Bischof ein Buch gewidmet:
*Bischof, N.,* Das Rätsel des Ödipus. 1985.

Für die Richtigkeit meiner Auffassung, daß Kompromisse bei der Kombination von zwei Programmen erst zulässig sind, wenn jeweils über die nächsthöhere Prinzipidee Einigkeit herrscht, habe ich in Berichten über Entdeckungsreisen nach empirischer Bestätigung gesucht, da die Entdecker mit Menschen fremder Kulturen ein gemeinsames soziales System bilden mußten. Besonders aufschlußreich und bestätigend erschienen mir die Ereignisse auf der Fahrt des Magellan zu sein, an der ein Wissenschaftler (Pigafetta) teilnahm, der sich darüber Gedanken machte, warum die Bildung eines gemeinsamen, kulturübergreifenden Systems manchmal gelang und manchmal scheiterte.
*Baumgardt, R.,* Fernando Magallan. 1938.

### *4.6 Komplementarität*

Unsere Sprache scheint zu verraten, daß unser Denken von Gegensätzen beherrscht wird, denn zu vielen Wörtern gibt es Gegenwörter, sogenannte Antonyme. Die moderne Naturwissenschaft verblüfft unser Denken, denn sie zeigt eine Natur, die aus vermeintlich unvereinbaren Gegensätzen Einheiten bildet. Das bekannteste Beispiel ist die Wellen- und Korpuskelnatur des

Lichts. Diesem Problem ist der Biologe Ernst Peter Fischer in der unbelebten, belebten und kulturellen Welt nachgegangen:
*Fischer, E. P.,* Sowohl als auch. 1987.

Wie fast alle seine interdisziplinär denkenden Fachkollegen springt er aus den Realwissenschaften in die Ethik, ohne das Recht, das Verbindungsstück, eines Blickes zu würdigen. Dennoch sind seine Ausführungen geeignet, unsere Hypothese zu bestätigen, daß der Gesetzgeber und alle anderen Konstrukteure der kulturellen Evolution aus manchen Phänomenen, die im Geistigen Gegensätze sind, im Realen Einheiten bilden müssen. Nach unserer Hypothese sind Teleonomie und Teleologie, Freiheit und Bindung, Eigennutz und Gemeinnutz, Sicherheit und Verkehrsfluß usw. bei der Normsetzung (Verbindung von Sollen und Sein) so zu verknüpfen, daß sie der Beobachter des realen sozialen Systems als zwei Erscheinungsformen desselben Phänomens zu erkennen glaubt. Allerdings bleibt auch bei der erfolgreichsten Aufhebung des Gegensatzes ein winziger Symmetriebruch bestehen: Der Zweckidee (Systemerhaltung usw.) ist stets hundertprozentig, der individualistischen Sinnidee kann (auf Dauer) nur fast hundertprozentig Rechnung getragen werden.

### *4.7 Summum ius summa iniuria*

Individualgerechtigkeit und der Schutz allgemeiner Werte im Rechtsleben. Ringvorlesung gehalten von Mitgliedern der Tübinger Juristenfakultät im Rahmen des Dies academicus Wintersemester 1962/63. 1963.

## 5 Erkenntnistheorie

Die Hypothese stützt sich auf die evolutionäre Erkenntnistheorie (EE). Grundlegende Werke sind:

*Popper, K.,* Objektive Erkenntnis. Ein evolutionärer Entwurf. 4. Auflage 1984.

*Popper, K.*, Logik der Forschung. 8. Auflage 1984.

*Lorenz, K.*, Die Rückseite des Spiegels. 7. Auflage. SA (dtv) 1984.

*Riedl, R.*, Die Spaltung des Weltbildes. 1985. Riedl hat ein Kapitel des Buches dem Recht gewidmet.

Um den Nachweis der Unbrauchbarkeit von Poppers Denkansatz in der Rechtswissenschaft hat sich ein niederländischer Rechtsphilosoph bemüht:

*Eikema Hommes, H. van,* The Relevanz of Poppers scientific method for legal theory. In: Rechtstheorie 14 (1983) S. 459. (Wenn das Sein dem Sollen nicht gehorcht, ist nicht das Sollen, sondern das Sein falsifiziert!)

Klaus Goutier hat begründet, daß die Rechtswissenschaft auf dem Boden der EE stehen muß. Seine philosophischen Begründungen führen zu demselben Resultat wie meine pragmatische Haltung. Sein Buch zeigt insbesondere die Konsequenzen für die Methodenlehre auf, die eine Übernahme der EE in der Rechtswissenschaft nach sich ziehen müßte.

*Goutier, K.*, Rechtsphilosophie und juristische Methodenlehre im Licht der evolutionären Erkenntnistheorie (erscheint in Kürze).

Die gegenwärtigen philosophischen Auseinandersetzungen um die EE berühren unsere Position nicht, da wir nicht die umfassende Richtigkeit der EE postulieren, sondern die Notwendigkeit ihrer Übernahme für die Konstrukteure der kulturellen Evolution begründen. Unsere Auffassung ist: „Wer Evolution macht, muß auf dem Boden der EE stehen!" Dagegen dürfte eine Philosophie, die nach „reinen" Wahrheiten strebt, keine Einwendungen erheben. Zu den Auseinandersetzungen um die EE vergleiche:

*Lorenz, K./Wuketits, F. M.* (Hrsg.), Die Evolution des Denkens, 2. Auflage 1984.

*Riedl, R./Wuketits, F. M.* (Hrsg.), Die evolutionäre Erkenntnistheorie. 1987.

## 6 Geschichtswissenschaft

*Clausewitz, C. v.*, Vom Kriege. 18. Auflage 1973.
*Davies, N.*, The Aztecs. A History. 1973.
*Gall, L.*, Bismarck. 1980.
*Hankel, W.*, Caesar. Das Wirtschaftsimperium des römischen Weltreiches. 1978.
*McNeill, W. H.*, Krieg und Macht. 1984.
*Meyer, P.*, Evolution und Gewalt. 1981.
*Rostovtzeff, M.*, Gesellschaft und Wirtschaft im Römischen Kaiserreich. 1929.
*Tuchman, B. W.*, The march of folly. 1984.

## 7 Einzelprobleme

### *7.1 Gesundheitswesen*

Am Gesundheitswesen üben verschiedene Wissenschaftsdisziplinen Fundamentalkritik. Aus der naturwissenschaftlichen Systemtheorie kommt Kritik an den als mechanistisch eingeschätzten Prämissen der Medizin, die den kranken Menschen nicht als gestörtes, mit Selbstheilungskräften ausgestattetes System, sondern als defekte Maschine betrachte. Die bekannteste Kritik dieser Art dürfte in F. Capras „Wendezeit" enthalten sein.
Die „Public Health" kritisiert die Erfolglosigkeit der modernen Medizin, soweit es um die Verbesserung der Volksgesundheit geht. Der britische Wissenschaftler McKeown hat eine grundsätzliche Kontroverse ausgelöst:
*McKeown, Th.*, The Role of Medicine – Dream, Mirage, or Nemesis? London 1976.

Die „Gesundheitsökonomie" kritisiert insbesondere die Rationalitätenfallen des Gesundheitswesens.
*Hamm, W.*, Irrwege der Gesundheitspolitik. 1980.

*Kronberger Kreis,* Mehr Markt im Gesundheitswesen. 1987.

Meine Hypothese bestätigt die Fundamentalkritik der „liberalen" Ökonomen, ohne deren Forderung nach „mehr Markt" zu bestätigen. (Der Markt ist ein Selbstorganisationssystem, aber nicht jedes durch Gesetzgebung geschaffene Selbstorganisationssystem muß ein Markt sein, wäre unser Standpunkt.) Nach meiner Hypothese gehören die drei Gesichtspunkte, unter denen die Fundamentalkritik geübt wird, zusammen, denn die Programmierfehler des Rechts lenken die Evolution der Heilweisen in eine falsche Richtung.

Die Zahlenangaben zur Krebsvorsorge sind entnommen:

*Cairns, J.,* Der Kampf gegen Krebs. In: Schirrmacher, V., Krebs – Tumoren, Zellen, Gene. 1986.

### *7.2 Gesetzliche Rentenversicherung*

Die gesetzliche Rentenversicherung ist nach ihrem ökonomischen Gehalt ein Generationenvertrag, sie wird aber rechtlich als beitragsbezogener Anspruch gegen eine Versicherung konstruiert, die kein Kapital besitzt. Der Rechtsanspruch stellt also ökonomisch gesehen nur eine Quote dar. Der Wert der Quote hängt vor allem von der Zahl der in das System nachwachsenden Kinder ab. Da alle politischen Gruppen geschlossen zu diesem auf Dauer systemzerstörenden Prinzipfehler der Rentenversicherung stehen, nimmt ihn die Fachwelt als Vorgabe hin und diskutiert Folgeprobleme, d.h. Finanzierungsmöglichkeiten. Über die in den nächsten Jahren zu erwartenden Probleme gibt es kaum Differenzen, da die wesentlichen Basisdaten schon jetzt feststehen.

*Bieback, K.-J.* (Hrsg.), Die Sozialversicherung und ihre Finanzierung. Bestandsaufnahme und Perspektiven. 1986.

*Bundesregierung* (Hrsg.), Sachverständigenkommission Alterssicherungssysteme, Vergleich der Alterssicherungssysteme und Empfehlungen der Kommission. 1983.

*Prognos,* Gesamtwirtschaftliche Entwicklung und gesetzliche Rentenversicherung vor dem Hintergrund einer schrumpfenden Bevölkerung. Untersuchung im Auftrag des Verbandes Deutscher Rentenversicherungsträger. 1987.

### *7.3 Umverteilung*

Mit dem Versuch einer Erfolgskontrolle des Umverteilungsrechts hat sich eine Transfer-Enquête-Kommission befaßt.

*Bundesregierung* (Hrsg.), Das Transfer-System in der Bundesrepublik Deutschland: Bericht der Sachverständigen-Kommission zur Ermittlung des Einflusses staatlicher Transfereinkommen auf das verfügbare Einkommen der privaten Haushalte (Transfer-Enquête-Kommission). 1981.

Zu allen wesentlichen Problemen der Umverteilung verschafft das „Handbuch der Finanzwissenschaft" Zugang.

Die im „Kronberger Kreis" verbundenen, liberalen Wirtschaftswissenschaftler haben zu allen Problemfeldern der Umverteilungsgesetzgebung Analysen vorgelegt. Darin spiegelt sich die Überzeugung wider, daß eine Gesetzgebung im Bereich des Ökonomischen letztlich kein Handeln gegen die ökonomische Rationalität etablieren kann. Das Ergebnis deckt sich mit den Aussagen meiner Hypothese.

Auf die Gerechtigkeitsdefizite bei Umverteilungsmaßnahmen macht insbesondere Klaus Tipkes „Steuergerechtigkeit" aufmerksam (vgl. 2.1).

Die „Gutachten und Stellungnahmen" des Wissenschaftlichen Beirats beim Bundesminister der Finanzen begleiten insbesondere die Steuer- und Subventionspolitik der Bundesrepublik Deutschland seit ihrem Bestehen.

*Bundesminister der Finanzen* (Hrsg.), Der Wissenschaftliche Beirat beim Bundesministerium der Finanzen. Entschließungen, Stellungnahmen und Gutachten 1949–1973. 1974.

*Bundesminister der Finanzen* (Hrsg.), Der Wissenschaftliche Beirat beim Bundesministerium der Finanzen. Gutachten und Stellungnahmen. 1974–1987. 1988.

Der Konflikt zwischen Steuergesetzgebung und Steuerrechtsanwendung um gerechte und praktikable Gesetze hat sich insbesondere in der Zeitschrift „Steuer und Wirtschaft" niedergeschlagen.

## *7.4 Umweltprobleme*

Nach meiner Auffassung entstehen sie durch eine entnetzende Technik und ein entnetzendes, die Plünderung freigebendes Recht. Sie werden gelöst, indem Menschen ihre Maschinen in Systeme umwandeln, die mit den natürlichen Systemen vernetzt sind. Zur technischen Seite der Problemstellung bietet Frederic Vester einen leicht verständlichen Zugang:

*Vester, F.*, Unsere Welt – Ein vernetztes System. 1978.

*Vester, F.*, Neuland des Denkens. 1980.

Über die mit meiner Hypothese gut verträglichen, von der Wirtschaftswissenschaft entwickelten Lösungsideen informiert:

*Bonus, H.*, Marktwirtschaftliche Konzepte im Umweltschutz. 2. Auflage 1985.

Die juristische Problemsicht zeigt:

*Soell, H.*, Natur und Recht. 1985.

## *7.5 Ausländerpolitik*

*Bauer, R. / Dießenbacher, H.*, Organisierte Nächstenliebe. 1986.

*Dohse, K.*, Ausländische Arbeiter 1974–1985. In: WSI-Mitteilungen (1986) 9.

*Thränhardt, D.* (Hrsg.), Ethnische Minderheiten in der Bundesrepublik Deutschland und in den Niederlanden. 1984.

Daten zur Ausländerpolitik geben der Bundesminister des Innern, der Bundesminister für Arbeit und Sozialordnung, die Bundesanstalt für Arbeit und das Statistische Bundesamt bekannt.

### *7.6 Selbstprogrammierung*

Das Thema wird in der juristischen Fachliteratur rein technisch als „Arbeitsmethodik" behandelt. Die Zeitschrift „Datenverarbeitung – Steuer – Wirtschaft – Recht" widmet dem Thema eine lockere Folge (1987, 1988). Im übrigen scheint die sehr umfangreiche Literatur zu diesem Thema nicht an Theorie, sondern nur an der Vermittlung von praktischen, sofort umsetzbaren Tips interessiert zu sein. Eine umfassende Darstellung gibt:
*Seiwert, L. J.;* Mehr Zeit für das Wesentliche. 6. Auflage 1987.
Von der Selbstprogrammierung ist eine umstrittene Fremdprogrammierung zu therapeutischen Zwecken zu unterscheiden (Neurolinguistisches Programmieren).

# Personenregister

# Stichwortverzeichnis

Wenn Sie an dem Thema „Evolution und Recht“ interessiert sind und über weitere Literatur bzw. etwa geplante andere Aktivitäten informiert werden möchten, schreiben Sie bitte an den Verlag Dr. Otto Schmidt KG, z. Hd. Herrn Dr. H. M. Schmidt, Postfach 51 10 26, 5000 Köln 51.

## Rückmeldekarte

(Entnommen aus dem Buch von Helsper, Vorschriften der Evolution für das Recht)

Ich bin an dem Thema „Evolution und Recht“ interessiert und bitte, mich über weitere Literatur bzw. etwa geplante andere Aktivitäten zu diesem Thema zu informieren.

Sonstige Bemerkungen:

(Datum) (lesbare Unterschrift)

Abs.: ______________________

______________________

______________________

An
Verlag Dr. Otto Schmidt KG
z. Hd. Herrn Dr. H. M. Schmidt
Postfach 51 10 26

5000 Köln 51